U0920810

珍藏本
纪念版

汉译世界学术名著丛书

早期经济思想

——亚当·斯密以前的经济文献选集

〔美〕A.E.门罗 编

蔡受百 等译

2017年·北京

EARLY ECONOMIC THOUGHT

Selections From

Economic Literature Prior To

Adam Smith

Edited By Arthur Eli Monroe, Ph. D.

Cambridge

Harvard University Press, 1924

本书根据哈佛大学出版社 1924 年版译出

汉译世界学术名著丛书
（120年纪念版·珍藏本）
出版说明

2017年2月11日，商务印书馆迎来120岁的生日。120年前，商务印书馆前贤怀揣文化救国的理想，抱持“昌明教育，开启民智”的使命，立足本土，放眼寰宇，以出版为津梁，沟通中西，为中国、为世界提供最富智慧的思想文化成果。无论世事白云苍狗，潮流左右激荡，甚至战火硝烟弥漫，始终践行学术报国之志，无改初心。

迻译世界各国学术名著，即其一端。早在20世纪初年便出版《原富》《天演论》等影响至今的代表性著作，1950年代后更致力于外国哲学和社会科学经典的译介，及至1980年代，辑为“汉译世界学术名著丛书”，汇涓为流，蔚为大观。丛书自1981年开始出版，历时三十余年，迄今已推出七百种，是我国现代出版史上规模最大、最为重要的学术翻译工程。

丛书所选之书，立场观点不囿于一派，学科领域不限于一门，皆为文明开启以来，各时代、各国家、各民族的思想与文化精粹，代表着人类已经到达过的精神境界。丛书系统译介世界学术经典，引领时代思想，为本土原创学术的发展提供丰富的文化滋养，为推动中国现代学术和现代化进程做出了突出的贡献。

为纪念商务印书馆成立 120 周年，我们整体推出“汉译世界学术名著丛书”120 年纪念版的珍藏本，寄望既利于文化积累，又便于研读查考，同时向长期支持丛书出版的译者、编者和读者致以敬意。

两甲子后的今天，商务印书馆又站在了一个新的历史时间节点上。我们不仅要铭记先辈的身影和足迹，更须让我们的步伐充满新的时代精神。这是商务人代代相传的事业，更是与国家和民族的命运始终紧密相连的事业。我们责无旁贷，必须做好我们这代人的传承与创造，让我们的努力和成果不仅凝聚成民族文化的记忆，还能成为后来人可以接续的事业。唯此，才能不负前贤，无愧来者。

商务印书馆编辑部

2017 年 10 月

中译本前言

陈　岱　孙

本书是出版于1924年的美国哈佛大学阿瑟·伊莱·门罗博士选编的《早期经济思想——亚当·斯密以前的经济文献选集》一书的译本。从原书副标题上,可以看到编者是以亚当·斯密作为近代经济学的鼻祖的。这是西方经济界一种流行的,但也不是一致的看法。

本书选集了从古希腊至18世纪60年代十六个作家著作的摘文,是一本精选的文集。编者在书的前言中说,"它既不是一切有关重要文献的选集,甚至也不是所有名家的图像画廊,而只是若干篇有代表性的、足够多样化的文摘;希望对大量可用的资料,可以由此提供一个大致的印象。"这个说明是实事求是的。它类似一本若干名剧本的折子选。折子戏的优点是,它一般地撷摘一个剧本的精华,而且可藉这管中的一斑窥测全豹。不足之处当然是,一斑究竟只是一斑而非全豹。读者经常会有含意未伸的感觉。

选集所收的文章以其写成年月的先后为序。在第八篇托马斯·孟以前,没有什么问题。但从第九篇起,这种顺序便糅杂了各不同的流派,从而模棱了经济思想的发展过程。因此读者阅读时有必要对它们进行自己的组合。塞拉(Serra)最早地论述了重商主义观点。孟(Mun)是最重要的重商主义者。霍尼克(Hornick)的思想可以说完全是重商主义的。尤斯蒂(Justi)是德国官房学派的最主要代表,而官房学派被认为是重商主义在德国的变种。把这几篇文章先后联贯起来,思想发展的线索就更清楚一点。配第(Petty)是英国古典学派创始人。休谟(Hume)是配第到亚当·斯密(Adam Smith)之间,一个虽然有许多错误观点,但如马克思所指出的,无论如何还是值得尊重的"经济学家"。说坎蒂隆(Cantillon)《商业论》是《国富论》前最重要的经济著作也许有溢美之讥,但无疑的是,他对于重农学派和亚当·斯密都有过影响。把这三人组合起来,还是适宜的。魁奈(Quesnay)和杜尔哥(Turgot)作为重农学派的两个主要代表,关系和顺序是明确的。加利亚尼(Galiani)是重农学派的同时代人,但却是在一个有对外贸易和金融业务古老传统的意大利的环境下形成的、自成一家的思想家。在这选集所收摘的他的两章书里,他提出一个和当时的其他理论体系无共同之处的价值理论。在他的另一著作《小麦贸易对话》里,他还批评过重农主义。把他的文章放在卷末,也许还适合他的地位。

诚然,这选集是一本多年前出版的本子。但不要忘记,它的摘文都是几百年甚至两千多年前的古老文献。尤其是在今国内西方国家早期经济思想文献较缺的情况下,这选集,作为经济学说教材的补充读物,是有其作用、值得一译的。

目　　录

编　者　序

从事于经济思想史的研究，会使人既受到折磨又受到鼓励。说它折磨人，因为它对智力进步的困难提供了那样充分的证据；说它起鼓励作用，因为每一代的蹒跚行进，对进步似乎都做出了真正的贡献。因此，对现代经济理论的学员说来，对它了解一下，可以由此获得极可宝贵的知识背景。说实话，我的想法是，如果经济学依然是我们社会科学教育中的一个部分，那就绝不可忽视经济思想史。

就经济思想史的纲要和有关细节的大部分而论，只有专攻此道者才会有赖于一些手稿和讲词。然而，作为一个学员，如果只是浏览一下经济思想史大纲，而不做进一步探索，那么，他不仅会失去通过对早期作品的阅读取得至关紧要的实际知识的机会，而且还有个极大危险，他对托马斯·孟的古典著作从未读过一章一节，甚至对圣·托马斯的书也未翻过一页，结果如经院哲学、重商主义这类重要名词，在他的头脑里只是个抽象观念。这就表明，对于所叙述的内容如果要获得一个正确印象，除大体上的了解之外，还得用适当的样品来补充。

要研究经济思想史，在亚当·斯密以后是没有什么困难的，但是就早期说，在语言方面和理解方面，存在着几乎难以超越的障碍。这里收集的一些摘录，其目的就是要满足这方面的需要。它既不是一切有关重要文献的选集，甚至也不是所有名家的图像画廊，而只是若干篇有代表性的、足够多样化的文摘；希望对大量可用的资料，可以由此提供一个大致的印象。从事于这类选录时有个内在的困难：入选的文章的个性会与选录本身的个性融合为一。对此，我试图从各方面来加以防范：对入选的各篇务求其首尾完整，使读者可以有一个持久的印象；通过结构上的设计以显示各篇的独立性；尽可能地缩小我自己的贡献。在译文中我竭力保持英语的特性，同时不使它过于脱离作者自己的文风。

哈佛大学 C. J. 布洛克教授多方面进行了协助，俄亥俄州威斯利恩大学的 D. N. 罗宾逊教授对译作的某些部分提出了宝贵意见，还承几位出版商慷慨地允许我转载其出版物的某些部分，我在这里一并表示谢意。

A. E. 门罗

1923 年 7 月于哈佛大学

一　亚里士多德

政治学—伦理学

亚里士多德生平简介

亚里士多德(公元前 384—322 年)出生于色雷斯[①]的斯塔吉拉,是一个医生的儿子。他年轻时到雅典,受教于柏拉图,就待在那里,直到二十年后他伟大的导师去世才离开。经过几年的旅行,他到了马其顿,担任国王的儿子的教师,他的学生后来称为亚力山大大帝。公元前 335 年他回到雅典,在此后的十二年间他在那里领导着一个哲学学院。他被检举,说他有不信神的行为而遭放逐,第二年他死在卡尔西斯。他是个博学多能的伟大思想家,在逻辑学、玄学、伦理学、政治学、修辞学以及诗歌、历史、心理学和自然科学方面留下了许多重要著作。他的著作在风格上跟他老师柏拉图不同,整个说来往往不够协调和近于晦涩,推想起来也许是由于写作的经过时间很长,曾经过多次改动的缘故。但是,所有这些著作的一个特征是处处尊重事实,所力求的是科学的精确性,从而标志着在学术探讨上明显的进步,给人以深刻印象。所有这些权威著作没有一部是专门研究经济问题的,但是,他是充分注意到经济因素与生活中其他方面之间的关系的,从这一观点出发,讨论了许多经济问题。由于他在学术界享有的高度威望,他的这些观点获得了广泛流传,因此对经济思想的进展产生了深刻影响。

① 色雷斯(Thrace)。巴尔干半岛上的一个地区,现分属希腊和土耳其。——译者

政　治　学[1]

卷　一

每一个城市国家都是某一种社会团体，每一个社会团体的建立都以一种善为目的，因为人类的每一种作为，其本意总是在于求取他们自己所认为的善果。既然一切社会团体都以善为目的，那么国家，即政治社团，就是一切社团中最高的和包含最广的一种，它所求的也一定是最高度的善。

现在有一种错误见解，认为政治家、君王、家长和奴隶主都一样，其区别不是在于性质上的不同，只是在于受其管辖者人数之多寡。例如只管辖几个人的叫作奴隶主，管辖人数较多的叫作家长，管辖人数更多的叫作政治家或君王，这样看来，一个大家庭和小国家之间似乎没有什么差别。在君王和政治家之间所作出的区别是这样的：个人掌握国家全权的称君王；当按照政治学原理，公民是统治者而又转过来受统治，这时的统治者称政治家。

所有这些说法都是错误的。任何研究这个问题的人，如果按

① 译者是本杰明·乔伊特。重印时曾征得巴利奥尔学院院长和校务委员会委员以及牛津大学出版社代表的同意。——编者

照我们一贯所应用的方法就可以看出，政府在性质上是不同的。政治学跟别的学科一样，应该把组合物分解为单纯的组成部分，分解为整体中的最小分子。因此，我们对国家所由组成的各个部分必须加以考察，以便看出它们彼此之间的差异在哪里，看一看，在不同性质的统治之间，是否可以找到科学上的区别。

对任何事物，不论是国家还是别的什么，只要能追本穷源，就可以获得对它最明确的认识。首先，凡是互相依靠不能独自存在的就必须结合，例如男性和女性互相结合，种族就得以延续下去，这并不是人们蓄意要这样做，人类跟其他动物以及植物一样，具有要在他们身后留下自己的形象的自然愿望。其次，还有统治者与庶民之间的结合，使双方得以保存。凡是有卓识远见者，就天生会成为君王和主人，凡是凭体力从事劳动的，就自然成为庶民，成为一个奴隶，结果主奴双方的利害关系是相同的。但是，大自然在女子与奴隶之间作出了区别。大自然并不是那样吝啬的，像铁匠铸造德尔斐[①]小刀那样，使一把刀具有多种用途，它使每一事物只具有一种用途。当事物各有专用而不是一物多用时，就最能推行尽利。可是在野蛮民族中，对待女子和奴隶并无区别，因为在那里并没有天生的统治者，只是一群包括男性和女性的奴隶。所以有些诗人说，

野蛮人归希腊人统治是天经地义；

① 德尔斐(Delphi)，古希腊城市，因有阿波罗神殿而出名。——译者

在他们看来，就好像野蛮人和奴隶生来是没有区别的。

出于男性和女性、主人和奴隶这两种关系，首先产生的是家庭。赫西奥德[1]说得很对，他说，

> 先营家室，以安其妻；爰畜牲牛，以曳其犁。

这里牛指的是这个苦恼人的奴隶。家庭是出于自然的一种结合，用以满足人们的日常需要，因此其成员被卡龙达斯称为“食橱的伴侣”，被埃皮门尼迪称为“当家人的伴侣”。当若干家庭联合起来，其目的不止于满足日常需要时，这就出现了村落。村落的最自然形态是由家庭繁殖而衍生的殖民都市，同居者都是出于一个家族的子孙，都是所谓同怀共乳的。这就是希腊城邦为什么最初都是由君王统治的原因，因为希腊人在聚合以前就是由君王统治的，与野蛮民族现在所处情况相同。希腊人每个家庭都是由最年长的主持，因此由家族集合而成的殖民都市通行的是君主政体，这是由于他们是属于同一血统的。荷马说，

> 每个人对他的儿女和妻子发号施令。

因为如古代通行的情况那样，他们是分散居住的。有些人认为群神也得由一位大神统率，因此人类自己，无论在现代或者古代，都得归君王管辖。人类的设想是，神不仅在形象上与人相似，而且在

---

① 赫西奥德(Hesiod)，公元前8世纪希腊诗人。——译者

生活方式上也与人无大差别。

当若干村庄联合起来成为一个社团时，其规模已经大到足以完全或相近于完全自给自足，于是产生了城市国家，这只是出于生活上的需要，至于所以能持续存在，则是出于享受美好生活的愿望。因此，处于早期阶段的社团体制，固然是自然而然地形成的，城市国家的形成也是这样，这就是它发展的终点，发展的目的就是达到这个终点。任何事物，无论是对一个人、一匹马或一个家族来说，当其演变过程已经完成，我们要注意的就是它的本质。一个事物的最终目标或其终点总是至善至美，当它能够达到自给自足时，就是达到了最完善境地。

这就很明显，城市国家是自然的产物，而人类则天生是政治动物。如果某个人出于本性，不是出于偶然，是不归属于任何国家的，那他不是超乎人类之上，就是不足齿于人类的，荷马贬斥这种人是

是流氓、无赖、战争贩子，等于是棋局中的一个闲子。

人类与蜜蜂或任何其他群居动物相比，为什么是更高级的政治动物，理由是显而易见的。我们常常说，大自然不产无用之物，而人类是唯一有语言能力的动物。单是发出声音只能表示欢乐或痛苦，其他动物也会这样做（因为它们也有欢乐和痛苦的感觉，也会互相传达，但即到此为止，不能更进一步），而语言是用以说明适当和不适当，公平和不公平的。只有人有善恶和是非的观念，当具

有这种观念的人结合起来时，就组成了家庭和国家。

国家生来就显然比家庭和个人更重要，因为整体的重要程度必然超过一个部分的重要程度；以躯体为例，如果整个躯体被毁伤，手和脚就没有存在余地，脱离了躯体的手脚，与石制的手脚无异，就无从发挥其应有的作用。为事物下定义时依据的是它的作用和能力，当情况有了变化时，就不能把它看作原来的事物，所不变的只是其名称而已。我们说国家是自然的产物并比个人重要的证据是，个人被隔离后便不能自给自足，因此他的情况就同一个部分与整体之间的关系的情况一样。他如果因故不能寄居于社会团体，或者是他已经足以自给，无需这个团体，那么，他如果不是禽兽就必然是超凡的神圣。群居的本能是一切人所共有的，而首先建立国家的却是我们最伟大的恩人，因为人类经过锻炼以后是最高级动物，如果脱离了礼法和正义，将沦为动物中之最卑劣者；由于经过培养的残忍和凶恶是更大的危险，人类是生而具备智慧和精神上的品质的，这也未尝不可用于最坏的目的。因此，如果他缺乏道德观念，就会成为穷凶极恶的动物，淫酗肆虐，无所不至。但是，作为一个国家的公民，行止端正是他应守的准则，法律的执行，即何者为公平，何者为信义的确定，是用以维持政治社会的秩序的基础。

我们已经看到，国家是由许多家庭组成的，那么，在谈到国家之前就得先谈一谈家庭的管理。家庭中的成员是组成家庭的那些人，一个完整的家庭是由奴隶和自由民组成的。研究任何事物都应从最小的因素着手。组成一个家庭的最小因素是主与奴，夫与妻，双亲与子女；因此我们要探讨的是，这三对中的每一对是和应当是什么样的关系。还有一个家庭因素是所谓生财之道，有些人认为这同家庭管理是一回事，有些人则认为这是家庭管理的一个主要部分；关于它的性质，我们也得加以研究。

先谈主人与奴隶的问题，看一看它在实际生活中的需要，并且希望能找到比现在流行的观念更胜一筹的理论。有些人认为作为主人的进行管辖是一种专门技术，如前在开头时就提到的那样，认为家庭管理和对奴隶的管辖，同政治家和君王的统治是没有什么区别的。另一些人则认为主奴关系是违反自然的，所谓奴隶与自由民，只是在法律上存在这种区别，这是对自然秩序的干扰，因此是不公平的。

财产是家庭的一个部分，因此生财之道是家庭管理技术的一个部分，因为人如果不能获得必需品的供应，他就无法过活，更说不上过优裕的生活。就一个专业工人说，必须备有他专用的工具，才能完成工作，对家庭管理说来情况也是这样。要晓得，工具有种种类型，有些是有生命的，有些是无生命的；例如，对一个航海者说来，舵是无生命工具，而瞭望员却是他的有生命工具，因为就工作而言，仆人或雇员就是一种工具。这就表明，财产也是一种工具，是用以维持生命的工具。在家庭的部署中，奴隶是工具，也是有生命的财产，仆人自身是工具，但其地位在一切其他工具之上。因为如果每一件工具都能自动遵从或预先料知别人的意愿，像荷马所咏叹的代达罗斯[①]的雕像或赫斐斯塔司[②]的三脚凳那样，

① 代达罗斯(Daedalus)，古希腊建筑师和雕刻家。——译者

② 赫斐斯塔司(Hephaestus)，希腊神话，火和锻冶之神。——译者

会自动参加群神的集会；

同样情况，假如不依靠人力的指导，织机的梭子能自动编织，琴弦的拨子能自动弹奏，那么工匠师傅就不需要助手，主人就不需要奴隶了。但是这里还须作出另一种区别：通常所谓的工具是生产工具，而家用的是行为工具。例如梭子不仅供作使用，还可用以制出另外一些东西，而一件外套或一张床，就只能直接加以使用，不能别有生发。还有一层，生产和行为在性质上是不同的，两者都需要工具，但其所使用的工具在性质上也必然不同。生活是行为动作，不是生产，所以奴隶是行为的服务者，因为他为主人的生活服务。再者，人们谈到一件所有物时，就跟谈到"一个部分"时的情况一样，所谓一个部分，不仅是另外的一些东西的一个部分，而且是完全附属于那个东西的，对一件所有物说来情况也是这样。主人只是奴隶的主人，主人不属于奴隶，而奴隶不仅是主人的奴隶，而且是完全属于他的主人的。由此我们可以看出作为一个奴隶的性质和职能。他天生不是属于他自己的，而是属于另一个人的，他虽然是一个人而按其性质说是一个奴隶，既然是这样，他也就是一件所有物。我们可以把所有物界说为行为的工具，同所有人分开。

但是，是不是有那么一些人是生来要成为奴隶的，因此对他们说来，这样的处境是既适当又公正的，还是情况相反，一切奴隶制度都是违反自然的？

无论以理智或事实为依据，要答复这个问题并不难。世上有统治者和被统治者的区分，这不仅有必要而且是有利的，因为人一生下来即已注定，有些是被统治者，有些是统治者。

有多种类型的统治者和被统治者，被统治者若属于较优类型，则统治者的情况也较优，例如作为一个管理者，受管辖的如果是人，那总比受管辖的是野兽好。较优的工匠所完成的工作也较优；当由一方主持、由另一方受命而行时，双方就可以共同完成一项工作。任何事物，凡是由不同部分组成的一个整体，这些部分不论是可分割还是不可分割的，总会显示其间存在着管理和被管理因素。这样的二元性总是在生物中存在着的，但不仅是这样，它来源于天地万物的构成，即使在无生命事物中，也存在着一个主导原则，例如音调的和谐。但是这里未免有些离开本题了。我们所讨论的应以由灵魂与肉体组成的人类为限，就这两者说，自然以前者为主，后者为辅；还应注意的是，所讨论的应当是处于自然状态而不是处于败坏状态的对象。因此，我们所要研究的应当是在身心两方面都处于最健全状态的人，从而观察这两者之间的真实关系。就已经败坏的性格说，由于肉体与灵魂已经处于恶化和非自然状态，这就往往会使情况颠倒，由前者统治后者。我们在生物界可以看到专制和立宪两种政体；当灵魂控制肉体时，其方式即类似于专制统治，当理智控制欲望时，其方式即类似于立宪统治。明显的是，由灵魂控制肉体，理智和理性因素控制情欲，其情况既合乎自然也深为有利；如果把两者置于同等地位，或者是颠倒过来，使劣者占优势，就往往会造成损害。这个原则对人和兽同样适用；驯化动物的性格优于野生动物的性格；一切驯化动物在人的管理下，情况总比较好，其种也得以保全。而且，男性与女性天然有高低之别，前者是统治者，后者是被统治者，出于必然之理，这一原则对全人类是

普遍适用的。总之,就同灵魂与肉体或人与兽(就那些只能使用体力,此外一无所长的人说来也是这样)之间存在着这样的区别一样,凡是属于较低级的,就生来是奴隶,应当在他们主人的统治之下,这样对他们自己就比较有利。凡是自己缺乏理智,只能领会别人的理智,因此成为别人的所有物的,就天生是个奴隶。至于更低级的动物,甚至无法理解别人的理智,就只能按照自己的本能行动。奴隶的作用跟驯兽的作用,实际上并无多大差别,因为两者都只能凭其体力满足日常需要。自然对自由民和奴隶所赋予的体格是有差别的,后者的体格强,适于劳役,而前者姿态端正,尽管劳役非其所长,却适宜于包括战时活动与平时活动的政治生活。但是,这个说法并不是没有例外,因为有些奴隶也未尝不具有自由民的灵魂,有些则具有自由民的外形。无疑的是,倘使人只是凭其外形来作出彼此之间的区别,就同神像不同于人那样,那么外形较差者就应为较优者的奴隶。如果说在外形上是有差别的,那么在灵魂上的差别还要大多少倍!但是外形的美好看得见,而灵魂的美好是看不见的。这就很清楚,有些人生来是自由的,而另一些人则天生是奴隶,就后者而论,其奴役处境是既恰当又公正的。

但是不难见到,对此说抱相反观点的,在一定程度上也有其正当理由。因为"奴役"和"奴隶"这两个词是按照两种意义来使用的。有以法律为依据的,也有以自然为依据的奴隶或奴役。这里所谓法律指的是一种常规,按照这种常规,凡是在战争中所掳获的,都应归战胜者所有。但是许多法理学家对这种权利加以指责,认为这就像议会中提出一项违反宪法的议案一样。他们对于这种想法深恶痛绝:一个人只要具有行凶肆虐的力量,在暴力上胜过对方，就可以把后者当作奴隶和臣民。对这方面的或是或非，即使贤明之士，意见也不一致。争论的根源和意见发生牴牾的原因是这样：美德加上了手段，就可以被认为具有了使用暴力的最大的力量；这就是说，只有在某一方面占优势，才会在力量上占优势，因此认为在力量中就寓有美德之意。但是，其间是否也寓有公正的含义呢？问题就在这里。有些人为了使其间有所区别，断言公正就是仁慈，而另一些人则看法不同，认为公正无非是强者占先，优胜劣败。如果认为这两个说法是对立的、排他的（就是说，公正即仁慈这一概念是否定了胜则为王的见解的），那么，另一个说法（即，没有人应该凌驾于别人之上，统治别人）就失去了它的力量或其合理性，因为它的意思是，即使在品德上出类拔萃，也不应进行统治或成为主人。有些人自以为坚持正义原则（他们假定法律和惯例就是一种正义），认为由战争造成的奴役是合乎正义的，但是他们的说法是有矛盾的。因为，假使战争的起因就是非正义的，那又怎么说呢？对一个与奴役不相称的人，是没有人会把他称为奴隶的。按照他们的说法，即使出身于高门望族者，如果他们的父母曾经沦为战俘而被卖为奴，他们及其子孙也将成为奴隶。所以希腊人不喜欢称他们自己人为奴隶，只以用之于野蛮人为限。然而，于使用这个词时，他们真正的命意所在是我们在前面所说的“自然奴隶”；因为在他们看来，有些人无论走到哪里总是奴隶，有些人则无论走到哪里总不是奴隶，对贵族说来也是这样。希腊人以贵族自居，不仅在本国，在任何地方他们总是贵族；至于野蛮人，那就只能在他们自己国家称贵族。这就表明，有两种贵族和自由民，一种是绝对的，另一种是相对的。西奥德克蒂剧本中的海伦说，

我父我母俱出于神裔，
孰得辱呼我为婢？

这句话表明，自由民和奴隶出身的尊和卑，所根据的是善与恶这一原则。照他们的想法，人生人，兽生兽，善人的后代也应该是善人。天意也许是这样，但实际上往往事与愿违。

我们看到，这种意见上的分歧是有些根据的。有些事实上的奴隶和自由民并非生来就是这样的；但有些则情况不同，两者之间存在着明显的差别，使得一方为奴，一方为主成为既相宜又合理的现象，这时似乎天意所在，要使一方发号施令，另一方唯命是听。如果违背了这个天然的部署，将对双方不利，因为局部与全体的利益和肉体与灵魂的利益是一致的，奴隶是主人的一个部分，是他身躯的一个活的但是分开的部分。当两者之间的关系是合乎自然的，他们就能和平相处，交受其利，如果所凭借的只是法律和武力，情况将适得其反。

上面的分析已完全足以证明，作为一个主人的统治并不是以法律为依据的统治，有各种各样的统治，并不是如某些人所说彼此相同的。在某一种统治下的从属者，生来是自由的，在另一种统治下的，则生来是奴隶。家庭的统治的性质是一种君主制度，因为每个家庭都处于一个户长之下；而在法治的统治下的从属者，则都是自由民和地位相等的人。所以把一户之长叫作主人，并不是由于他具有什么特长，而是由于他具有某种身份，对奴隶和自由民说来情况也是这样。然而作为主人和奴隶说来，仍然可以各有各的知识。奴隶应有的知识，大概当如一位叙拉古人所教导的那类日常工作。这类知识还可加以扩大，例如烹调以及类似的服役技术。在这类技术中，有些固然切合需要，但有些则比较受到重视；俗语说，“奴才也罢，主子也罢，强中更有强中手”。但是，所有这些分门别类的知识都是奴性的。当然，主人也有主人应有的知识，这就是怎样使用奴隶；这里所涉及的不是奴隶的获得，而是奴隶的使用。但是，这里的所谓知识，并没有什么高深或奥妙之处；主人所需要知道的只是怎样下达指示，使奴隶懂得怎样去执行。因此，那些由于处境优越，使他们能够免于亲自操劳的，就雇用管家，代他们下达指示，照顾家务，而自己则从事于学术研究或政治活动。至于如何以合法手段取得奴隶的技术，是跟作为主人和作为奴隶的技术全然不同的，这是一种与狩猎或战争结合在一起的技术。关于主人与奴隶的区别就说到这里。

按照我们将整体分解为各个部分的惯用方式，已经证明奴隶是财产的一个部分，现在要探讨的是一般说来的财产以及生财之道。首先发生的问题就是，生财之道和家务管理是不是一回事，是它的一个部分，还是对它起作用的一个手段。如果是起作用的一个手段，那么，其性质是像制造梭子是有助于纺织技术那样的呢，还是像铸铜技术有助于雕塑技术那样的。因为两者作为起作用的一个手段时，其性质是不一样的，一个所提供的是工具，另一个所提供的是材料。所谓材料，我指的是任何产品所由制成的基础，例如羊毛是织工的材料，铜是雕塑家的材料。现在很容易看出，家务管理技术和生财技术并不是完全相同的，因为一方所使用的材料是另一方所提供的。并且，使用家庭贮存品的技术跟家务管理技术并没有什么两样。然而，这里存在的一个疑问是，生财之道是家务管理的一个部分呢，还是性质截然不同的另一种技术。看来两者是有联系的，因为财富取得者得考虑怎样来取得钱财和财产，而财产和财富的种类很多。耕作和一般食物的照管和供应，这些是有关获得财富的部分的技术呢，还是另一种独立的技术呢？再者，就人和其他动物并计，食物的类别很多，因此生活的类型也很多，两者都需要食物，由于彼此所需要的食物不同，因此其生活方式也不同。就走兽来说，有些是群居的，有些是独居的，按照其习性是食肉，还是食草，还是杂食，而采取与其生命的维持最相适应的生活方式。它们的习性是自然决定的，目的是便于取得它们所需要的食物。但是，由于各自的味觉不同，同样食物，未必是大家所喜爱的，因此在食肉的和食草的动物中，在它们自己之间，还会有进一步的区别。在人类生活中也是这样，彼此间存在着很大差别。最懒惰的是牧羊人，过的是懒散生活，可以在毫无困难的情况下，从驯服的羊群取得其生活资料。羊群为追逐草原而到处流动，牧羊人不得不随之迁徙，他们仿佛是在耕种一种活动的农田。有些人靠打猎为生，那也有种种方式。有些则从事于绿林生涯，有些则居近海洋、河流或沼泽，成为捕鱼人，还有些人则以捕鸟逐兽为业，多数人的谋生之道则在于从土地取得其所需。这些人的谋生方式不是依靠经商取得其生活资料，而是依靠自己的劳力，直接从事于自然产物的取得。这些人是畜牧者、耕种者、劫掠者、捕鱼者和狩猎者。有些人兼营两种业务，以那一工作来弥补这一工作的不足，借以谋取比较优裕的生活，例如畜牧者也未尝不可做拦路贼，农民也可以打猎。只要是出于人们的需要，任何别的生活方式都可与固有的生活方式相结合。按照仅能维持生命的那一点食物来说，大自然似乎是为广大众生——不论是在它们最初诞生之时，还是在已经成长之后——准备好了的。就某些动物说，当其后代出生时，已经为它们准备好了足够维持到它们能为自己寻找食物时为止的那么多的养料，蛆生动物或卵生动物就是个例子，至于胎生动物，则在一定期间由母体自身为其初生的后代提供养料——乳。我们可以由此推断，同样的情况是，为了它们生长了种种植物，为了人类，则生长了其他动物，驯服的可供使用和食用，野生的，即使不是全部也至少是其中的大部分，可供食用，还可用以制成衣着和各种工具。如果说，大自然对万事万物的设施是无一不备，也无一虚设的，那么，由此可以断定，世上的一切动植物必然是为人类而设的。这样看来，从某一观点来说，战争是"目的在于有所取得"的技术。战争包括狩猎，狩猎所针对的是野兽，而战争的对象是人，是那些理应被统治而不肯服从的人，这样的战争当然是正义的。

在取得财富的技术中，有一种应当是属于家务管理的一个部分；但是在美好生活中所需要的供应并不是无限度的，虽然索伦在他的诗篇中曾这样说，

并没有为人类设定财富的限度。

但是，财富是有限度的，就跟在任何技术中所需要使用的手段，不论在数量或体积方面都有其限度的情况一样，而财富则可以被界说为在一个家庭或一个国家所使用的一些手段。这就可以看到，作为一个家政管理者或政治家，都得熟悉取得财富这一自然技术，以及所以要这样做的理由。

取得财富的技术之一，一般叫作赚取钱财或生财之道，这个名称很恰当，这就意味着财富无限度这一概念。由于上述后者与前者密切相关，因此往往把两者混而为一。这里得指出，前者系出于大自然的赐予，而后者是凭经验和技术得来的。

现在让我们按照下面的论点来讨论这里的问题：

我们所拥有的一切事物都具有两种用途，两者都与事物本身相结合，但使用的方式不同，一个是正规用途，另一个是非正规或从属性用途。试以鞋为例，同是一双鞋，可以把它穿在脚上，也可用以交换，这都不失为对鞋的使用。用一双鞋向需要它的人交换金钱或食物，固然是把它当作一双鞋来使用了，但这不是当初做这双鞋时的正规或原始目的，因为鞋不是用以交换的对象。对一切财物都可以这样说，因为一切财物都可用以交换。对某一财物，或者有余，或者不足，交换最初就是在这种情况下自然形成的。由此可以推知，买进卖出不是赚取钱财的一个天然的部分，如果是这样的话，当人们有了足够的财物时，就不会从事于交换了。当社会团体处于最初形态——家庭时，交换这个技术显然是不需要的，只是到社团有所扩大时才开始加以利用。因为在最初阶段，家庭中的成员对一切事物都是共同使用的；后来社团处于进一步划分状态时，他们仍然有许多事物是共用的，但是，由于所使用的事物类别渐多，便感到有必要用其中的一部分来交换所缺乏的事物。在野蛮民族中至今仍在进行一种物物交换，他们所交换的没有什么别的，无非是些生活必需品，例如用酒换谷物等等。这种以物易物，并不是赚取钱财技术的一个部分，只是由于满足人们的需求，因此不是违反自然的。另一比较复杂的交换方式，就是由这一简单方

式演化而来。当这一地区的居民在财物上越来越有赖于别一地区时，于是开始输入他们所需要的财物，输出他们所多余的财物，这个时候货币这样东西就势必应运而生。形形色色的生活必需品总是形体笨重，不容易运输的，因此他们互相商定，在交换中使用一种媒介物，其物（如铁、银等等）本身既自有其效用，而且在日常生活中运用时又很方便。使用时，起初是按其体积和重量计值的，后来就渐渐想到了在媒介物上加用印记的办法，这就避免了权衡重量和标明价值的麻烦。

一旦发现了货币的使用以后，就引起了赚取钱财的另一技术——买进卖出。这种方式最初大概是很简单的，等到有了经验，渐渐懂得在哪里进行交换和用什么进行交换可以获得最大利润时，情况就变得复杂起来。由于赚取钱财的技术发端于货币，于是一般认为这种活动主要与货币有关，由此可以产生财富和钱财，从这一点出发，就会想到怎样来积累财富和钱财。实际上有许多人认为财富不过是一宗货币，因为赚取钱财与买进卖出跟货币总是分不开的。另一些人则认为，货币不过是个骗人的幌子，只是出于习俗相沿，并不是自然产物，假使使用者用另一种商品来代替，它在日常生活中就失去了价值或效用。事实上，蓄有大量货币的，也未尝不会缺乏必要的粮食。但是拥有大量财富的人，怎么会像寓言中的米达斯那样，因贪得无厌，求神使他点物成金而活活饿死呢？

人们认为财富或赚取钱财的技术，并非仅仅是求取货币，要为它觅得一个较好的见解，这个想法是对的。自然财富和赚取钱财的自然技术跟求取货币，在性质上有所不同，实际上是家务管理的一个部分，而买进卖出是产生财富的技术，在这里所使用的手段不

是别的，是通过交换。交换似乎与货币有关，因为货币是交换的出发点和终点。由这一技术所获得的财富是没有限度的。就跟医术对健康的追求是没有限度的情况一样，就别的一些技术说，它们各自所追求的目的也是没有限度的，因为它们的用意在于全力达到其目的(但是，所使用的手段是有限度的，因为它所要达到的目的就必然是个限度)，同样情况，赚取钱财这一技术，就其目的说，也是没有限度的，这个目的就是虚拟的财富和钱财的取得。但是，家务管理技术是有一个限度的，无止境地求取钱财不是它的事。因此，从某一角度看，一切财富必然有一个限度；然而，事实上看到的情况却适得其反，一切求财致富者都在积聚钱财，多多益善，绝无餍足之意。造成混淆的根源是两种赚取钱财方式的关系密切，两者所使用的手段相同，不过用法不同，因此就发生了互相转化的情况。但是两者之间是有差别的，一个的目的在于积累，而另一个则还有进一步的目的。因此有些人便认为赚取钱财是家务管理的目的所在，人生的整个意义就在于无休无止地积聚钱财，至少是已有的钱财不可丧失。人们的这种性格倾向最初只是在于获得生存，并不是在于生活优裕；但是，由于人的欲望是无止境的，于是认为满足其欲望的手段也是无限度的。即使那些其意在于获得美好生活的人，也在追求取得肉体享受的手段，由于要取得这种享受是非多蓄资金不行的，于是不得不全神贯注于赚取钱财。这就发生了赚取钱财的第二种方式。由于人们的享受是过度的，于是要追求的是怎样获得这种过度享受的技术。这时，如果凭赚取钱财的技术不能如愿以偿，就要千方百计地试用别的技术，而这些新计划、新方式总是违反自然的。例如勇敢这一品质或医生的技术，其意旨所在并不是赚取钱财，前者的目的是在于胜利，后者是健康。可是有些人却使任何品质或技术都变成赚取钱财的手段，认为这就是目的，为了实现这个目的，一切都应为它服务。

到此为止，我们已经分析了本来是不必要的而为什么人们需之甚切的那种方式的生财之道，也分析了必要的那种方式的生财之道。我们已经看到，两者是有所不同的，后者是管理家务中合乎自然的一个部分，有关的是生活资料的供应，它不像前一方式那样漫无限度，而是有限度的。

我们对原先提出的问题——赚取钱财技术是不是一个家务管理者或政治家的分内事，还是要为他们预先解决的技术——找到了答案。要晓得，政治学并不创造人类，只是从大自然的怀抱中接受了人类而把他们组织起来，是大自然为他们提供了来自土地、空气和海洋的生活资料。家庭管理者的任务就是在这个情况下开始的，他需要做的是把自然提供的事物安排好。我们可以把他比作个织工，他无须制造羊毛，只需使用羊毛，只须懂得哪些是好的、适用的，哪些是差的、不适用的。不然的话就很难看出，为什么赚取钱财技术是家务管理的一个部分，而不是医疗技术的一个部分，因为家庭中的成员肯定是需要保持健康的，就跟他们需要保持生命或其他任何必需品一样。但是，从一个角度看，作为一个家庭的主人或国家的统治者应当注意到各人的健康，从另一角度看，这却是医生的职务；因此，谈到赚取钱财，从一方面看这是属于家务管理的技术，从另一方面看，这只是家务管理中一个次要的技术。但是前已提到，严格说来，生活资料必然是大自然事先所准备好了的；大自然的职务是为生物提供食料，下一代的所需总是上一代预先

留下的。因此，从耕种和畜牧中赚取钱财总是合乎自然的。

如前所述，有两种生财方式，一种是家务管理的一个部分，另一种是买进卖出，前一种的是必要的、正当的，后者是一种交换，应当受到谴责，因为这是违反自然的，是互相谋取利得的一种方式。尤其可恶的是高利贷，我这样说是有充分理由的，因为这不是对金钱的自然使用，而是从金钱本身博取利得。金钱是在交换中使用的，不是供作人们用利息的方式来进行增值的。高利贷这个问题的意思是，母钱可以生子钱，就像父母生子女一样。这就表明，在生财的一切方式中，这是最不合乎自然的。

关于生财的理论就说到这里，现在要说的是生财的实践部分。从事于这方面的讨论在学术上并不是没有价值的，但是实际从事于此道时，却是件既鄙陋又惹厌的事。谈到生财之道，(一)首先是关于畜牧的知识——在什么地方进行和怎样进行最有利，例如，饲养属于哪一品种的马、牛、羊或任何其他动物，最有可能获得丰厚利润。作为一个畜牧者应该知道，其中的哪一种报酬最优，在什么地区放牧最有利，因为牲畜的种别不同，所适应的地区也不同。此外是农业，或者是耕种，或者是植树造林，或者是养蜂、鱼、禽，或者是饲养对人类有用的任何动物。这些都是应当首先考虑的、真正的和正规的生财之道。(二)其次是以交换为主的一类，其中第一并且最重要的是商业，商业有海上运销、陆地运销和设铺销售三种，其间又有风险大小和利润厚薄程度上的不同；第二是高利贷；第三是受雇劳务，其中一种是机械工，另一种是无需技能的体力劳动。(三)还有一个介于上述第一和第二类之间的第三种生财方式，它既带有合乎自然的性质，也与土地上产物的交换有关。这些事业，虽然不结实生果，却是有利可图的，例如供给木材和采矿。采矿工作有许多类别，因为土里掘出的矿物种类不一。关于各个类型的生财之道，这里只是概括地说一说，如果要各个地加以详细讨论，在实践中也许有用，但是在这里把话说得过长是要使人不耐烦的。

总之，凡是含有机运因素最少的工作所体现的总是最真实的技术，凡是最有损于身体的工作总是最卑贱的工作，最消耗体力的工作所体现的奴性最大，最不需要杰出才能的工作是由没教养的人干的。

写这类题材的著述很多；例如查尔斯的《佩罗斯岛人》和阿波罗多拉斯的《莱姆诺斯岛人》，[①]都讨论了耕种作物和植树造林的问题；还有讨论别的方面的。关心这类问题者可以查阅这些著述。把那些个人发财致富的散漫的经历搜集起来编写成册是个好办法，因为对重视生财之道的那些人说来，这是很有用的。曾经有一个关于米利图斯[②]人塞利兹和他的生财方法轶事的传说，其间牵涉到一个可以普遍应用的原则，由于他以才智出众闻名，所以把这个故事归在他的名下。他因贫穷而受到责难，认为这就足以证明空谈哲学是没有用处的。按照这个故事，说他精于占星术，还在冬季，他即已预知来年橄榄将获得特大丰收，因此把他一点有限的资金作为定钱，付给在奇奥斯和米利图斯地方的所有榨油坊，由于没有人同他竞争，租价很低。等到收获期届，需要榨油的人蜂拥而

① 佩罗斯(Paros)岛和莱姆诺斯(Lemnos)岛均在爱琴海。——译者

② 米利图斯(Militus)，小亚细亚已毁的古城。——译者

至，要向他转租，凭他讨什么价都愿照付，于是他满载而归。他以此向人表明，作为一个哲学家要发财致富易如反掌，如果他喜欢这样的话；但是他的志趣却别有所在。这个故事的本意是在于以显著的事例证明他的智慧，但是上面已经说过，他的生财方法是可以普遍运用的，说穿了不过是造成垄断地位。

西西里岛有个人广有资金，他收买了当地铁矿所有的存品，商人从各地来此采购时，他成了唯一的卖主，他没有过分提高价格，就稳赚了倍蓰之利。这件事被迪奥尼修斯[①]知道后就通知他，赚得的钱他可以拿走，但不得在叙拉古待下去，因为他认为此人所发现的生财之道是有损于他自己的利益的。此人的想法与塞利兹相同，他们所图谋的都是使自己居于垄断地位。作为一个政治家，也应当懂得这类事，因为国家也往往同家庭一样，会感到缺乏资金，感到缺乏筹措资金的方法，甚至比后者需之更切，所以有些关心公益的人倾其全力于财政学研究。

卷　二

我们的宗旨在于研究什么样的政治社团对大家最适宜，最能实现生活的理想。因此，我们所要检查的不仅是这一政体，还有别的政体，包括治理得很好的实际存在的国家和受到尊敬的理想的体制，从而把优良而又有效的政体揭露出来。切勿以为我们是在

① 迪奥尼修斯(Dionysius，公元前430？—前367年)，古希腊叙拉古(Syracuse，在西西里岛东南部)暴君。——译者

捕风捉影，不顾实际而故弄玄虚，我们所以要从事于这样的探究，只是由于我们所了解到的政体都是有瑕疵的。

我们将从问题自然的起点开始。这里可以想得到的不外三种方式：作为一国的人民，(一)或者是共同拥有一切事物，(二)或者是没有一种是公有的，(三)或者是，有的公有，有的不属公有。要做到没有一样属于公有，那显然是不可能的，因为国家是一个社团，总得有一个公用场所，城市就是这样一个场所，而市民就是共同使用那个城市的人。那么，一个部署得很好的国家，是不是应当把一切东西尽可能地归于公有，还是只有部分这样，别的就不是这样？如果像柏拉图在《理想国》中所述苏格拉底的主张那样，妻孥和财产就一概应归于公有。哪个方式好些呢，是维持现状好，还是所倡议的社会新秩序好呢？

我们要考虑的是怎样安排我们的财产，作为理想国家的公民，他们的所有物应当还是不应当公有？这个问题可以同有关妇女和儿童的规定分开来讨论。妇女和儿童现在是普遍通行归个人所有的，即使是这样，如果使所有物公有公用，是否比较有利？这里可以有三种情况：(一)土地可以私有，但是产物应投入公有仓库，供大众消费，有些国家就是这样做的。或者(二)土地归公，共同耕作，但其产物分配给各个人，由个人分别使用，据说，在某些野蛮民族中实行的就是这样的方式。或者(三)土地和产物概归公有。

在土地问题上，如果耕作者和公民不是同一个人，问题就不同，就比较容易处理，如果由公民自己从事耕作，则所有权问题将引起很大困难。在土地分配中如果苦乐不均，有些人多劳而少得，则势必对少劳而多得者发生不平之鸣。人们生活在一起，共同享有事物时，必然会引起困难，尤其是在共同享有财产时。当人们结为旅伴，相约同行时，由此发生的情况就可举以为例，他们在中途往往会发生争吵，因细故不欢而散。关于仆役也是这样，对于在日常生活中经常要接触的那些人，最容易因小事而动怒。

这些只是随着财产共有而来的某些不利情况。照现在的部署，如果受到良好风俗和法律的帮助，情况便会好得多，便会兼有公有和私有两种制度的利益。财产在某一意义上说应公有，但一般说来应私有，因为当各有各的不同兴趣时，人们在私有制下就不会互相埋怨，并且他们会获得较大的进展，因为这时人人将关心自己的事业。关于财物的使用有句老话，“朋友之间，有通财之义。”即使现在，仍然可以看到奉行这个准则的痕迹，表明在一个有秩序的国家，这个办法并不是行不通的，它已经通行到一定程度，此后还可以进一步发展。因为虽然每个人有他自己的财产，但是有些东西他却愿意交给朋友们随意使用，有些则彼此可以共同使用。以拉西德蒙人[①]为例，奴隶、犬、马等如果是他们自己的，就可以不分彼此，互相使用，如果旅居在外，他们可以获得所需要的任何供应。财产应归私有，但是应共同使用，这显然是个较好的办法，这时立法者的特有职能是培养人们的仁爱精神。再说，当你感到某一事物是你自己的，你的欢乐程度将增长多少倍，因为自爱的感情，不是上天无因地授予的，虽然自私行为理应受到谴责，这样就不只是自爱而是过度的自爱，就像守财奴爱他的钱财一样，就一切人或差不多一切人说来，人只应有分寸地爱财和其他财物。人们

① 拉西德蒙人(the Lacedaemonians)，即斯巴达人。——译者

为朋友、宾客或伙伴们做件好事或提供点帮助，会感到极大的愉快，而这只是存有私有财产时才能做到，在制度过于严峻的国家就会丧失这种优点。在这样的国家，有两种美德将消失于无形，第一是对妇人的自我克制（因为在自制的情况下不淫乱他人之妻，是高尚行为），第二是乐善好施，而这是要直接牵涉到财产的事。当一切事物都归公有时，人们就不会在这方面做出榜样，因为慷慨助人是跟财产的私有分不开的。

财产公有制也许具有一种仁爱的外貌，使人听起来容易入耳，误以为通过这一奇妙的方式，人与人之间便会相互成为好友，尤其是在现实世界中，我们满耳听到的是对种种罪行的谴责，对毁约行为的起诉，对伪证行为的判罪，对富人的阿谀趋奉等等，据说这些现象都是起因于私产。但是这些罪行系出于另一全不相干的原因——人性之不善。实际上我们看到的是，在一切公有体制下争执较多，在私有体制下争执较少。

尼科马奇阿伦理学[1]

卷　五

有些人认为报答这一行为是绝对公平的。这就是毕达哥拉斯[2]的主张，他认为对邻居的报答是绝对的正义行为。

但是，报答与起纠正作用的正义这一概念并不是完全一致的，虽然按照拉达曼塞斯[3]的准则：

作何动作，得何命运；
天意无私，直道而行。

他的意向所在，必然是起纠正作用的正义。在许多情况下，报答原则和起纠正作用的正义的原则是不一致的。例如，举手打人的如果是位地方长官，就没有使他遭到还击的道理，如果有人动手殴打一位长官，那就不仅要遭到还击，还得受到惩罚。还有一点，对某

① J. E. 韦尔登（Welldon）译。重印时曾商得出版者伦敦麦克米伦公司的同意。——编者

② 毕达哥拉斯（Pythagoras），古希腊哲学家。——译者

③ 拉达曼塞斯（Rhadamanthus），希腊神话，阴曹地府的判官。——译者

人所采取的行动，是得到他的同意的呢，还是他所反对的，情况大有差别，而报答原则是不考虑这种差别的。由此联想到交换时，作为团结的力量的，就是这种公正原则，也就是报答原则，但这是对应的报答，不是对等的报答，因为使一个国家得以结合在一起的是对应的报答。

不论善或恶，人们都是想进行报答的。对恶事不进行报复，看起来他就像个奴隶；如果对好事不进行回报，交相帮助的情况即无从发生，而把社会团体结合在一起的却是这种交相帮助的精神。就是出于这种精神，人们才在大街上建起了三神殿，以示互相受益之意；我们受人之惠时，应有所酬报，我们并且应当主动施恩于人，这是我们的义务。

要晓得，对应的报答出于交叉的连接。假定 A 是营造商，B 代表鞋匠，C 表示一幢房子，D 表示一双鞋。那个营造商要获得鞋匠产品的一部分，然后给他自己产品的一部分作为报答。这时，如果首先存在的是相应的均等关系，跟着发生的是报答或互惠作用，那就会实现我们所说的结果。否则交换就不是均等或持久的。因为我们没有理由认为这一个的产品就不会优于那一个的产品，因此应该使之归于均等。（就所有的技术而言，情况也是这样。假使在性质、数量和质量上，施术者对病人所发生的效果，不是与施术者的努力相一致的，双方的关系将归于消失。）必须由一个兽医和一个农民发生联系，才能起交换作用，在两个兽医之间发生联系是干不成这件事的，一般说来，总得由不同的而不是相同的人们之间发生联系才能引起这个作用，并且在交换时必须使双方都得到补偿。由此可见，可以成为交换对象的那些事物，必然是就某种意义上说是互相配合的。这就是所以会发明货币的理由。货币是一种媒介物或中间体，它可以衡量万事万物，尤其显著的是，它可以使有余和不足归于平衡，例如，若干双鞋相等于一幢房子或一餐饭。就一个营造商相对于一个鞋匠来说，必须以那么多双鞋交换一幢房子或一餐饭，否则彼此之间就不会发生交换或联系。但是，除非使鞋、房子或一餐饭在某种意义上是相等的，否则交换或联系就不可能发生。因此，如前所述，这就发生了对单一的、普遍性的标准度量的需要。所以需要这个标准，实际上是出于互助互济的需求，而社会团体所以能够结合在一起，依靠的也就是这种力量。假使人们无所需要，或者是他们所需要的各不相同，那么，不是不存在交换，就是现在所看到的，情况将完全不同。

货币是这一需求的一种公认的典型。这就是把它叫作货币的原因，因为它的出现不是出于自然的而是出于人为的力量，并且我们有力量改变它或废弃它。

交换的条件经这样均等化以后，就可以发生报答或互惠作用，像农民与鞋匠之间那样，鞋匠的产品与农民的产品也就可以进行这样的活动了。但是，在双方还保持着他们自己的产品的时候，而不是在已经发生交换之后，必须把交换的条件归纳成用数字表示的比例，否则双方中的一方将试图争取优势，以少量换取多量。数字比例经确定以后，双方这就可以进行公正的联系，否则两者之间是不可能建立恰当的平衡关系的。假定 A 是个农民，C 是粮食，B 是鞋匠，D 是鞋匠准备与粮食取得平衡关系的货物。假使不可能取得这种互惠作用，彼此间就不会发生联系。

很明显，事实是，需求就像一个团结的原则那样，是它把社会团体结合在一起的，如果没有两个人之间的相互需求，如果两者都不需要帮助，或者是只有其中之一需要帮助，他们就不会发生交换。反之，如果有人需要某一别人所拥有的产品，比方说酒，他们两人之间就可以进行交换，一方提供的是酒，作为回报，所取得的是进口谷物之权。这里酒与谷物之间必须加以均等化。

货币还有助于实现在将来进行交换的意图。货币对我们说来是一种保障，如果对一事物现在不需要，有了货币，待我们有需要时，就可以取得这一事物。一个人如果拥有货币，他就有权取得他所需要的事物。

诚然，货币同别的事物一样，要受到法律的管辖。它的价值并不是永远不变的，然而同任何别的事物相比，它的价值仍然具有较高度的稳定性。这就是说，一切事物必须具有以货币计算的价值，这一点必然有利于交换，从而有利于交相联系。

因此，货币就像是可以使事物趋于均等化的一个尺度，它使一切事物可以用同一标准来衡量，因为没有公度性就没有均等，没有均等就没有交换，没有交换则一切联系、结合就无从谈起。

要使世间这样纷纭复杂、多种多样的事物成为可衡量的事物，虽然看上去好像是不可能的，然而实际上是完全可以办得到的。这里需要的是一个单一的标准、一个获得举世公认的标准，于是产生了货币，是它使一切事物成了可衡量的事物，从而使它成为衡量事物的可以普遍应用的标准。假定 A 是一幢房子，B 是 10 麦纳[①]，C 是一把睡椅。假定 A 是 B 的一半，就是说，这幢房子值或

① 麦纳(mina)，古希腊的货币单位。——译者

相等于 5 麦纳；再假定那把睡椅 C 是 B 的十分之一。这就很明显，相等于一幢房子的睡椅的把数是五。还有很明显的一点是，在发明货币以前，这就是进行交换的方式，因为，为取得一幢房子所提供的，不论是五把睡椅还是五把睡椅的价值，是没有差别的。

二　色诺芬

增加雅典国家收入的方法

色诺芬生平简介

色诺芬(公元前约440—355年),年轻时是苏格拉底的弟子,但对抽象的思辨兴趣不大,而主要关心哲学理论的道德意义。他参加了小居鲁士对阿塔薛西斯的征讨(公元前401—400年),在库那克萨遭到惨败后,被任命为溃散的希腊军队的首领。多年之后,他在《远征记》中记述了这次冒险。后来,他投靠了斯巴达,为此雅典同胞对他进行缺席审判,判处他终身放逐。科罗尼亚战争(公元前394年)后,斯巴达人在斯基路斯(Scillus)封给他一份领地,在这里他专心从事著述活动二十年左右。斯巴达人被底比斯人打败后,他被迫离开斯基路斯,迁居科林斯。除了《远征记》外,他还著有历史著作《希腊史》、《苏格拉底言行录》、具有哲学浪漫色彩的《经济论》以及篇幅较小的一些著作。《经济论》精辟地分析了复杂的分工问题(第八卷,第二节)。《雅典的收入》大约写于公元前355年。这是一部具有特别重要意义的著作,反映了希腊生活的一个重要方面,而这正是当时的大哲学家不感兴趣的方面。

增加雅典国家收入的方法[①]

(一)关于亚狄加[②]的土壤和增加其收入的可能性

我总是认为:无论统治者具有什么特性,他们所领导的政府也会具有与之相似的特性。但是,有些统治雅典的人一向被认为像别人一样懂得公正是什么,可是他们却说:因为平民贫困,他们不得不对同盟的城市做一些不大公正的事情。因此,我曾努力考查,公民是不是可以借助于他们的本国资源来维持生活,因为这样维持生活才是最公正的。我想如果真能如此,则既可以改善他们的穷困状况,也可以消除他们在其他希腊人之间所惹起的猜忌了。

当我仔细思考我的观察所得时,我就觉得这个国家得天独厚,具有大量收入的来源。为了使人了解我所说的话是真实的,我愿意先对亚狄加的自然资源加以说明。

土地产品证明亚狄加一年四季都是极为温暖的;因为在许多国家内甚至不能生长的东西,在亚狄加都能成熟结果。而且,和土

① 本文是根据沃森(J. S. Watson)的英译转译的。——译者

② 亚狄加,古代中部希腊的一国,其主要城市为雅典。——译者

地是最肥沃的一样，环绕陆地的海洋也是同样丰饶的；神在各季所赐予的各种果品，在这个国家内结实最早，而凋谢最迟。土地不仅就每年成长和凋谢的东西来说是上等的，而且还具有经久的利益；因为它供应充裕的石料；这些石料可以用来建筑最宏伟的庙宇、最华丽的祭坛，以及雕刻最优美的神像；而且这些石料也是很多希腊人和很多蛮族①都希望享有的。诚然，有一部分土地虽然播种仍不能结实，但如深入挖掘，它们却比生产五谷能养活更多的人，因为在地面下——无疑是出于神赐——藏有白银；虽然有许多国家，从陆路或海路来说，都处在邻近，可是即使是最细小的银矿脉也没有延伸到其中任何一个国家。一个人会很合理地想到雅典位置在中央，不但在希腊的中央，而且在整个有人住的世界的中央；因为人们离雅典越远，他们就觉得越冷或越热；而且任何旅行者想从希腊的一端到另一端去，都必须或由水路或由陆路经过雅典，作为他们环行的中心点。虽然雅典不为水所围绕，但它正如一个岛屿一样，借助于各种风向吸引来它所需要的一切东西，也输送出它愿意出口的东西，因为它两面临海。由于它接连大陆，它也通过陆路输入种类繁多的商品。并且，对于许多国家来说，住在它们边境的蛮族经常使它们感到烦恼；但与雅典人为邻的各国本身却离开蛮族很远。

① 希腊人和罗马人对于异族人统称为蛮族，就是对于文明的异族也是如此。——译者

(二)关于吸引更多外国人侨居雅典的可能性

正如我所说,我以为土地本身就是产生这些利益的原因;如果在这种自然惠赐上再加上,第一,对侨居雅典的外国人的利益予以照顾(因为我以为这种收入来源是最好的收入来源之一;因为外国人一方面维持他们自己的生活,一方面也给他们所寄居的国家提供很大的利益;他们不向公家领取津贴,却缴纳外国人应该担负的捐税),那么,这种照顾在我看来可能是最有利益的;特别是如果我们同时豁免他们那些对于国家没有裨益,而对于他们则显得——是一种不光荣的标志的负担;如果我们同样免除他们作为重步兵和我国公民一道去参加作战的义务,那就更好,因为这些事情所引起的危险是大的,而且对他们说来,弃业离家也是很大的苦恼。如果只是本国公民在战场上并肩作战,而不像现在那样混杂有里底亚人、叙利亚人、弗利治亚人和其他各国家来的蛮族,[①]那么,国家也将得到更大的好处。除了伴随豁免外国人参加军队而来的好处以外,让人看到雅典人在战场上只信赖自己而不信赖外国人,这也是国家的一种荣誉。其次,当我们使外国人分享适宜于他们分享的其他特权时,照我的意见,如果我们让他们也参加骑兵队,我们就能使他们对我们抱有好感,从而增加我们国家的力量,使我们国家更为强大。此外,由于城里有许多可供建筑的土地还没有房屋,

① 里底亚和弗利治亚都是小亚细亚的古国。——译者

我以为如果国家允许把这些土地给予那些愿意在上面建筑房屋，而且——当他们申请使用土地时——看来是值得给予的人，那么，很多可尊敬的人就会愿意在雅典得到安身之所。如果我们像对于孤儿设有保护制度一样，再制定一种保护外国人的制度，并对那些能够带进最多外国人的人们予以某些奖誉，那么这种办法就能使外国人更甘愿处在我们的统治之下，而且那些在别的城市中没有住所的人，也会渴望在雅典找到安身之所；这样就会增加雅典的公共收入。

（三）关于授予商人特权，以及增加贸易可能得到的利益

为了证明雅典是一个最好的和最能生利的贸易地点，我愿详陈下列细节。首先，雅典拥有各种船只的最优良和最安全的港口，航海者如遇风暴可以在此停泊和休息。其次，在大多数其他城市中，国外商人们必须以其某种商品交换另一种商品，因为居民所使用的货币不能越出国境以外；而雅典一方面拥有外国人所需要的大量出口货物，另一方面，如果商人不愿意物物交易，他们还可以运走我们的白银，作为最好的货载；因为他们无论在什么地方卖掉这些银子，他们所得总比它们原来所值为多。

然而，如果我们对于商事法院的法官给予奖赏，奖励那些能最公正和最迅速裁决争端的法官，从而使愿意出航的人不致受阻，那么，就会有更多的人更愿意同我们贸易。如果在公共庆祝典礼上把那些开来船只并带来大批值钱商品因而有利于国家的商人和船

主尊为上宾，并时常邀请他们参加宴会，那也会增加我们的利益和声望，因为他们受到如此敬意的款待，就会很快地像到朋友那里去一样再回到我们这里来，不仅是为了赚钱，而且是为了受到尊敬。寄居在我国和来我国访问的人越多，显然就会有越多的商品进口、出口和出售，并且也会使我们获得更多的利润和贡赋。为使这些收入的增加能够实现，我们只需采用宽厚的法令和谨慎的监督，不必另付任何其他代价。

为了获得其他似乎可以到手的收入，我认为需要设立一种基金。当我回忆到在赖西斯特拉图斯的指挥下以及在希吉西劳斯的指挥下援助阿卡狄亚人的时期里全国捐输了多少时，我依旧未绝望于公民会欣然为此而捐献。我也知道战舰出征，耗费甚大；当远征结果是好是坏无把握时，这些战舰就已经造成，然而十分肯定的是，捐献者从不打算收回所出的钱，甚至也不打算收回一部分。但是，现在公民能够获得的收入，再也没有比从他们所捐献的这种基金所获得的收入更可靠的了；因为那些捐献 10 麦纳的人，将得到本金的五分之一，作为从船队上得到的利息，因为他每天可以收到 3 个奥波尔[①]；那些捐献 5 麦纳的人，将有比三分之一还多的收入。大部分雅典人无疑每年所得将比他们捐献的还多；因为那些捐献 1 麦纳的人将有几乎 2 麦纳的收入，而且这种收入还是在城市中支付的；它也似乎是在世间财产中最安全和最经久的收入。在我看来，如果再将捐助我国的人的名字记载下来，传于后代，那么很多外国人以及某些城市都会对我们有所捐输，借使名传青史。我

① 奥波尔(obol)，古希腊的小银币，约值英币一便士半。——译者

还认为一些国王、其他诸侯以及州长们都将愿意分享这种令人满意的谢礼。

当基金建立以后，在目前各港口原有宿舍之外，再建筑一些宿舍安顿海员，对于国家是光荣的，也是有利的；在便利买卖的场所为商人建造房屋，并为来到雅典的各种人物建造一些公共招待所，也是适当的。此外，如果在培雷埃斯和城里为零售商人建造一些房屋和店铺，那它们不但对雅典是一种装饰品，而且也可以由此获得大量的收入。我还认为应该去试一试，国家是不是可以像拥有公共战舰一样，也拥有运输商货的公共船只，并且像出租公共所有的其他东西一样，只要有人提出保证，就把它们出租。如果此事可行，那么从这个源泉也可以获得大量的收入。

（四）关于亚狄加银矿的范围。如何使这些银矿对国家有利。对所提计划可能产生的反对意见的答辩

如果我们的银矿也能得到它们应该得到的适当管理，那么我认为我们除了其他收入以外，还可以从银矿上得到很大的利益。对于不明了这些银矿的价值的人们，我愿加以说明，因为当你们知道后，你们就能够更好地作出整顿这些银矿的计划了。银矿在远古时代已被采掘，这是众所熟知的事实；因为的确没有人试图指出银矿是在什么时候开始的。但是，虽然很久以前就已经挖掘和开采含有白银的土地，但试想一想已被掘出的土堆比诸仍处在自然状态、下面含有白银的丘陵是何等小的一部分吧。可供开采白银

的场所也一点没有显得减少，反而不断在扩大中；当矿山中有极多数的人在工作的时候，从来没有人缺乏职业，而已雇用的人手却总是不能满足工作的需要。而且，目前在矿中拥有奴隶的人，谁也没有减少这些奴隶的人数，事实上反而尽可能不断增加他们的数目；因为如果只有少数人从事于采掘和勘测时，所获宝藏必少，但如使用人数增多时，就可以发现更多的银矿；所以在我所熟悉的各行各业中，只有银矿业，其中没有人嫉视别人扩张其经营范围。一切拥有农田的人都能够说出他们的土地需要多少对牡牛和多少人手。如果送到田里的牛和人手多于需要，他们就会认为是一种损失。但开采银矿的人却总说他们经常缺少工人。因为在这种情况下所产生的结果，不同于黄铜业中人数过多所产生的结果，当黄铜器皿的价格必然变得低廉时，工人就破产了；同样，也不同于铁匠过多时所产生的结果；也不同于五谷和酒类过剩时所产生的结果，当土地产品价格低廉时，农业就无利可图，许多农民就会放弃耕耘而从事商业、旅店业或借贷业；然而，谈到银矿，发现的银矿愈多，采掘的白银也愈多，从事开采银矿的人数也就愈多了。当人们拥有足够的供住宅使用的家具时，他们不十分想添置更多的家具；可是谁也不会有多到不希望再多的白银；如果他们拥有的白银太多，他们就把它储藏起来，他们喜欢储藏白银不亚于他们喜欢使用白银。而且，当社会繁荣时，白银的用途是很大的；因为男人准备购买优良的武器、骏马、豪华的宅第和家具，而女人也急于购置贵重的服装和金饰。另一方面，如社会处于灾难的境地时——不论是由于歉收或受战争的影响——人们对于白银的需要更为迫切，因为土地闲置未耕，就更需要白银来购买粮食和支付外来援军的费用。

如果有人说，黄金在这些用途上并不比白银差，我并不争辩这种说法的真实性；但我同时觉得如果黄金数量过多时，便不大值钱，而使银价腾贵。我所以这样说，是为了要使我们有信心地派送尽可能多的工人到银矿里去，并且应该有信心地继续经营我们的银矿，要完全相信银矿不致失败，而且白银也不致变得不值钱。然而，我觉得，似乎国家知道这种情况远比我为早，因为它允许任何愿意到矿里工作的外国人在矿里工作，只要他们同公民一样缴纳税款。

如果我不能从公民的生计方面把这些问题说得更为清楚，我将说明银矿应如何管理方可对国家最为有利。然而，对于我所要说的一些话，我并不希望博得赞美，好像我发现了难以发现的问题；因为我所要说明的一部分事实，都是目前摆在我们面前的，而我们所听到的过去的情况也都有完全相同的性质。但是我们不能不感到诧异：国家虽然知道很多市民借国家的资源而致富，可是它仍未仿效他们的办法；因为我们——至少是注意这种事情的人——确实很早就听到：尼塞拉图斯的儿子尼西阿斯保有在银矿中使用的奴隶 1 000 人，出租给色雷斯地方的索西阿斯，条件是每人每日收取租费 1 奥波尔(不扣除一切费用)；而且尼西阿斯从不减少出赁奴隶的数目。希波尼可斯也以同样的收费率出租奴隶 600 名，这使他每天能够得到 1 个麦纳的净收入；菲列摩尼出租 300 名奴隶，每天得到半麦纳的收入；而且我以为还有一些别人各按其资力拥有一定数目的奴隶。但当目前在矿山里有很多奴隶可以出租的时候，我又何必详论往事呢？如果我的提议能够实现，那么，这个办法中唯一新的东西就是：像私人因拥有奴隶而获得经常

收入一样，国家也应该拥有公共奴隶，其数目应该三倍于雅典公民。

我所提议是否可行，让那决定取舍的人就我的每一个论点考虑以后再加以论断。谈到购买奴隶所需的费用，国家获取这种费用显然是比私人更方便的。元老院不难颁布一项公告，规定只要人们愿意就可以把奴隶带到市场，然后由国家把送来的奴隶全部买下来。国家购入这些奴隶以后，如果出租的条件和私人出租的条件一样，人们为什么不能像从私人那里租用奴隶一样，从国家那里租用奴隶呢？至少他们也从国家那里租用供神用的土地、庙宇和房屋，并且也承包国家的捐税。国家可以安全地保持为公众购进的奴隶，因为国家可以向租用奴隶的人们索取保证，正如向包税的人索取保证一样；的确，承包捐税的人比向国家租用奴隶的人更易欺骗国家，因为在国家的货币和私人的货币完全一样的情况下，谁能分辨出哪些货币是被盗窃的公款呢？但如果给国有奴隶身上烙上官印，对于出卖和输出这种奴隶的人科以刑罚，那么，谁敢去偷窃奴隶呢？所以，这样看来，国家获得并保持奴隶是可能的。

如果有人怀疑，当国家已经获得很多奴隶之后，会不会也有很多人去租用他们，那么，请他鼓起勇气来好好想一想：许多已经拥有奴隶的人仍会租用属于公共的奴隶（因为需要使用奴隶的工作是很多的）；况且，在工作中的很多奴隶已日趋衰老，同时又有很多雅典人和外国人，他们不能也不愿意从事体力的劳动，而愿意愉快地以精神劳动来管理企业，谋求生计。如果国家首先购入 1 200 名奴隶，那么，在五年或六年内，依靠从这些奴隶身上所得到的收入，会使奴隶的数目增加到不少于 6 000 人；如果这 6 000 名奴隶

每人每天带来 1 个奥波尔的净收入，那么每年可收入 60 塔兰特[①]。如果在这 60 塔兰特中，用 20 塔兰特去购买更多的奴隶，国家可随意将其余 40 塔兰特用于任何被认为正当的用途。当奴隶达到 10 000 人的时候，国家每年就可以从他们身上收到 100 塔兰特。

如果有人还记得在德西列亚战争以前，由奴隶身上所得到的收入曾达到如何的高度，就会同意我对于国家将得到比上述更大得多的收益的想法。我可以对此推断提出另一证据，就是：虽然有无数工人不断地被使用在矿内工作，但他们目前的情况与我们祖先所记得的他们的过去情况并无差别。的确，现在在矿内所做的事情表明：奴隶人数永远不会多于工作的需要，因为被用来掘矿的人觉得他们挖掘的深度和广度是无止境的。开凿新矿在目前肯定地和从前一样是确实可行的；任何人也不能根据某种知识来断言，业已开掘的银矿要比尚未开采的银矿蕴藏有更多的白银。有人或许要问：既然如此，为什么现在人们不像从前那样去开采新矿呢？这是因为从事矿业的人现在比较贫困；因为只是在最近银矿才又重新开采；开采新矿的人要冒很大风险；发现一个可以有利运用劳动的场所固可致富，但如果找不到这种场所，他将损失所有的费用；所以目前人们绝不愿意去冒这种风险。

然而，我以为我能够针对这种困难提出一些意见，表明如何能在最安全的情况下进行新的工作。在雅典居住有十个种族，如果国家拨给每族以同等数目的奴隶，让每一种族都去开采新矿，并使

① 塔兰特(talent)，古希腊货币单位。——译者

他们共同担负开采的后果。这样,只要一族能够有有利的发现,就对全体都有所裨益。但如果有两个、三个、四个或者一半以上的种族都能有所发现,那么很明显,其所获将相应地更有利于全体;至于十个种族完全失败的情况,从过去经验来看是不可能的。私人也可能休戚与共地组织在一起,这样就可在更安全的状况下经营新矿;你们既不必担心这样组织起来的公共团体会损害私人冒险家,更不必担心私人冒险家会予公共团体以不便;正如战场上的同盟者,结成同盟的人数愈多,各自的实力就相应地愈为强大;在银矿中使用人数愈多,则其所获将愈多,而带给国家的利益也愈大。

我现在已经说明我的想法:怎样安排公共事务,使全体雅典人民可以借助于我们的公共资源来维持充裕的生计。

如果有人因为做这一切工作将需要巨额的基金,以为绝不会得到足够的金钱,请他们不必因为这种顾虑而沮丧吧!因为这些事情无需同时并举,也不是不同时并举就得不到利润。无论是建筑房屋,或者是建造船舶,或者是购买奴隶,都可以马上带来利润。逐渐地完成这些事情,一定比同时并举更为有利;因为同时并举,比之逐渐完成,不但代价大,而且效率差。如果我们要同时得到很多奴隶,那我们就不得不在较差的条件下以较高的价格购买他们。然而,如果按照我们的能力来处理事务,我们就可以继续不断地进行已经计划好了的工作;如果发生错误,我们可以注意不去再犯。此外,如果马上要百废俱举,我们就必须同时获得各种建设所需的手段;但是,如果现在先完成一部分,另一部分从缓,那么现在所得到的收入可以有助于置办将来事业所必需的东西。

至于每个人最感担心的事情——我是指,如果国家购进过多的奴隶，矿里可能人浮于事——只要我们每年送进矿里的人数不多于工作的需要，那么这种疑虑就可消除。所以，我以为最易于实行这些计划的方法也是最好的方法。再者，如果你以为由于在目前战争中已经有所捐献，你不可能再作进一步的捐献，那么，无论在媾和以前从租税中收到多少钱，你可以把这笔钱用在次年的行政开支上；无论由于媾和、由于对侨民和商人的照顾、由于因更多的人到我们这里来而增加的商品输入和输出、由于在港口销售商品数量的增加而多得的税收是多少，你可以把这笔多得的款项用在能够极度增加公共收入的用途上。然而如果有人担心，万一战事发生，我们这些办法就会完全无效，那么，请他考虑一下：即使战争爆发，战争对于攻击我们的人将比对于我们更为可怕。因为对于战争来说，除了人口众多以外，还有什么东西更为有利呢？因为他们可以被配置在很多公共船舰上，同时还有很多人在陆地上为国服务，只要我们好好对待他们，他们是会奋起抗敌的。

其次，我以为即使战争爆发，我们也能够不放弃我们的银矿；因为我们知道在阿那夫里图斯的银矿附近，朝南的海岸上有一个要塞，另外在索里克斯的银矿附近，朝北的海岸上也有一个要塞，这两个要塞彼此相隔 60 夫朗[①]。如果在这两个要塞之间的比沙山顶建立起第三个要塞，劳动者就可以退却到这些要塞中的任何一个。如果他们看到敌军迫近，每一个人退却到安全地带的距离都是很短的。万一有人数众多的敌人到来，他们在防御工事之外发现五谷、酒类和牲畜时，当然要把它们带走；可是，即使他们占领

① 长度名，1 夫朗等于 1 英里的八分之一。——译者

矿坑，他们除了能拿到一堆石头以外，还能拿到什么呢？然而，敌人又如何能向银矿进犯呢？因为最靠近银矿的墨加拉城，离开银矿也在500斯推底[①]以上；除了墨加拉以外，另一个最近的城是底比斯，它离开银矿有600多斯推底之远。他们要向银矿进攻，无论来自何方，必须经过雅典城；如果他们来的人少，他们可能为边界上的骑兵和守卫队所击溃；至于他们大举进犯而使自己国内空虚不设守备的情况是难以想象的，因为雅典城对于他们的城市的距离比起他们入据银矿时离开他们自己城市的距离为近。即使他们大举进犯，但当他们缺乏粮食的时候，他们又如何能久驻呢？因为，如果他们结成小队觅食，那么无论对觅食的小队或对留居后方准备作战的人们来说，都冒着危险；如果总是整队出去劫掠粮食，就会被围攻，而不可能去围攻别人。

所以，不仅出租奴隶的收入会增加城市的财源，而且，因为多数居民会聚集在银矿附近，就可以从那里举行的市集中、从银矿周围公共建筑的租金中、从熔炉和其他类似的源泉中得到大量的收入。而且，如果我们的城市得到这些好处，它的人口就会特别兴旺，而银矿附近的土地价值对于所有者而言，也会上升到同雅典周围土地的价值一样。如果我所建议的一切都能实行，我断言国家不仅将得到更充裕的金钱供应，而且也将变得安定和有秩序，并且对于战争也能有更好的准备。那些被指定训练青年的教练将会在体育馆更尽心守职，因为在那个时候他们可以得到比现在做传炬竞走游技所长的人更多的收入；对于那些派驻在防地的人、编制在

① 希腊长度名，1斯推底等于185公尺。——译者

轻盾武装部队的兵士以及遍及全国的守卫军队，如按照他们的职责支付薪给，他们就会更好地履行他们的职责。

（五）必须和平才能保持和增加收入

要从全国征集到充裕的收入，必须有和平的环境，如果这点是很明显的，那么，我们任命一些保安的官吏不是很适当的吗？因为这种官职一旦设置，它就会使所有来访的人觉得这个城市更为可爱，因而更常常来访。然而，如果有人认为我国要是总是维持和平，它在全希腊的势力、名声和威信就会受到损害，我认为，这些人的疑虑是毫无根据的，因为，在和平环境中待得最久的国家一定最为繁荣；而且在一切国家中，雅典是天生最适宜于在和平环境里日趋繁荣的国家。的确，如果雅典处在和平状态，什么人——特别是那些船主和商人——会不渴望到这里来呢？那些拥有大量谷物、普通酒、甜酒、橄榄油和牲畜的人，以及凭借机巧和贷放款项谋利的人，谁不愿意到这里来呢？还有那些技工、诡辩家、哲学家、诗人，以及想要学习他们的作品的人、想要参观值得看看听听的祭典或宗教仪式的人、急欲脱售和买进很多货物的人，除了在雅典以外，还有什么地方能更好地达到他们的目的呢？如果没有人能够否定地来回答这些问题，可是还有一些想要恢复我国霸权的人，以为战争将比和平更能实现这一目的时，那么，让他们首先仔细想一想：当波斯入侵时，究竟是由于军事的力量，还是由于善于在希腊人之间斡旋，我们方能居于海军同盟之首，并成为希腊的财政管理人。此外，当我们的国家由于被认为行使权力过于横暴，被夺去它

的霸权以后，我们不是由于放弃了侵略政策，重又为岛国人民一致拥戴为舰队的领袖吗？底比斯人没有因为他们所受到的利益，而让雅典人去领导他们吗？就连斯巴达人也并非因为受到压力，而是因为我们曾经帮助过他们，就让雅典人随意决定有关最高军事指挥方面的问题。目前虽然全希腊骚乱不安，但我以为这是使所有希腊人重又归服于我国的良机，既无困难，也无危险，更不花费；因为我们可力图使彼此作战的各国言归于好，并且我们还可试使那些已分裂的国家再统一起来。如果你不结成军事同盟，而用派遣使节周游全希腊的办法，来使人明了你急于要使德尔斐地方的神庙恢复从前那样的自由，那么，毫无足奇，你将会发现所有希腊人都准备同意和你结成同盟，来反对那些在佛西斯人撤出德尔斐神庙后，想夺取德尔斐神庙主宰权的人[①]。其次，如果你能说明你希望和平遍及整个大陆及海上，那么，我以为所有希腊人除了关心他们本国的安全以外，一定会为雅典的安全而祈祷。

如果还有人认为战争比和平更能增益我们城市的财富，我以为除了考虑从前发生的事情曾对我们城市起过什么影响以外，没有什么别的办法来更好地解决这个问题。作这样的考虑，他就将发现在和平时期里，我们城市曾积下大量金钱，而在战争时期它们都被花光了。如果他注意这个问题，他就会明白很多种收入现在都因战争而显得支绌，那些曾用于生产方面的金钱已花在各种紧急的用途上了。然而，现在海上已达成和平，收入正在不断增加中，所以，现在公民们可以任意使用它们了。

① 指马其顿王腓力二世。——译者

如果有人问我这个问题："你是不是说，即使有任何强国没有理由地攻击我国，我们亦必须对它维持和平？"我要说我完全没有这种意思。我可以肯定地说：如果我们能表明我们的人民没有人妨害别人，那么我们将更有利地反击侵略者；因为如果这样的话，我们的敌人就会连一个帮手都得不到。

（六）从上述计划中将得到的利益，祈求神助和神的保护

所以，如果上面所述的一切并非不可能，甚或并不困难；而且如果我提议的计划能够实现，我们就能使一般希腊人对我们更为亲善，使我们的生活更为安泰，声望益为卓越——如果能使平民获得充分的食物供应，并能减轻富人的战费负担——如果随着富庶的日增，我们就可以举行比现在更为庄严的祭典，可以修缮神庙、重建城墙和船坞，并可以恢复祭司、元老院、地方长官和骑兵的公民权利；那么，我们尽速开始实行这些计划，以使我们有生之日可以目睹我国在安全环境下日趋繁盛，这难道是不应该的吗？如果我们决心实行这些办法，我建议派人到多顿那[①]和德尔斐去求神示，问一问国家这样管理自己对目前和后代是否更好和更为有利。如果神祇同意这些办法，我以为我们还应该问一问，我们应该供奉哪一个神，以使我们的计划能在最良好和最有效的方式下进行。不论他们的回答中是指出了哪一个神，我们都应该通过祭祀去祈

① 以宙斯神殿著称的希腊古都。——译者

求吉兆，然后再开始我们的行动。因为如果我们的事业开头就得到神的维护，其结果将会逐渐引导我们国家达到更为繁荣和更为富庶的境地。

三　托马斯·阿奎那

神学大全

托马斯·阿奎那生平简介

最伟大的经院哲学家圣·托马斯·阿奎那（1225—1274年），是阿奎诺伯爵兰杜尔夫的儿子。他在幼年时期，就不顾他的亲属的反对，加入了天主教的多明我会。他的修道院长们很赏识他的伟大的天才，把他送到艾伯塔斯·马格纳斯那里，先是在科隆，后来到巴黎，去跟着他学习，大约在1257年，他在巴黎取得了博士学位。作为一个教师，他的声誉已经是很高的了，但是他还是在各学术中心，把他余生的精力奉献到这个领域的各种劳动中去。他特别地勤奋，写出的著作不下六十种，其中有些还是巨著。在这些著作中，最重要的是他那著名的《神学大全》，这是一部完整地阐释神学和概括地说明基督教哲学的著作。这部书在好几个世纪里给这一领域中所有的争论提供了出发点。它分为三部分，但用的全是同样的阐释方法。第一部分研究上帝的本质；第二部分（从这里面我们进行了摘录）讲人类行为的性质和结果；第三部分讲基督和他为世界所提供的服务。他的其他著作包括对亚里士多德的《伦理学》和《政治学》的评论，这是为人们广泛阅读的政治论文的一部分，还有《统治原理》，以及许多关于神学问题的小册子。和亚里士多德一样，他从不单对经济问题作抽象的论述，而总是和较大的伦理学或政治学的问题联系着一并研讨。

神 学 大 全

问题第七十七

关于在买和卖中所犯的欺骗恶行

（分为四条）

接下去，我们必须研究一下那些在从事自愿交易时所不免要犯的罪恶：第一，是在买和卖中所犯的欺骗恶行；第二，是放债收取高利。因为就自愿交易的其他形式来说，并没有哪种和抢掠或偷盗明显分清的罪恶曾被指出过。

在第一个题目下有四条应加以研究：1.关于价格方面的不公平的销售，即按高于物品所值的价格出卖该物品是否合法的问题；2.关于物品本身方面的不公平的销售；3.卖主是否有义务把他所售物品的缺陷指出来；4.在贸易中按照高于买进物品时的价格出卖物品是否合法。

第一条　一个人是否可以合法地按照高于物品所值的价格出卖该物品

对第一条可分析如下：

（1）一个人似乎是可以合法地按照高于物品所值的价格出卖该物品。因为在人类生活的交换活动中，公正与否是由罗马法规定着的。但是依据这个法律,买者与卖者之间的相互欺骗是合法的(见《法典》第四册,第四十四题《论废除交易》),而这种行为则往往是发生在卖者按高于物品所值的价格出卖该物品,或者买者按低于物品所值的价格买进该物品的时候。因此,一个人按照高于物品所值的价格出卖该物品是合法的。

(2)此外,那种对所有的人来说都很平常的事情,似乎是很自然的,而不是有罪的。正如奥古斯丁所说的那样(见《论三位一体》第三章,第十三节),某个行动者所讲的那句俗话是所有的人都接受的,即:“你总想买得便宜些,而卖得贵一些。”这句俗话也很符合《旧约·箴言》第二十章第十四条中那句话:“莫听买主怨高价,笑颜回家却自夸。”因此可以说,高于实值卖出和低于实值买进物品是合法的。

(3)再者,根据协议来做那种为荣誉的要求所需要的事情,似乎是不违法的。按照我们的哲学家的意见(见《伦理学》第八章,第十三节),在那种以效用补偿为基础的友谊中,应该遵照把自然增生出来的利益给予受益者的原则;而这种利益有时是会超过了所给予的物品的价值的,譬如,一个人或者为了避免危险,或者为了得到利益而对某种物品需要得很多的时候,就会发生这种情形。因此,在买卖契约中以高于所值之价出卖物品是合法的。

但与此正相反的,是《马太福音》第七章,第十二条中的箴言,它说:“你们要人怎样待自己,就要怎样待人。”没有哪个人愿意按照高于其实值的价格来得到卖给他的物品,因此,人们都不应该按照高于其实值的价格把物品卖给别人。

对此,我解答说,为了达到按高于公正价格的价格出卖物品的特殊目的而进行欺骗，是完全有罪的，因为一个人欺骗了他的邻人会使邻人蒙受损失。因此，西塞罗说（见《论义务》第三章）："所有的欺骗行为都应当从契约中消除掉，卖者不应当促使某人故意出高价，买者也不应当促使某人故意出低价。"

如果没有了欺骗行为，我们就可以从两个方面来论述买和卖的行为了。首先，从它们本身来研究它们，在这一方面，买进和卖出似乎是为着双方的共同利益而建立起来的。因为正如我们的哲学家所解释的那样（见《政治学》第一章，第六节），一个人需要某些属于别人的物品，反过来说，别人也需要属于他的某些物品。那种为了双方的共同利益而建立起来的买卖关系，不应当使一方面较另一方面更难以负担，因此，他们之间的契约应当是以物品的均等为基础的。供人类使用的物品的价值是用给它定的价格来衡量的，而为了这种目的，货币就被发明出来了，《伦理学》第五章第五节就是这样讲的。因此，不论一件物品的价格高于它的价值或是相反，都是因缺乏公正原则所需要的那种均等。所以，对于物品从事较其实值为贵的卖出或较其实值为贱的买进之本身，都是不公正的和不合法的。

我们还可以从另一种意义上来论述买和卖的行为，这就是在某种场合下偶然产生的有利于一个人而有损于另一个人的那种情况。例如，有时一个人非常需要某种物品，而另一个人如果丧失了它就要遭受损害。在这种情况下，公正的价格将是这样的，即不仅要考虑到将要出卖的这件物品之本身，而且还要考虑到卖者在放弃了它时所蒙受的损失。因此，一件物品是可以合法地按照高于其自身所具之值来出卖的，尽管它不能按照高于它对它的所有者所具之值来出卖。不过，如果一个人因为从别人那里取得某件物品而得到很大的帮助，而卖者却并没有因为失去了它而蒙受任何损失，卖者就不应该为此而多要价钱。因为这种自然增生出来而给予别人的利益，并不是由于卖者，而是由于买者的情况产生的。所以，没有哪个人有权把不属于他的东西卖给别人，尽管他是可以因为所受的损失而向那人多要一些钱的。不过那个从收到别人的物品中得到很大好处的人，是可能自愿地多给卖者一些东西的。但这却是一种关于荣誉的事情。

为了解答上述的第一个论点，所要说的是，如前面已说明过的那样（见《问题第九十六》第二条 I—II[①]），人类的法律是给人民定的，其中有好多缺乏德行的人，而不是单独地给那些有德行的人定的。因此，人类的法律不能禁止所有与德行相违的事情。它认为只要把那些破坏人间交往的事情禁止了就够了，而把其他的事情都看作是合法的，这并不是因为它赞同它们，而只是因为它并不惩罚它们罢了。因此，法律对于卖者不靠欺骗而得到较高的价钱，或买者不靠欺骗而付出较低的价钱这些情形，都认为是合法的，而不加以惩罚；除非这种差额过于大了，例如，当一个人被哄骗得较正常价格多付或少收了一半以上的时候，因为在这种情况下，即使人类的法律也是要强制进行退赔的。但是，神圣的法律则是对于凡是违反德行的事情无一不加以惩罚的。因此，略微地增加或减少一些价钱，似乎还不至于毁坏了那种为公正原则所需要的均等。

为了解答第二个论点，所要说的是，正如奥古斯丁在同一段中

① 这一部分本节选未收入。——译者

所讲的那样："那个行动者，或者从观察他自己本身，或者从他和别人交往的经验中，相信贱买贵卖的愿望是所有的人共有的。但是，因为这确实是邪恶的，每个人都可以获得那么一种抵制和克服这种愿望的正义性。"于是，他就引证了这么一个例子，一个人在一个书商由于无知而要价过低了的时候，却改按这本书的公正的价格交付给他。所以，事情是很明显的，这种共同的愿望并不是自然具有的，而是由邪恶造成的。因而应当说，它只是那许多在宽阔的罪恶道路上漫游的人们所共有的。

为了解答第三个论点，所要说的是，在商业(交换)的公正原则中，主要的考虑应当是物品的均等；但是在以实效为依据的友谊中，所要考虑的却是利益的均等；因此，补偿应当以所取得的利益之多少为依据；但是，在买的行为中，则应以物品的均等为依据。

第二条　出售的物品有缺陷是否使得销售行为成为非法的

对第二条可作如下分析：

(1)看来，出售的物品有缺陷，不至于使销售行为成为不公正的和非法的。这是因为在一件物品中，对于它的其他的那些方面的考虑，应该比对于它的主要的本质的方面考虑少。但是，即使在物品的主要本质方面有缺陷，也似乎不会使销售行为成为非法的，例如，一个人把用炼金术炼成的银或金当作真金属来出卖，以便人们用来制造那些需要用金或银来制造的用品，诸如各种日用器皿等等，这就不算是违法的。因此，一件物品的销售就更不会因为在其他某些方面有缺陷，而成为非法的了。

(2)此外，一件物品在数量方面有缺欠，似乎尤其是违背了那种以均等为依据的公正原则的。可是，数量是由度量决定的，而被人们使用的那些度量物品的量具却是不够确定的，可能在某个地方大些，而在某个地方小些，如同已由我们的哲学家所解释过的那样(见《伦理学》第五章，第七节)。因此，正如在出售的物品中难免有些缺陷一样，物品的销售也似乎不会由于这一原因而成为非法的。

(3)再者，如果在出售的物品中缺乏它所固有的质量，这就是它的缺陷。但是，要确定一种物品的质量需要超常的技术，而这却是大多数买者所缺乏的。因此，一个销售行为不会由于有这种缺陷而成为非法的。

但与此正相反的，是安布罗斯的话(见《论义务》第三章，第二节)，他说："一个好人是不应该干那些违背真实，或把不公正的伤害加于任何人，或进行任何欺骗的，这是一个很明显的正义准则。"

对此，我解答说，对于一件出售的物品可以认为它有三种缺陷。第一种是关于物品之本质方面的，如果卖者知道他所出卖的物品中有缺陷，他就是进行欺骗，这个销售就是非法的。因此，对着这些人就写了这些话(见《旧约·以赛亚书》第一章，第二十二条)："正好像纯净的银子变成烂铜，醇美的酒掺了清水"，因为所掺进的东西是在它的本质上有缺陷的。第二种缺陷是关于那种用量具来测认的数量方面的，如果一个人在出售物品时有意地使用较小的量具，他就是干着骗人的勾当，这样的销售也是非法的。所以，在《旧约·申命记》第二十五章第十三条中这样写道："你们袋中不可藏有大小不同的两种秤砣，在家里也不可有大小不同的两种升斗；”并更进一步写道：“因为诡诈行骗的，都是神所憎恶的。”第三种缺陷是关于质量方面的，诸如，把一个衰弱的畜牲当做强壮的来卖；假如一个人有意地这样做，他就是在销售中干着骗人的勾当，因而这个销售就是非法的。同时，在所有这样的情形中，一个人不仅因为作了不公正的销售而是有罪的，而且他还有进行退赔的义务。不过，如果卖者对此并无所知，上述的各种缺陷只有偶然地出现于他所出售的物品之中，那他就不是有罪的了，因为他所做的事只是属于物质意义上的不公正，他的行为也不算是不公正的，这从前边所说过的已经弄清楚了（见《问题第五十九》第二条[①]）。不过，当人家给他指明了这种情形的时候，他却有义务把买者的损失弥补起来。上面对于卖者所说的话也是适用于买者的。因为有时会发生这样的情形，一个卖者认为他的物品在本质上所值较低，好比一个人会把金子当作黄铜来出卖，在这种情况下，买者就会买得不公正了，如果他知道这点，他就有义务进行退赔。与此相似的理由，也同样地适用于关于质量的和数量的缺陷方面。

为了解答第一个论点，所要说的是，金和银之所以很值钱，不仅是由于用它们制造的器皿或类似的物件之适用性，而且还由于它们的本质之宝贵和纯净。因此，如果由炼金术师炼成的金或银不具有金和银的真纯本质，对于它们的出卖就是欺骗性的和不公正的，这特别是因为在炼金术炼成的金中，是找不到存在于金或银的自然机能之中的如下所述的某些特性，即：它们的能够使人喜悦

① 这一部分本节选未收入。——译者

的特性和它们的对于某些疾病的医疗价值；真金还比人造金能够作次数较多的利用，并能把它的纯度保持得较为长久。假如真金真能用炼金术炼成，那把它当作真金来卖就不是非法的，因为没有什么东西能够阻止人们的技艺，利用自然的原因来生产自然的和真实的结果，有如奥古斯丁在论及那些为妖魔的诡计所制造出来东西时所说的那样（见《论三位一体》第三章，第八节）。

为了解答第二个论点，所要说的是，由于各地的物品有余缺之不同，用来度量可售物品的量具也必然随地而异；因为一种物品在哪里比较充裕，哪里的量具就一般地比较大些。然而，在每个地方根据地方和物产情况来确定什么是当地可售物品的公平量具，是国家统治者的职责。因此，对于由公共权力或习惯设立起来的量具故意予以玩忽，是不合法的。

为了解答第三个论点，所要说的是，如同奥古斯丁所说的那样（见《上帝之城》第十一章，第十六节），可售物品的价格并不以它们的自然等级为依据，而是以它们对人的有用性为依据，因为有的时候一匹马比一个奴隶还要卖得贵。因此，一个卖者或买者并无必要去了解所售物品的那些隐蔽着的性质，而只要知道那些使它适于人用的性质，例如，马是强壮的，跑得也好等事实就行了。无论如何，卖者和买者对于这些性质都是能够很容易地辨别出来的。

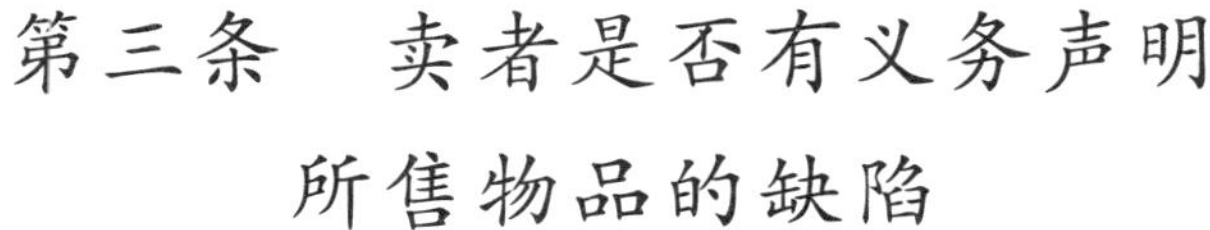

第三条　卖者是否有义务声明所售物品的缺陷

对第三条可作如下分析：

(1)一个卖者似乎没有义务声明所售物品的缺陷。因为卖者并不强迫买者来买,他似乎只是把所售物品交给买者由他鉴别。但是,鉴别与知识是属于同一人的。因此,如果买者由于急于购买,没有仔细地调查研究物品的状况而在鉴别中受了骗,似乎并不应当让卖者来承担责任。

(2)其次,一个人做任何妨碍他自己行动的事情,似乎都是很愚蠢的。如果一个人指出了他所出售的物品的缺陷,他就妨碍了他的销售了。因此,西塞罗就假借一个人说了这样的话(见《论义务》第三章):“还有什么比一个公开叫卖者遵照房主的命令,当众宣布他有一所不合卫生的房子要出卖这种事情更为荒谬的吗?”所以说,卖主并没有宣布所售物品的缺陷的义务。

(3)此外,对一个出售物品的人来说,了解所售物品的功能的状况,比了解它的缺陷更为必要。一个人虽然不应该对任何人说假话,但他也没有对所有的人提出劝告,并把关于所售物品的功能方面的真实情况告诉给他们的义务。因此,也就更没有理由认为,卖者有声明其所售物品的缺陷,并且还要向买主提出忠告的义务了。

(4)再者,如果一个人被认为有义务来声明其所售物品的缺陷,这不过是为了可以使其价格有所降低。但由于其他原因,有的时候价格也可以降下来,甚至和所售物品的任何缺陷并无关系。例如,一个带着小麦去谷物价格较高的地方卖的人,知道有许多人也正带着更多的小麦向这里赶来,这个消息如果让买者们知道了,就会使他们少出价钱。很显然,卖者不必把这个消息告诉别人。所以,基于类似的理由,他也不必去声明他所售的物品有什么缺陷。

与此正相反的，是安布罗斯的说法(见《论义务》第三章，第十节)："在契约中必须把出售的物品的缺陷揭示出来，卖者如果不使买者知晓，尽管货物已经移归买者所有，这个契约还是要因为欺骗而被认为是无效的。"

对此，我解答说，使别人遭受危险或损失总是违法的，虽说一个人不必总给别人以某种帮助或可能对他有用的劝告，因为这只有在某种情况下，比如当一个人是由他照管着，或不能由另外的什么人予以帮助的时候，才是必须的。但是，一个提供物品出卖的卖者，却常用提供给买者以有缺陷的物品这种行为来使他遭受损失或危险，这是说假如买者可能因物品的缺陷而招致损失或危险的话。所谓损失，是指假如提供出卖的物品由于那种缺陷所值较少，而卖者又没有因此而减低其价格；所谓危险，是指假如所购物品的用途因为那种缺陷而受到妨碍或变得有害了；比如，在卖者把瘸马当作快马，把摇摇欲坠的房子当做坚固的房子，把腐烂、有毒的食品当作好的食品来出卖的这些场合下，就会发生这种情形。因此，如果这样的缺陷是隐蔽着的，而卖者又没有把它们明确指出来，这种交易就是骗人的和违法的，他也就有义务补偿人家的损失。

但是，如果缺陷是显而易见的，比如一匹马只有一只眼睛，或在物品的功用尽管不适合于卖者，但却能够满足别人的需要之时，和在如果他已经因为这个缺陷而在价格上作了适当的减低之时，那他就没有义务去指出物品的缺陷了，因为买者可能因为这个缺陷而想把价格降低到的程度比所应降到的更低。因此，卖者可以合法地采用对所售物品的缺陷保持缄默的办法来防止自己的

损失。

为了解答第一个论点，所要说的是，一个人不以证据为基础，是不能作出评价来的。因为正如《伦理学》第一章第三节所说的那样，每个人都是依据自己所知道的东西来进行评判的。因此，如果拿来出卖的物品的缺陷是隐蔽着的，卖者如果不把它们给指出来，买者就不能作出满意的评价来。不过，如果那些缺陷是很明显的，那情形就不同了。

为了解答第二个论点，所要说的是，一个人不必让一个公开叫卖者宣布其物品的缺陷，因为，如果他这样做了，买者们就将在不知道这些物品还有其他使其成为优良的和有用的等等性能的情形下，而被吓住不去购买了。但这种缺陷却是要对任何一个想要购买的人单独地指出来的，这样，他就可以把物品的各种各样的性能、优点和劣点，都放在一起来权衡了。因为没有任何理由能够说明，一件在某些方面有缺陷的物品，在其他许多方面就不可能是有用的。

为了解答第三个论点，所要说的是，尽管一个人没有把关于物品功效方面的实况告诉给每一个人的严格的义务，他还是有义务在他的行为将使别人遭受危险，以致有损于德行的情况下，把物品的实况告诉给那个人。在本论点所述的情形中，也应当这样地去认识。

为了解答第四个论点，所要说的是，物品的缺陷会使它现存的价值低于其似应具有的价值；但是在本论点所述的情况中，指望物品将来降价，是由许多售麦商人之来临而实现的，而这一点并不是买者们所预期着的；因此，卖者在不把将要发生的那种事情告诉给别人的情况下，按照通行的价格出卖其小麦，似乎并不违背公正原则。不过，如果他把那消息已经讲了出来，或已经降低了价格，那他就是做了更有德行的事情了，即使按照公正原则的要求，他也似乎没有义务这样做。

第四条 在贸易中按高于买进的价格出售物品是否合法

对第四条可作如下分析：

(1)看来，在贸易中按照高于买进时的价格出售物品是不合法的。因为克里索斯顿在论《马太福音》第二十一章时说过(讲道文第38篇，见《不完全著作集》)："谁要以获利为目的买进物品，不进行任何加工即照原样卖出，他就是那个被逐出上帝神殿的商人；"而卡西奥多鲁斯在评论《赞美诗》(Psalm)第七十章"因为我不懂得知识"(根据另一种译本不是"知识"，而是"贸易")那段话的时候，也说出了同样的意思。他说："贸易不是别的什么东西，还不就是便宜地买进来，并想在零售时高价卖出去吗？"他还说："这样的商人，上帝是会把他逐出神殿的。"但是除非由于有罪，没有哪个人会被逐出神殿的。所以说，这样的贸易是有罪的。

(2)此外，如同在这个问题的第一条所指明的那样，一个人按照高于物品所值的价格出卖该物品，或者按照低于物品所值的价格买进该物品，都是违背公正原则的。但是，在贸易中按高于所支付的买价去出卖物品的人，一定是曾按低于物品所值支付了买价，或者是按高于物品所值的价格去出卖的。因此，可以这样说，如果不去犯罪，这种贸易是做不成的。

(3)此外，杰罗姆说(见《致内波特第二信》)："要躲避一个由穷变富了，并由无名变为有名的商人牧师，就像躲避瘟疫一样。"看来，牧师之所以被禁止从事贸易，除了它的罪恶性之外，是没有其他原因的。因此，在贸易中实行贱买和贵卖就是一种罪恶。

与此正相反的，是奥古斯丁对《赞美诗》第七十章"因为我不懂得知识"那段话的评论，他说："贪得无厌的商人咒骂他所受的损失，对别人撒谎，并且亲自为他的货物的价格制造伪证。但是，这些都是人的罪行，而不是行业的罪过，没有这样的罪行，这种行业照样能够进行。"所以，贸易本身并不是非法的。

对此，我解答说，献身于交换商品的活动是商人的职责。但是正如我们的哲学家所说的那样(见《政治学》第一章，第五节、第六节)，交换活动有两种。一种可以称为自然的和必需的，依靠着它可以用一种物品交换另一种物品，或者把物品换成金钱以满足生活需要，这种贸易并不是商人的职责，而宁可说是那些必须供应家庭或国家以生活必需品的家政管理者或政治活动家的职责。另一种交换活动则是那种以金钱换取金钱或以物品换取金钱，它不是为了满足生活需要，而是为了获利，按照我们的哲学家的说法(见《政治学》第一章，第六节)，这种贸易似乎才是商人的职责。现在看来，第一种交换是值得称赞的，因为它能供应各种自然的需要，而第二种交换就理应受到谴责了，因为就其本性来说，它只会为那种毫不知足而无限扩张的获利欲望服务。因此，贸易活动之本身就被认为有点儿不光荣，因为它并不是在逻辑上必然地包含着光荣的或必需性的目的。不过，那种作为贸易活动之目的的获利，尽管它并不在逻辑上必然地包含着任何光荣的或必需性的东西，可是它也并不在逻辑上必然地包含着任何有罪的或违反道德的东西；因为没有什么理由可以说明，为什么获利就不能够被引导到某些必需性的甚或光荣的目的上去。因此，从事贸易也就成为合法的了，因为有时有人用他在交易中获得的适度的赢利来维持他的家计，甚或去帮助穷苦的人，有时甚或有人为着公共的福利而致力于贸易活动，而如果他不去这样做的话，国家生活所需要的物品恐怕就会感到缺乏。因而，寻求赢利就不是作为目的，而是作为他的努力的报酬了。

为了解答第一个论点，所要说的是，克里索斯顿的那些话，是可以被认为也适合于那种以获利为其最终目的的贸易行为的。而这种似乎是相适应的情形，主要是指一个商人对物品不作任何改制而以较高的价格出售的时候来说的，因为假如他对于他曾经改制过的物品索取高价，那他就好像是为他的辛苦收取报酬了。如前已述明的那样，赢利之本身虽然还可能是要寻求的，但是它已不是作为最终目的，而是为着其他某些必需性的或光荣的目的了。

为了解答第二个论点，所要说的是，并不是每个按高于他所支付的价格出售物品的人都是商人，只有那个为着高价卖出的特殊目的而去买进的人才是商人。如果一个人买来一件物品，不是为了出卖，而是为了保存它，后来由于某种原因又要出卖它，尽管他按较高的价格出卖，那也不算是从事贸易。这样的活动之所以可以合法地进行，或是因为他曾以某种方式改进了物品，或是因为随着地点和时间的变化而价格也有了变化，或是因为他在把物品从一个地方运到另一个地方，甚至在把它运交给他自己的过程中承担了风险的缘故。根据这个理由，这样的买进或卖出，都不算是不公正的。

为了解答第三个论点，所要说的是，牧师们不仅应当避开那些其本身就是罪恶的行为，还应当避开那些貌似罪恶的事情。对做买卖的行为之所以要这样看待，既是因为它是以牧师们应当予以鄙弃的那种世俗的获利为目的的，也是因为商人们所屡次要犯的那些罪恶，正如写在《基督教教士书》(第二十六章，第二十八节)里面的那样："因为商人们发现，想要不犯唇舌方面的罪恶是很困难的。"此外，还有更进一层的原因，即贸易活动容易使得人们的精神过多地陷于世俗的利害之中，以致终于使得他们不能专注于那些超世俗的高尚利益。因此，那个使徒说(见《新约·提摩太后书》第二章，第四条)："服役的士兵，必须不让俗务缠身。"不过，牧师们却可以从事属于第一种的交换活动，不论是买，还是卖都行，因为那是导向满足各种生活需要的。

问题第七十八

关于在放债中所犯的高利[①]剥削罪恶

(分为四条)

下一步，我们必须论述一下在放债中所犯的高利剥削罪恶。这个题目有四条要加以研究：1. 当作所贷出的金钱的代价来收取金钱，即收取高利，是否有罪；2. 在同样的情况下，当作贷款的一种

① 本文所译"高利"一词，英文为 usury。在早期经济文献的译本中，usury 一词有几种不同的译法，如译为"高利"、"高利贷"、"利息"、"放债取息"等。本文通篇都译为"高利"或"高利贷"。——译者

补偿来收取一些利益是否合法；3. 一个人是否有义务把他从高利贷所得中作为应得的利润而取得的东西都退还回去；4. 以高利贷方式向人借钱是否合法。

第一条　对贷出的金钱收取高利是否有罪

对第一条可作如下的分析：

(1)看来对贷款收取高利是没有罪的。因为没有哪一个按着基督的范例行事的人是会犯罪的。如同基督就他自己所说的那样(见《路加福音》第十九章，第二十三条)："到我回来时，起码可以连本带利的取回来，"这就是指贷出的金钱说的。因此，对金钱的贷款收取高利是没有罪的。

(2)再者，如同《赞美诗》第十八章第八节中写的那样，"上帝的法律是纯美无瑕的，"这就是因为它禁止犯罪。而按照《旧约·申命记》中的这段话(参见第二十三章，第十九条)，即"除了对外族人外，你不应当用金钱对你的同胞放高利贷，也不要用谷物或其他任何东西去放"，在神圣的法律中，一些高利贷是被允许的。还有，按照《旧约·申命记》(见第二十八章，第十二条)中"你们要借给许多民族，却不用向他们借贷"的说法，高利贷是作为遵守法律的一种报酬而被允许的。因此，收取高利是没有罪的。

(3)此外，在人类的事务中，公正与否是由罗马法来决定的。而按照这些法律，收取高利是被允许的。所以它似乎是合法的。

(4)此外，忽视某些劝告并不必然是犯罪的。如在各种劝告中我们发现有这么一条(见《路加福音》第六章)："无论借出什么，都不要指望归还。”因此，收取高利并不算是有罪的。

(5)此外，因为做了一个人并没有义务去做的事情而收取一种代价，就其本身来说似乎并不是有罪的。但一个有钱人是绝不会有把钱借给他的邻人的义务的。对他来说，在某些情形下对于贷款收取代价是合法的。

(6)此外，铸成货币的银子和制成器皿的银子并没有什么本质上的不同。既然对借出的银制器皿收取一定代价是合法的，那么把铸成货币的银子贷放出去收取一定代价也应该是合法的。因此，高利贷本身并不是有罪的。

(7)而且，任何人都可以合法地收受一个物主自愿奉送给他的一件物品。那个接受贷款的人也是自愿支付高利的。因此，贷款者是可以合法地收取高利的。

但与此正相反的，是《旧约·出埃及记》第二十二章第二十五条说的话："如果你把钱借给你们中贫苦的人，你就不应当像一个敲诈者那样地苛待他们，也不应当用高利贷压榨他们。"

对此，我解答说，贷出金钱以收取高利，就其本身来说是不公正的，因为这是一种把并不存在的东西去出卖的行为，由此，那种违背公正原则的不均等就明显地产生出来了。

作为这一点的证明，应当指出的是，有些物品的用途就是它们的自身被消费掉。例如，我们是用把酒喝掉的方式来消费酒，是用把小麦做成食物的方式来消费小麦的。所以，在这样一些物品的情形中，不应当认为物品的用途可以同它自身分开，当物品的用途转让给某一人时，物品的自身也就恰好由于这一事实而被转让出去了。因此，在这种情况下，出借的行为就包含着所有权(支配权)

的转让。所以,假如一个人想要把酒和它的用途分开来出卖,他就是把同一个物品分作两次来出卖,或者是把一种并不存在的东西来出卖,他就很明显地犯了不公正的罪行了。由于类似的理由,一个人如果借出酒或小麦而期望取得双份补偿,把一份当作相等之物的归还,把另一份当作物品用途的代价,亦即所谓高利,那他就是干着不公正的事了。

不过,有些物品的用途并不是把它自身消费掉,例如,一所房子的用途是让人住,而不是把它毁掉。所以,在这种情况下,物品的用途和它自身是可以分别地让渡予人的,比如,在下述的情形中就是这样:一个人把房子的所有权让渡给另一个人,而在一段时间内仍留给自己使用;或者反过来,一个人在把房子的使用转让给别人的同时,却仍然保留着对它的所有权。因此,一个人可以合法地收取他的房子的用途的代价,而另外还期望着把所租出的房子收回来,比如,在承租或出租房子的时候,所发生的情形就是这样。

按照我们的哲学家的说法(见《伦理学》第五章,第五节和《政治学》第一章,第五节、第六节),货币被发明出来,主要是为了促进交换的目的;因此,金钱的本来的和主要的用途就是被消费掉,或是被转让(distractio),在这里,它是在进行购买时被花费掉了。因此,就其本身来说,对所贷出的金钱的使用收取那种被称为高利的代价是违法的;正如一个人必须退还他不公正地得来的其他东西一样,他也必须退还通过高利贷所收取的金钱。

为了解答上述的第一个论点,所要说的是,在这里,高利贷是被用在象征性的意义上,以指明上帝所要求于我们的那些精神财货的增加,希望我们总是去增加那些从他那里得到的财货,而这些财货则只是为着我们的利益，并不是为着他的利益的。

为了解答第二个论点，所要说的是，犹太教徒是不允许向他们的兄弟们（犹太教徒们）收取高利的。这使我们懂了，向任何人收取高利都是有罪的，因为我们应该把每一个人都看作邻人和兄弟，特别是在福音的国度中，所有的人都被这样称呼着。因此，在《赞美诗》第十四章第五节里写道："他并没有用钱去放高利贷；"《旧约·以西结书》第十八章第八条也写道："他不放债取利。"至于允许向外邦人收取高利，并不是认为这些事是合法的，而只是为了避免更大的罪恶，才认为它们是有某些被允许的理由的。这就是说，这样办可以避免一些人由于沉溺于贪婪之中（见《旧约·以赛亚书》第五十六章）而去向那些崇拜上帝的犹太教徒们收取高利。在认为收取高利是一种报酬而对它作了允许的情况下，就有"你可以把钱借给许多外族人"，以及如此等等的话，不过，这里"feneraberis"一词要从出借（mutuum）那个广义的意义上理解，如《基督教教士书》第二十九章说："许多人没有放债（fenerati），却也没有能够避开邪恶，"这是指他们没有在这种较广的意义上放债（mutuaverunt）。所以，犹太教徒是被允予以大量的财物作为报酬的，他们由此就可以借款给别人。

为了解答第三个论点，所要说的是，人类的法律是放任某些罪行不予惩罚的，这是因为在那些并不完美的人的各种情况下，假如对所有的罪行都加以禁止，并且规定出各种惩罚，那他们就要丧失掉好多种利益。因此，人类的法律允许高利贷存在，并不是从认为它是符合公正原则这个意义出发的，而是为了不妨阻多数人的利益。因此，在罗马法之本身中（见《法规》第二册，第四题《用益权》）

就这样写道："那种在使用中可被消耗尽的东西，不论按照自然道理或者按照民法，都是不会包含着用益权的，而且元老院在他们的案例中，也从来没有创造出个用益权来（因为那是不可能的），只创造出一个'准'用益权来，"即对高利贷予以允许。但是，我们的哲学家则以自然道理为由而这么说（见《政治学》第一章，第七节），"以高利贷为手段来获取金钱，是特别地违反自然的。"

为了解答第四个论点，所要说的是，一个人并不总是有义务出借钱财；因此，从这个意义上说，它是被放在各种劝告之中的。而一个人不应当从出借的钱财中寻求赢利，是关于规谏方面的事情。不过，这种事情也可以和认为某些高利贷并不违法的法里西斯的一些话相比较，而被称为一种劝告；这正如爱我们的敌人也是一种劝告一样。或许他在这段话中所说的不是关于高利贷获利的希望，而是对人寄托的希望；因为我们借出钱财或从事其他善行，都不应当是为了人这方面的希望，而应当是为了上帝方面的希望。

为了解答第五个论点，所要说的是，一个没有义务出借钱财的人，是可以对他所做的这种事情收受补偿的，但不应当索取得过多。无论如何，按照公正原则所要求的均等来说，如果归还他的和他所借出的一样多，他就得到补偿了。因此，如果一个人因为别人借用了他的除了把它的实体消费掉以外没有其他用途的某种物品，而索取较多的补偿，那他就是对于并不存在的东西索取代价，因而这也是一种不公正的勒索。

为了解答第六个论点，所要说的是，银制器皿的主要用途并不是把它们消费掉；因此，虽然物品的所有权仍保留着，它们的用途却是可以出卖的。然而，铸成钱币的银子的主要用途是在进行购买时把金钱转让(distractio)给对方;因此,在对所借出的金钱希求其归还的同时,还想把它的用途来出卖,是不合法的。不过,应指出的是,银制器皿的次要用途也可用于交换;而出卖它的这种用途是不合法的。与此相类似,铸成钱币的银子也可以有次要的用途,比如,借出钱币供人用于展览,或用作押金的情况就是这样;因此,一个人是可以合法地出卖金钱的这种用途的。

为了解答第七个论点,所要说的是,支付高利的人并不是真正地出于自愿,而是在某种强迫之下进行的。因为他很需要得到贷款,而有钱的那个人没有高利就不肯贷出。

第二条　对贷出的金钱要求其他的报偿是否合法

对第二条可分析如下:

(1)一个人似乎可以对所贷出的金钱要求一些其他的报偿。因为每个人都可以合法地设法防止自己的损失。一个人有时是会由于贷出金钱而蒙受损失的。因此,他要求或索取高于他所借出的金额的某些东西,以弥补他的损失,是合法的。

(2)其次,如同在《伦理学》第五章第五节中所说的那样,每个人都是由于一种荣誉上的要求,而负有对曾经给他以好处的人付一些补偿的义务。但是那个对有需要的人出借金钱的人,就曾给了借者一种好处,而对这种好处,是应当作出某种感谢表示的。因此,接受好处的人是必须按照惯常的义务付出一些报偿的。但是,既然一个人限定自己从事某种根据自然法则必须去做的事情似乎并不是违法的，因此，一个人在把钱借给别人时，用契约规定要那人付给他一些报偿，似乎也不是违法的。

(3)再者，正如有亲手赠与的礼物一样，也有用言语和服务做礼物的，如同一个对《旧约·以赛亚书》第三十三章第十五条的评注所说的那样："应当降福的是那种摇手拒收一切贿赂的人。"但从一个借贷者那里收受他的服务，甚或一些表扬，是合法的。因此，基于类似的理由，收受一些其他的礼物也是合法的。

(4)此外，在礼物与礼物之间和在贷款与贷款之间似乎有同样的关系。既然由给出金钱而得到金钱是合法的，那么，因贷出金钱而以另外一种贷款的方式得到补偿也是合法的。

(5)此外，一个在贷款中把金钱的所有权转让给别人的人，他所让渡出去的金钱的所有权，比一个把金钱的所有权委托给一个商人或匠人的人所委托出去的要多。但对委托给商人或匠人的金钱收取赢利既然是合法的，那么，从贷出的金钱中获利也是合法的。

(6)此外，一个人可以对借出的金钱收取抵押品，并且抵押品的用途可以卖得一笔钱，比如，在抵押品是土地或可居住的房子的情形中就是这样。因此，从借出的金钱中获利也是合法的。

(7)还有，有时会发生这样的事情，一个人在一种贷款中把他的货物卖得贵了一些，或者在购买别人的财产时付价低了一些，或者甚至于按着偿付的延迟程度而成比例地提高价格，或者按着偿付的迅速程度而降低价格；在所有这些情形中，就好像是对一笔金钱的贷款那样，似乎也是要给付一些补偿的。不管怎样，这都不算是明显地违法的。因此，对所借出的金钱要求或索取一些补偿似乎是合法的。

与此正相反的，是对于一个正直的人的种种要求之中也提到这一点(参见《旧约·以西结书》第十八章，第十七条)："未曾向借钱的取高利，也未曾向借粮的多要；"如第八条所说："未曾向借粮的多要。"

对此，我解答说，根据我们的哲学家的说法(见《伦理学》第四章，第一节)，每一件物品都可以被看作其价钱是可以用金钱来衡量的金钱。因此，正如一个人依照或暗或明的协议，对他借出的金钱或他借出的在使用中被消费掉的其他物品收取金钱，就是犯了违反公正原则的罪行一样(这一点在前一条已经讲明了)，任何人依照或暗或明的协议，收受那种其价钱可用金钱来衡量的任何别的物品，也同样是犯罪。不过，如果他收受的这一类物品不是他要求的，也不是依照任何或暗或明的契约来收取的，而只是作为一种免费的礼物，那他就没有犯罪。因为就是在他放款之前，他也是可以合法地收取免费的礼物的，他就不应该因为有了放款的行为而被置于不利境地了。不过，一些由不以金钱来衡量的东西所形成的补偿，例如，对于贷者的友善和爱戴，或者其他类似的东西，则是可以合法地收取的。

为了解答第一个论点，所要说的是，贷者可以无罪地同借者签订带有补偿条件的合同，以弥补他因放弃了本来属于他的某些东西而引起的损失，这并不是出卖金钱的用途，而是为了避免损失。情形还可能是这样的，借者所避免掉的损失往往较贷者所遭受的损失还大些，结果借者是用别人给予他的利益来补足对方的损失的。不过，对损失的补偿，不能以贷者的钱没有产生利润为理由来加以规定，因为他不应该出卖那种还不属于他的和那种他可能受阻于各种情况而未能获得的东西。

为了解答第二个论点，所要说的是，对于一种善行所作的补偿，可以用两种方法作出：第一种，是把它作为公正原则的一种要求。对于这种要求，一个人可以被明确的协议约束着，并且这种义务是依所得到的利益的数额而定。如果一个人所收受的是金钱的，或其用途是仅供消费的某种物品的贷款，他就没有以多于他所收受的贷款的数额来归还的义务；因此，如果他竟然被约束着要多偿还一些，那就违背了公正原则了。第二种，是一个人必须对当作友谊的要求的那种善行予以补偿。在这种补偿中，应当对利益所由授予的精神方面，比对它的程度方面予以更多的考虑。对于这样的债务不附带法律上的义务，如有法律义务那就引进了某种强制因素，使得这种补偿不再是自动的了。

为了解答第三个论点，所要说的是，如果一个人根据或暗或明地商定了的契约，期求或者索取服务形式或言辞形式的补偿，这就正好像是他在索取别人亲手授予的礼品一样，因为这两者都是可以用金钱来估价的，正如我们在一些人把他们的用手或舌所从事的工作奉献出来，以供别人租用的情形中所看到的那样。不过，如果一种服务形式的或者言辞形式的礼物，不是作为义务来给付，而是出于那种不能用金钱来估价的善意，那收受它、索取它、期求它，都是合法的。

为了解答第四个论点，所要说的是，金钱是不能为得到比所借出以期归还的那个数额更多一些的金钱来出卖的。除了那种不用金钱估价的善意的情感之外，对任何别的物品都不应索取或期求；

但从这种善意的情感中，却可以产生出一种自愿的贷款来。不过，规定借者在借款以后负有作一次贷款的义务的做法，却是和这一点不相符的，因为这样的一种义务也是可以用金钱来估价的。因此，就放款者来说，虽然在放款的同时接受作为回报的另一笔贷款是合法的，但是，使借款者保证一定要在借款之后作一次贷款，却是不合法的。

为了解答第五个论点，所要说的是，放款者是把对金钱的所有权转让给了借款者，结果借款者是担着风险掌握这个所有权，而且必须完整地把它归还给放款者；因此，放款者不应当索取较原数为多的金钱。但是，一个用某种合伙的方式把他的金钱委托给一个商人或匠人的人，并没有把金钱的所有权转让给后者，而是保留在他自己手里；这样，那个商人或匠人是在由金钱的所有者自担风险的情况下，来从事贸易或使用它的。因此，他可以合法地对从金钱的利用中所产生的利益的一部分提出要求，因为这是来自他自己的财产的。

为了解答第六个论点，所要说的是，如果一个人为着回报借给他的那笔贷款，而把其用途能够用价钱来估计的某种物品抵押给放款者，放款者就应当把这种物品的用途看作是债款偿还的一部分；另一方面，如果他想要人家把那件物品的用途无偿地转让给他，那就正好像是他对那笔高利贷性的放款收取金钱了，除非该物品刚好是那种像一本书一样，在朋友们中间通常是借来借去而不付任何费用的东西。

为了解答第七个论点，所要说的是，如果一个人想要把他的货物以高于它的公平价格的价钱去出卖，而期望买者在过一段时间之后再行付款，那就是一个很清楚的高利贷情况了，因为这样等待买者付款是具有放款的性质的。因此，不论对这样的延缓所索求的是什么东西，只要是价钱高过了公平价格，就是属于高利贷项目之下的一种放款的价钱。与此相同，如果一个买者以他在货物提交给他之前先行付款为理由，而想按照少于公平价格的价钱来买东西，这也是一种高利贷罪行，因为这种预先付款也具有放款的性质，而这种放款的价钱，就是从所购货物的公平价格中被减掉的那个数目。不过，如果有人为了较早地取得钱款，愿意比公平价格低一些，他就不算犯了高利贷罪行。

第三条　一个人是否有义务把他可能从高利贷收益中所得到的东西都退还回去

对第三条可分析如下：

(1)一个人似乎有义务把他可能从高利贷收益中所得到的东西都退还回去。因为使徒说(见《新约·罗马书》第十一章，第十六条)："树根若是圣洁，树枝也就圣洁了。"所以，由于同样的理由，"如果根子是腐坏了的，枝干也就是腐坏的。"因为这个根子是高利贷，因此，由此所得到的东西，也都是高利贷性质的，因而他有义务把它们退还回去。

(2)再者，如教皇教令"关于高利贷"中曾经说过的那样："用高利贷手段所取得的财产都应加以变卖，所卖得的价钱，应退还给这些财产所从勒索来的那些人。"所以，根据同一理由，从高利贷收益中所取得的任何其他东西，也都应当退还回去。

(3)此外,一个人用高利贷收益所购买的东西,是归他所有的,因为他已经为它付了钱。因此,他对所取得的东西,并不比他对所付出的钱拥有更大的权利。但是,由于他是有义务退还那些高利贷收益的,所以他也有义务退还用这种收益所取得的东西。

与此正相反的,是这一原则,即:一个人可以合法地保有他合法地取得的东西,而用高利贷收益所取得的东西,有时也是合法地取得的,因此它也可以合法地被保有着。

对此,我解答说,如同于本问题第一条中前已述明的那样,有些物品的用途就是它们的自身之被消费掉,而根据罗马法(见《法规》第二章,第四题《用益权》),这些东西是没有用益权的。因此,如果这样的东西(诸如金钱、小麦、酒或者类似的其他东西)是用高利贷索取来的,一个人就没有用比他所得到的高利贷更多的东西来退还的义务,因为用这种手段所取得的并不是这类东西自身的产物,而是人类勤劳的产物;除非是对方因做这一好事而意外地蒙受了损失,失去了自己的一部分财产,那么,他就有对这种损失予以补偿的义务了。

然而,有些东西,比如房子、土地,以及类似的一些东西,其用途不是其自身之被消费掉,它们都具有用益权。因此,如果一个人用高利贷索取了另一人的房子或土地,他就不仅有退还房子或土地的义务,而且还有义务把由此而获得的各种收益退还给人家,因为这些是以另一人为其所有主的那些东西的产物,所以它们都是属于那个人的。

为了解答第一个论点,所要说的是,树根不仅像在高利贷收益的情形中那样,具有物质的性质,而且由于它能提供养分,在某种程度上还具有活性起因的性质，所以它们并不是同样的东西。

为了解答第二个论点，所要说的是，用高利贷手段取得的财产并不属于从事高利贷的那些人，而是属于把它买下的那些人。无论如何，那些被取了高利的人，对于这样的财产，和对于高利贷者的其他财产一样，是有些要求权的。因此，不要规定出把这样的财产都转让给被取了高利的那些人，因为财产所值的钱可能比人们所付的高利还多一些；但是却要规定出把这笔财产卖掉，而将所得的钱款退还给借者，其数量以达到所收高利之额为止。

为了解答第三个论点，所要说的是，用高利贷收益所购得的东西是归属于它的买主的，这不是因为他为这些东西付出了高利贷收益，像是一种手段性的原因那样，而是因为他的勤劳，这是主要原因；因此，他对用高利贷收益所获得的东西，比对高利贷收益之本身，有更大的权利。

第四条　以高利贷方式向人借钱是否合法

对第四条可作如下的分析：

(1)以高利贷的方式去借钱似乎是不合法的。因为使徒说过（见《新约·罗马书》第一章，第三十二条）：“不仅是那些自己犯罪的人，而且还有那些怂恿别人去犯罪的人，都是该死的。”而那个用高利贷方式去借钱的人，既同意了高利贷者的犯罪行为，又给了他以犯罪的机会，因此，他也犯了罪。

(2)再者，没有哪种世俗的利益是使一个人给予另一人以犯罪的机会的。因为这在性质上是一种主动的丑行，而这种丑行，正如前边说过的那样(见《问题第四十五》第二条),总是有罪的。而那个从高利贷者那里寻求借款的人直接给了他一个犯罪的机会,因此,他是不能以任何世俗利益为理由而被宽恕的。

(3)此外,一个人有时把钱存在高利贷者那里,这和向高利贷者借钱,似乎是同样地需要。但是,把钱存在高利贷者那里似乎是完全违法的,这正如把刀、剑交给疯子保管,把少女交给浪子照料,把食物交给贪食者储存一样,都是违法的。所以,向高利贷者借钱,是违法的。

与此正相反的,是我们的哲学家的这一论点,即:遭受伤害的人,并没有犯罪(见《伦理学》第五章,第二节);因此,正如他在同一个地方(《伦理学》第五章)所说的那样,公正并不是居于两种恶行中间。但是,在对借高利贷的人所做的不公正的行为中,那个高利贷者却是犯着罪的。因此,高利贷的借者并没有犯罪。

对此,我解答说,劝诱人去犯罪绝不会是合法的;但是,为了好的目的而利用别人的罪行,却是合法的。因为,正如《便览》(见《奥古斯特》第十一卷)中所说的那样,即使是上帝,也常为了达到好的目的而利用所有的罪恶,因为他从每一件坏事中都能引导出一些好事来。因此,当普布利考拉问,利用一个人对着假的神发誓(这样的发誓纯属犯罪),向那些假神表示崇敬的誓言是否合法的时候,奥古斯丁答道(见《信集》第四十七):"那个不是为着作恶,而是为着行善来利用别人对着假神所发的誓言的人,并没有变成那人对着魔鬼发誓的那种罪行的参与者,而是他的对之履行其诺言的那种真诚的参与者。不过,如果他劝诱那人去对假神发誓,那他就犯罪了。"同样,在现在的问题中,也要这样说,即引诱一个人去放高利贷绝不会是合法的；不过，假使一个人为了某些好的意图，诸如，帮着自己或者另一些人脱出困境，他是可以从那个早已准备好，并且正在放高利贷的人那里去借高利贷的；这正如一个被盗贼包围的人，为了保全性命而指出他有什么财物也是合法的一样，虽然这些盗贼是犯着劫掠他的罪行的；例如那十个人对着以实玛利（见《旧约·耶利米书》第四十一章，第八条）所说的："不要杀我们，我们有贮藏品在田里。"

为了解答第一个论点，所要说的是，那个借入高利贷的人并不赞成高利贷者的罪行，而只是利用它；也不是那些高利之被取去使他喜欢，而是那笔有好处的贷款使他喜欢。

为了解答第二个论点，所要说的是，那个借入高利贷的人并不是给了高利贷者以放高利贷的机会，而是为了得到一笔贷款。不管怎样，高利贷者是从他自己心中的预谋里得到了犯罪的机会。因此，就借款者来说，借高利贷只是一种被动的丑事，而不是主动的丑事。其他人也不必因为这样的被动的丑事，而在他需要借贷时，隐忍着不去寻求贷款；因为这样的被动的丑事并不起因于借者的弱点或疏忽，而是起因于贷者的预谋。

为了解答第三个论点，所要说的是，一个人如果把钱存在一个没有别的钱去放高利贷的高利贷者那里，或者存心要经由高利贷获得较大的收益，那他就是给犯罪提供了物资。因此，他自己也就分担着这一罪责。但是，如果一个人为了节约而把钱存在一个另有余款来放高利贷的人那里，那他就没有犯罪，只是为了一个好的目的，而利用一个犯有罪行的人罢了。

四　尼科尔·奥雷斯姆

论货币的最初发明

奥雷斯姆生平简介

尼科尔·奥雷斯姆(Nicole Oresme,1320—1382 年)是十四世纪法国最著名的教士之一。他出生于卡昂或其附近,早年到巴黎求学,不久(1356 年)成为纳瓦尔大学硕士,六年后任鲁昂学院院长,1377 年任利泽伊主教,在那里死去。他是个兴趣广泛的人,在神学和数学方面的写作都有卓越成就,还把亚里士多德的一些著作从拉丁文译成法文。我们虽然不知道他写作这篇文章的年代,但是相信离 1360 年是不远的。人们对它的来源表示怀疑,这是可以理解的,然而它却具有重大意义,首先它相当完备地概括了第一流学者的见解,其次它明确地显示了非宗教观点和公正立场的开始,从而对以后的经济讨论发生了脱胎换骨的影响。奥雷斯姆自己曾经应国王查理五世的邀请,把古典拉丁语译成法文,就我们所知,有多种抄本和印本,曾获得广泛流传。

论货币的最初发明

第一章　货币的起源、性质和规律；使用货币的设计是怎样开始的

当至高无上、具有最高权威的上帝，为其子民划土分疆时，打那个时候起，随着时间的推移，人类就在地球上日益繁殖起来，并且，在他们认为适当的情况下，将其所有物在彼此之间进行划分或分配。于是逐渐发生了这样的情况：某人所拥有的某一事物多于其所需，另一人也需要这一事物，但却没有多少或根本就没有，而他所拥有的为前一人所需要的别的事物为数甚多。举例说，某人多余的是羊和其他家畜，缺少的是粮食，而一个劳动者手里却有的是粮食，缺的是家畜。在同样情况下，某一事物在这一地区存量极其丰足，而在别一地区则极其稀缺。由于这些原因，于是彼此以其财物开始进行买卖和交换，由于没有货币，就由这个提供一只羊来换取若干粮食，那个以其劳力来换取粮食或羊毛，其他一切事物也用类似的方式进行。按照历史学家贾斯蒂纳斯以及其他古代作家所述，在某些城市和某些国家，这种交易方式行之已久。但是，由于用这种方式进行交换会引起许多困难和争执，结果终于使某些才华出众的人设计出一种比较方便的交换事物的方式——使用货

币。借助于这个手段，对于那些自然财富，彼此之间就可以进行衡量和交换，从而使人们可以极其方便地获得其必需品的供应。我们可以把一切货币叫作人造的财富，事实也确是这样，然而一个人可以拥有大量货币，却仍然有可能饥饿而死，就同哲学家亚里士多德援引奥维德[①]在他的《变形记》里所述的那个贪婪的国王迈达斯的遭遇那样，他求神使他的手指触物可以成金，这个愚蠢的国王获得神的恩赐以后，在大量黄金的包围中活活饿死。这个故事说明货币不能直接适应人类生活的需要，而是用以便于交换自然财富的一种人为的手段。这里无须进一步证明，一眼就可以看出，如同亚里士多德在他的《伦理学》第五卷所说，货币对全体国民说来是极其有用的，是须臾不可离的，虽然诗人奥维德说：

> 引起种种罪恶的财富从地下掘出。
>
> 铁已经是祸害，金却是比铁更大的祸害，等等。

这就是说，财富，即金和银，是从地下深处掘出来的，是出于黑心人的阴谋诡计，许多罪恶，包括数不清的谋杀案件，即由此而起，人们看到，过去是这样，现在也仍然是这样。之所以会发生这种结果，是由于恶人的贪财好利，而不是货币自身所造成，货币自身对人类生活大有助益而且是必不可少的，货币的使用是件好事。在这一

① 奥维德(Ovid，公元前43—公元17年)，罗马诗人。——译者

点上卡西奥多拉斯[①]说，谈到货币，虽然在其通常使用中似乎是个鄙俗的东西，但是应当看到，我们的祖先之所以采取货币的这种使用方式，是有充分理由的。他在另一段里说，货币的发明，特别是对公共福利来说，是必不可少的。

第二章　应用什么材料铸造货币

前一章已说明，货币是用以互相交换自然财富的一种手段，既是这样，这个手段就应当便于授受，便于携带，以便于使用时只需以其较小的部分，就可以购买或交换自然财富的较大数量，此外还有若干别的条件，随后将提到。据此看来，用贵金属，例如黄金，来铸造货币是符合要求的，因为贵金属对一个国家的供额说来，既不会过多，也不会过少。如果黄金的供额不足，不妨改用白银。如果两种金属都不足，无法获得足够的供应，那就用贵金属与贱金属混杂的合金来铸造，或者是如奥维德在他的《行事录》第一卷里所说的那样，用铜来铸造货币：

> 过去用铜制造，现在用黄金制造得更好，
> 相形见绌的旧币让位给新币。

这就是说，在古代，人们是用铜铸币的，现在的处理比较适当，改用金铸币。事实是我们的祖先树立了好榜样，使后人得以在其基础

① 卡西奥多拉斯(Cassiodorus，卒于公元175年)，罗马政治家及作家。——译者

上逐步改进。此外，上帝通过先知以赛亚给我们的预示也是同样的演进趋向："我将给你们黄金以代铜，给你们白银以代铁。"这就表明，这两种金属是宜于铸造货币的。此外，根据卡西奥多拉斯的说法，首先发现这两种金属的，是卡塔斯（他发现黄金）和印德斯（他发现白银），这两人都是西蒂阿[①]的国王，开始以金银铸成货币供人类使用的荣誉是归于他们的，在那个时代，人们简直是把他们看得神乎其神的。因此，我们认为不宜把这类金属过多地使用于别的目的，以防在货币使用方面供量不足。西奥多里克，意大利从前的国王，当他认识到这一点，知道当时有一种古老风俗，以金银置于坟内为死者的殉葬物时，就下令把这些金银取出，为了为人民谋福利，把它们改铸成货币。他说，金银的使用有利于人民的生活，把它们埋在坟里搁置不用，是犯罪行为。另一方面，从政治角度看，这类金属（即金和银）的数量也不宜过丰，如奥维德所说，铜币之所以被废弃就是这个缘故。也许就是出于这个原因，所以金银的供额对人类说来并不十分丰足，以这类金属铸成货币是再合适没有了，有些人想用炼金术点铁成金是不容易实现的。对此我要说的是：逆天行事是痴心妄想，天意所在是不容我们妄加干扰的。

第三章　供作货币用的材料的多样性；合金的使用

如第一章所述，货币是进行买卖时使用的一种手段。做买卖

① 西蒂阿（Scythia），现属于俄国的欧洲和亚洲部分地区的古称。——译者

是整个社会团体和社团中各个成员的特权和生活上的需要。买卖有时是大规模的，极其重要的，有时是适中的，不大不小的，而最常见的是极其细小的进出。用黄金铸成的货币使用时既方便又合乎需要，它既具有高价值，又容易携带，容易转运，因此用于大宗交易时比较合宜；同样的道理，银币的价值较低，于兑换货币时可用作找头，可用以购买花钱不多的商品。就某一地区来说，其地的白银与其自然财富对照，有时会感到存量不足，结果势必会发生的情况是，用少量白银来换取一磅面包或这类的其他事物而感到涉及的货币量过小，处理不便，于是为了便于进行小额买卖，不得不用价值较低的金属搀入银币，这样就产生了所谓"贱质币"。因此，在白银产量不足的地区往往会产生一种混合币，这种事态的发生是有它的正当理由的。因此，宜于供作货币用的材料有三种，第一种是黄金，第二是银，第三是与贱金属混合的合金。但是应当注意到，作为一个通则，除了用价值较低的金属铸造的低值币外，铸造货币绝不可使用合金。例如，某一国家使用的如果是金币和银币，只要其地黄金是可以在不搀杂质的情况下铸成硬币的，金币内就绝不可搀用较贱的金属。理由是这样的混合币必然要引起猜疑，对于其中所含黄金的质量和数量都不容易辨认。因此，除了出于严重和迫切的需要外，金币内不可使用合金，只有对不易引起怀疑和欺骗行为的那类货币，即用比较不那么贵重的金属（白银）铸成的货币，才可以使用这个办法。还有一点，从上面几章里已经显然可以看出，货币是为了大众的利益而设的，这也就是它的当然目标，因此，除非为了大众的利益，否则在货币铸造中就不应使用合金办法。明显的是，当已有足够的银币时，大众利益所在，就不需要在

金币中使用合金，这样的政策似乎从来不是在全心全意为了大众利益的情况下采用的，作为一个健全的政府是从来不这样做的。

第四章　货币的形式和印记

当人们开始用货币进行贸易和购买东西时，还没有想到在货币上面加印记或图像，只是用一块按重量计的铜或银来换取食物或饮料。由于使用这种货币时要经常过秤是很麻烦的，而且这种以重量计的货币与所需购入的商品未必能铢两悉称，在许多情况下卖方也无法确定货币所含金属的质量。于是就有些明智人士提出主张，可以把原来轻重不等的一块一块的货币统一起来，规定某一固定的品质和重量，然后在这样的货币上加上大家所熟悉的印记，标明所含金属的品质和重量，以解除人们的疑虑，这样的货币于使用时就可以免去一切困难和怀疑，其价值可以一见即知。硬币上的印记是用以证明质量和重量的，这一点可以从我们所知道的一些货币的古代名称获得明确的证据，如镑、苏[①]、便士、奥波尔等等，这些名称所表示的都是与货币相应的重量。同样情况，在《旧约·创世记》里提到的"希克尔"(shekel)，既是重量单位，也是一种货币的名称。还有一些硬币的特有名称，大都是来源于地区、图像、铸造者等等。还有一般称作丹尼尔[②]的那类货币，其体积的大小一般是为了便于携带和清点，便于用以购买零星货物。这样看

① 苏(sou)，法国旧时一种低值货币。——译者

② 丹尼尔(denier)，用于泛指小面值的各种硬币。——编者

来，并不是一切珍贵之物都宜于制成货币，像宝石、胡椒、料器等等就不相宜，只有如上所述，金、银和铜才能供作这方面的用途。

第五章　谁有权铸造货币?

在古代，为防止欺诈，还特意作出规定，并不是每个人都有铸造货币之权或是可以随意在他自己拥有的黄金和白银上压印文字或图像把它当作货币行使的，只有获得社会团体任命的一位或一位以上的长官，才有在货币上压印文字或图像之权。由于享有最高威望和权力的是一国的国王，因此通常认为最恰当的是，由他而不是别的人，为整个社团行使铸币之权，在货币上打上博得大众信任的印记。这种在国王命令下打上的印记应当是制作精美，不容易伪造的。并且应严格禁止本国臣民，甚至邻国君王铸造印记相同或价值较低的货币，以致使一般老百姓无法辨认真伪，此等不法行为一经发现，将处犯者以死刑。这类行为会造成很大危害，由此将导致欺诈之风，因此，不允许任何臣民拥有这样的特权，倘使作祟者是外国君王，由此将成为宣战的正当理由。

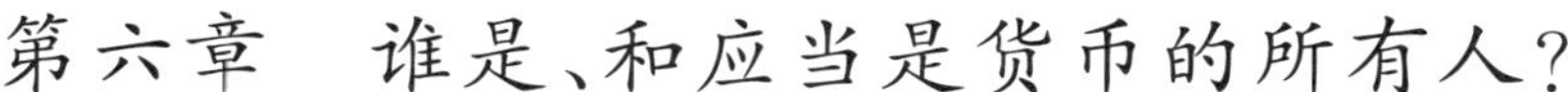

第六章　谁是、和应当是货币的所有人?

如前所述，作为一个政策问题，虽然关于货币的铸造和压印标记之权应当属于国王，但这并不是说国王是、和应当是在其境内流通的货币的所有人，因为如上面第一章所示，货币是人与人之间交换自然财富的合法手段。因此，货币事实上是属于拥有这类财富的那些人的，因为某人如果为了换取货币而付出了他的粮食或体力劳动，那么这项货币当然应归他个人所有，就像他的粮食和劳动力在提供交换以前，他有随他之意全权处理的情况一样，除非他是个奴隶。上帝在他开创这个锦绣乾坤的时候，没有把自由支配事物之权单独给与君王们，也就是我们的第一代祖先，而是也给与了他们的后代，这是在《创世记》上载明的。由于这个缘故，货币并不是单独属于君主所有。但是也许有人会对此说加以非难，其论证是，我主耶稣基督，当他看到有人出示一枚钱币时，他问这上面的图像和铭文指的是谁，当人们说是凯撒时，他说，是凯撒的东西就应交给凯撒，神的物就归给神；他的意思似乎是说，钱币上的图像既是凯撒，这钱就应该是他的。但是我们查一查《新约》福音原文就可以明白，说这枚钱由于上面有凯撒的像即应属于凯撒是不对的，这枚钱所以应归于凯撒，没有别的原因，只是由于这是向凯撒上税的钱。耶稣的使徒说，税金应付给应向之纳税的那个人，租金应付给应向之缴租的那个人。耶稣的意思是要指出，应向之纳税的那个人就是保护全体国民的那个人，他既负有保卫国土和维护大众福利之责，就有权铸造货币。由于上面所举示的原因，货币是为社会团体及其各个成员所有的，亚里士多德在其《政治学》第七卷里以及西塞罗在其《修辞学》的结尾也是这样说的。把属于凯撒的东西归给凯撒，这句话的意思无非是像圣彼得在他的《彼得后书》里所说的那样，要对他表示服从；但是近一时期以来，人们对他已经拒绝服从到那样的程度，以致国王颁布的规章制度形同虚设，人们在售出或支出其金币或银币时，都径自以自己所想要的价格为准，而不以本国国王或政治机构所规定的价格为依据。结果现在的情况是，无论何人，要想取得一块金币，不管他是属于什么阶级，除非按照售出者所定的价格，定价时就像售出的是一项自然财富一样，否则他就得不到这块金币，这样的现象，上面已经说明，是直接违反当初创造货币时的原来意旨的。这种买卖方式相习成风以后，会使这一国的贵金属被抽走，把它运到价格较高的那一国。这样，黄金的价格就失去标准，会使国家逐渐陷于穷困，使国王和社会团体遭受严重损失。为害更大的是，不顾国王颁发的硬币已磨损，与分量十足的、完好的硬币以同样价格通用。这样的情况势必引起混乱，是不能持久的。

第七章　负担铸造货币费用的是谁？

前已提到，货币是属于社会团体的，因此，负担铸造货币费用的，也应当是社会团体。费用可以从货币本身扣除，这样，问题即可以圆满解决。假定硬币所用的材料是黄金，供作铸币用的生金的收买价格，可略低于已铸成的硬币的价格，至于具体价格的规定，可由大臣们或有经验的高级官员主持。例如，假定 1 马克[①]白银可用以铸成 62 苏，每马克的必要的劳动成本是 2 苏，那么，1 马克生银只应值 60 苏，其间的差额是铸币费用。经这样扣除的数额，用以供作铸币费，在任何时候都应当是足够的。如果货币可以用较低的代价铸造，增出的余额尽可以作为一种特项收入，由国王或造币厂厂长处理。但是，即使货币完全可以承担这项支出，这项

① 马克(mark)，金银的重量单位，旧时用于欧洲大陆，约等于 8 盎司。——译者

铸币余额也当适可而止，不宜过大，这在下面将作出说明。如果扣除过多，将有害于整个社团，这是任何人一想就可以明白的。

第八章　概论货币的改动

至关重要的是，凡是足以影响到整个社会团体的基本法律、法令、惯例以及种种规章制度，如果没有明显的必要性，就绝对不要去改动。根据哲学家亚里士多德在《政治学》第二卷里所说，对于成立已久的法规，切勿存喜新厌旧之意，勿轻易否定旧者，除非改动的效果显然是巨大的，因为这类改动，尤其是不时发生的改动，会削弱法律的威信和尊严。这样的改动会引起民间的反感和抱怨，特别是如果改得越来越差的话，将使他们感到不公平和难以忍受，以致发生拒不服从的危险。可以肯定的是，关于货币的比率或价格，将被看成是一种法律或者是传统的风俗习惯，在任何情况下不容改动。关于这一说法的佐证，可以从下面的事实看到：一切薪水和岁入都是按固定的货币镑、苏和丹尼尔的数目计的，这就很明显，除非是出于整个社团的要求，作出改动有其明显的必要性和利益，否则不可轻易改革。关于这一点，亚里士多德在《伦理学》第五卷谈到货币时说：当然，在性质上最需要稳定的事物就是货币。一般说来，货币可以从好几个方面加以改变：在形式和印记上、在各种金属之间的比率上、在价格和名称上、在体积和重量上，最后是在材料的质量上。这五个办法可以分别使用，也可以同时并进。我们不妨把这几点在下面简要地考虑一下，在什么条件下，根据什么权限，用什么方法和为了什么理由，进行其中的任一改革时，才

有可能是合理的。

第十章　关于改变货币的比率

比率是这一物与别一物之间的比较或关系，例如，以金币与银币之间的比率言，彼此在价值与重量上应当始终有一个确定的关系。由于黄金生来优于白银，比白银更加珍贵，采取时也比较困难，因此，一定量黄金的价值比同一定量白银的价值要大得多，以具体的比率表示，大致为二十比一，这就是说，1 磅黄金，其值达 20 磅白银，1 马克黄金，可值 20 马克白银，等等。比率有时也未尝不会变动，如二十五比三等，但这应以金银之间自然的比率或比例为依据，这个比率一经确定以后，除非由于比较罕见的材料自身的变动，因此有充分理由改变其比例关系外，对这个比率不宜随意抹煞或改变。比方说，如果黄金的供额不及币制建立以前那样丰富，此时与白银相比其值应较高，其价应有所变动，但是，如果变动不大或是所变动的程度几乎等于零，国王就无权作出改变。如果他任意改变比率，就可以用不正当手段把大众的货币和财产引归己有，假定他对黄金评价偏低，用白银尽量买进，然后将金价提高后售出，或者用以铸成硬币，按新价格发行，这就等于对他国内的谷物规定一种价格，按价全部买进，然后再提高价格售出。任何人一眼即可看出，这种勒索是真正的残暴行为，比埃及的暴君更差。关于这一点，卡西奥多拉斯写道，“我们曾经读到下面一段史实：约瑟允许为人们购买粮食以应付极度严重的饥荒，但是所规定的代价那样高，结果人民为了维持生活，不得不使他们自己处于向他卖身投

靠的地位。辛酸的救济会夺去人们的自由，使获得救援者的悲痛处境无异于俘虏，生存的代价是何等残酷。我相信这位献身于宗教的人，为了满足他的君主的欲望和援救受难的人民，他这样做也是出于不得已。”这就是他说的一番话。虽然这件事看起来是不公正的、恶毒的，但是对货币的垄断是更大的罪恶，因为这不是出于自愿的，对社会团体来说是不必要的，而危害性却极其严重。有人反对这个说法，认为这跟粮食的情况不同，因为作为一位国王，对某些事物会特别关心，对这些事物，他都可以规定他所喜欢规定的任何价格，有些人说，盐在法国就是这样，尤其是货币等等。我对此的答复是，对食盐或社会团体所需要的任何别的事物施以这种垄断或赋税，是不公平的、怀有恶意的措施。通过先知以赛亚，我们的救世主向世人告诫：制定不公正法令的，把这种非正义的措施施之于人民的，他们将自招祸殃，如果有任何国王于制定法令时，为图私利，使自己享有这种特权的话，要知道，这里所指的就是像他这样的人。从上面第一章和第六章里所谈的可以完全搞清楚，货币这样东西是属于社会团体的。为了防止执政者心怀叵测，妄以这一章所述的一些成因为借口，企图改变货币的比率，这里声明，只有社会团体有权决定能不能和应不应这样做，这件事应当在什么时候做，怎样做和应当做到什么程度，总之，执政者无权在任何方面篡夺这一职能。

第十二章　关于改变货币的重量

更改货币重量，同时更改其价格比例和印记，这实际是改头换面，使之成为另一种货币，就像是把一个丹尼尔改成两个奥波尔而价值不变那样。要将货币材料加以实际上的改变，这也未尝不可公正无私地做到，但在上面第十章已经说明，这种情况是很少见的。这里要谈到的是另一种改变，这里的情况是名称和价格都无变动，而重量有了改变。在我看来，这样的做法完全是错误的行动，尤其是对国王来说，无论如何不能免于侵犯权限的责难以致身败名裂。首先，硬币上所以镌刻君主的图像和铭文，是表明所用材料的重量和质量的正确，如第四章所提示的那样。因此，关于重量和质量如果不如实表明，其间即显然有不够忠实或欺诈行为。用以衡量小麦、酒和其他重要物品的量具，往往附有国王的标记，如果有人在这上面徇私舞弊，将为人所不齿。同样情况，硬币上的铭文所表示的是重量和质量的正确。作为一位国王，如果降低附有他自己图像的货币的重量或成色，还有谁信任他？关于这一点卡西奥多拉斯说：度量的标准是专用以体现公正这一概念的，如果在这上面弄虚作假，那还有什么是比此更恶劣的罪行？通过这个方式，作为一位国王，就可以把别人的钱财攘为己有，如果不是出于这个动机，那他为什么要这样做——他得的是分量十足的货币，然后用以铸成并发行分量较轻的货币。上帝在《圣经》的许多段落里所谴责的那类行为，与这里所说的没什么不同。用一位哲人的话来说是：一种度量，接着又是另一种度量，一种尺度接着又是另一种尺度，这些都是上帝所深恶痛绝的；《旧约·申命记》里说，上帝谴责干这些事的人。这样得来的财富不久便会被消耗和丧失掉，受到损害的是财富的持有者，西塞罗说得好：货悖而入者，亦悖而出。

第十三章　关于改变货币的材料

前已说明，货币的材料不是单一的就是混合的。如果是单一的，货币的铸造会由于材料缺乏而陷于停顿，例如，如果黄金很少，或者简直无法觅到，那就宜停止铸币，过一段时期，如果供额转丰，再恢复铸造，过去就曾屡次发生这种情况。反之，用某一材料铸币时，如果这项材料的供量过丰，也会因此对它停止使用，例如，在上面第三章曾指出，有一个时期停止使用铜币，就是由于这个缘故。然而，这样的原因很少会发生，也不会由于任何别的原因，使货币使用的单一材料倏而被放弃，倏而被重新使用。如果在材料中要搀入任何其他金属，那就应当使用不会用以单独铸币的最贱金属，使纯净的和搀杂的便于区别。再者，使用合金应按照一定的比率，例如十马克之银对一马克之金，这可以由对这些事有经验的官长相机规定。这种比率会因不同材料之间关系上的实际变动而改变，改变时有两种方式，或者是由于材料缺乏，例如白银由于一时无处可觅，或存量比前锐减，在这种情况下就应多用合金与白银相掺和；或者是白银比前增多，在混合材料中就应多用白银。前已指出，这种情况是不大会碰到的，万一发生，为了使货币获得较大保障，避免如第十章里讨论改变货币比率时所谈到的那类阴谋诡计，关于这方面的比率或混合比例的改动，应当由社会团体来决定。这就是说，在其他情况下，货币材料的混合比率是绝不容许变动的，而且，上一章所说的这里也可以直接应用，由国王来改变货币的混合比例是非法的，因为货币上的印记是对其材料和合金（如果

有的话)抱忠实态度的表征,擅自改变其内容是伪造货币。由于这些原因,所以在有些货币上铭刻着上帝或圣徒的称号或十字架记号,这种惯常做法行之已久,用以证明货币在质量和重量上的信实可靠。因此,如果一位国王改变了附有这种记号的货币的重量和成色,他就似乎在不声不响地进行欺骗,犯了伪证罪,还违犯了上帝的戒律:你们不应滥用上帝之名。前已提到,国王借口于更改货币的重量,可以用这种不正当手段向人民侵夺很大一部分财产,由此还会引起许多别的不良后果。这里所说的欺骗行为比改变货币重量更为恶劣,因为它手段更为狡猾,不易被人觉察,对社团的危害性更大。因此,这种使用合金的货币经铸成以后,应由社团在公共场所一处或多处明白公布合金的标准成分,以防国王或其他人擅自改变合金成分(那是上帝所禁止的),就像归社团控制的其他各种计量单位应由它向公众公布的情况一样。

第十五章　国王通过改革货币以牟利是不法行为

依我看来,国王所以要取得改变货币之权,其主要原因是借此以谋取利得,否则就没有理由要作出这么多种类的变革。所以我要着重指出这样的利得是不义之财,这样的行为有严重的危害性。首先是,货币的一切改革,除了上面说到的不常见事例外,一般会牵涉到许多欺诈行为,上面已经证明,作为一位国王,是不容许这样做的。况且,只要国王是有所得的,公众就由此必然会有所失。亚里士多德说过,国王不论做了什么有害于公众的事,总是不公正和专横的行动，跟他的身份是不相称的。专制君主往往会伪称他是用这项所得为大众谋利益，这种说法并不足信；根据同样理由，他也可以把我的大衣或别的什么拿走，说他所以需要这个，是为了大众的福利。根据耶稣使徒所说：绝不可为了将来也许会得到的利益而为非作歹。因此，任何人绝不可以用于慈善事业为借口而猎取不义之财。再者，如果国王有权通过对货币一次单纯的改革而取得利益，他也可以以同样理由来一次更大的改革，取得更大的利益，进而一试再试，从而以多样性的改革取得无穷的利益。有可能的是，他的太子或是他的继承人，或者是出于他们自己的主动或是出于其左右的撺掇，会照样奉行，因为出于人的本性，如果求财有方便法门，就会不由自主，于是借助于这个方法，总有一天会吸尽几乎全部的民脂民膏，从而使庶民沦于奴隶状态。我们从哲学家和古代史方面已经获得充分证明，这是赤裸裸的专横表现，不是一位国王的而是一个名副其实的暴君的行动。

第十七章　由改革货币的所得比由高利贷的所得更糟

在我看来，可以从货币得到的利益，除了由于对它作正规的使用外，还有三种通过货币牟利的方式。第一种是兑换、受托保管或进行货币买卖；第二种是高利贷；第三种是改变货币质量。第一种是卑鄙的，第二种是不道德的，第三种甚至更坏。亚里士多德谈到了前两者而未及第三者，因为在他的时代，这样的为非作恶行径，还没有被人们所发现。他认为上述前两种方式是卑鄙的、不光彩的，是使货币生产子息，他甚至把这类行径称作非法经营。使徒圣马修，曾经是一个货币兑换商，于耶稣复活以后，即不操此业，跟圣彼得曾经是个渔夫后即放弃这一生涯一样。圣格雷戈里于解释这一行动时说，操捕鱼之业以谋生计是一回事，从非法经营中博取利得以增加财富是另一回事。他还指出，有些行业不带上些违犯教规意味是无法从事的，因为有些贱役，如阴沟或烟囱的清洁工作，不免要弄脏身体，还有些如这里所谈到的，就不免要玷污灵魂。至于高利贷，我们已从《圣经》上知道，那肯定是恶劣、可憎并且是不正当的。现在还得说明的是，从改革货币中谋取利润，甚至比高利贷更加要不得。高利贷者把钱交给对方，是得到后者的同意的，后者可以用这笔钱应付急需。后者于归还时所付出的超过他原借数额的那个部分，是属于双方都满意的一个固定契约的问题。但是，作为一位国王，于不必要地改变货币的内容时，是在违反其臣民意愿的情况下夺取他们财产的行动。由于他对原来流通的价值较高而又为人们所乐用的货币禁止流通，而改用其质较差的货币来代替，这要使他的臣民从中得到利润或利益是绝对不可能的。这种行动每发生一次，货币价值就被降低一次，因此他这一次通过改革货币所得到的好处如果胜过上一次，由于货币价值已不断降低，实际上所得到的利益将反逊于前。不过无论如何，他总为他自己保留着利益的一部分。这种由国王通过改革货币以谋取额外利润的方式，与高利贷并没有什么两样，实际上更坏，对其臣民说来既没有好处，也无此需要，是在完全违背其臣民的意愿下进行的。作为一个高利贷者的所得，其危害性既没有这样严重，也没有这样普遍，改革货币的手段是强加于整个社团的，因此我说，它不仅与高

利贷相似，而且那样残酷和富于欺诈性，使我有些拿不定主意，究竟应当把它叫作猖狂的盗窃行为还是阴险的勒索行为。

第十九章　由改革货币造成的对国王的某些不利因素

货币改革会以种种方式引起许多严重的不利情况，其影响所及，有些是主要以国王为限的，有些是遍及其境内全体人民的，有些是涉及社团中大部分人民的，我们近来在法国及其属地就看到了这种情况。有些情况上面已经谈到，这里不妨再说一遍。首先，作为一位国王而作奸犯科，伪造他的货币，把不是金子说成金子，把不是一磅说成一磅，就未免太说不过去。况且，对制造伪币者和在货币方面有任何欺诈行为者加以惩处，是国王的职责。因此，如果发现他知法犯法，自己犯了应由他对别人判处死刑的那样的罪行，将使他感到何等可耻。再者，作为一位国王而容许他国境内的货币可以没有固定价值，可以按照拥有者的意愿随时波动，像现在所看到的那样，在同一期间，一块金币或银币，在这里的价值会比那里的高，这样的作风是非常恶劣的。由于这类改动会使得人们往往无法说明一块金币或银币究竟值多少，因此对待货币也像对待他们的商品一样，得进行讨价还价，而这是违反自然的，结果使应当高度稳定的东西陷于极其不稳定和混乱状态，使国王丢脸，而他是应当注意到惩罚那些犯有造成这样波动的罪行的人的。作为一位国王而为了牟利，禁止良币在国内流通，迫使他的臣民行使他自己的质量较差的货币，这就像把好说成歹，把歹说成好的情况一

样，这也同样是要不得的，是处处与国王的尊严格格不入的。通过先知的话，上帝宣告：那些说好成歹和说歹成好、颠倒是非的人，将自食恶果。还有，一位国王不尊敬他的前任者是很不光彩的，因为尊敬双亲是每个人必须遵守的圣诫。当他禁止使用原来的货币，用镌有他自己的肖像，并降低了成色的货币来代替原来的金币时，他似乎毁损了他祖先的荣誉。关于这一点，我们在《历代志》里看到国王罗波安这样一个人物，他把他父亲所罗门[①]所制的金盾撤除，改用铜质的代替。由于这一罪行和其他过错，罗波安丧失了对以色列十个部落的统治权，因为从他的统治时期一开始，即以极其横暴的手段对待他的庶民。国王或统治者应以此为鉴，对于改革货币这类专横行动当极厌恶之，这对他的后代来说是非常危险和有害的，我们随后将加以论列。

第二十章 由改革货币造成的对整个社团的损害

由改革货币而来的许多损害会影响到整个社会团体，这在第十五章里已谈到其中之一，即国王可以由此实际上取得社团的全部财富，从而使其庶民沦于贫困。就像某些疾病由于比较地不易觉察而更加危险的情形一样，由改革货币而来的祸害，由于比较地不大受人注意而危害性更大。由于货币的改革和降低成色，尽管在价值较高的地区实行时加意小心谨慎，而黄金和白银的数量在

① 所罗门(Solomon)，古以色列王国的贤明国王，以智慧著称。——译者

国内仍然会日趋减少，这是因为人们喜欢把货币带到其值更为高的那些市场。因此，在实行降低成色的那些国家，其货币材料的供额将日趋减少。在外国的人有时会伪造这种低值货币，把它运到通用这种货币的国家，通过这种欺诈行为取得国王所预期的利益。此外，通过这些改革过程而引起的对货币材料的一再熔化，材料将部分地被消耗。因此，通过这样的降低成色和改变质量，货币材料将在三个方面逐渐减少。除非国家有丰富的矿产资源，否则其铸币材料将难以长期支持，国王对优质货币的大量供应将终于感到材料缺乏。还有，出于货币变质和降值的结果，国外的商人既知那里通用的是劣质货币，将相戒裹足不前，不再以他们的优质商品和自然资源运往这个国家，因为最足以鼓励商人把自然资源和优质货币运往一个国家的是在那里使用的货币质优而价格稳定这一事实。并且在发生货币改革的这个国家，商品买卖既陷于那样的混乱状态，其地的商人和手艺人在彼此之间做交易时将不知何所适从。在货币改革的持续期间，国王和贵族的岁入以及一切年金、薪水和应付款项，将无法作出公平的核定和支付，过去和现在所处的情况就是这样，更糟的是，将无法以货币安全地贷给任何人。世界已被这种货币改革困扰到这样的地步，甚至为上帝子孙中的贫困者进行的神圣的慈善事业，也受到妨碍。然而，货币材料、商品和上面提到的一切事物，对人类说来都是必要的或极其有用的，缺少了它们，对整个社会团体来说将是莫大的损害。

第二十一章　由货币改革造成的对社会团体部分成员的损害

社团中有些人所从事的是受到尊敬的、对全体国民有益的事业，如自然资源的取得、向上帝做祷告、法律的执行以及为公共需要或公共利益而进行的任何其他事务。这些事务的实践者就是教士、修道士、法官、军人、商人、手艺人、农业劳动者这类人。但在社团中有另一些人可以自由自在地用卑鄙手段增加其财富，如货币兑换商、以经营货币为业的商人、货币熔化者等等，前面在第十八章已经说明，从事于这类活动的都是不光彩的人，社会上对这类人实际上并无需要。还有一些人，如大宗款项的管理者和经手者，于货币改革时即可从中渔利，所依靠的是机会或巧诈手段，这是违反上帝的意旨和公平原则的，这样的人是不配享受这样巨大的财富的。在这种情况下，对社会作出最有价值的贡献的那部分人，却处于贫困状态。这时，作为一位国王，使他的大多数和最优秀的那部分人民蒙受损失，虽然利益的大部分并不归他所得，但却被以卑鄙龌龊、狼狈为奸为营生的那些人所得，这一点前已指出。如果国王不将他打算在货币性质上所作的改变和改变的时间预先通知公众，有些人便会玩弄手腕或通过人脉，事先设法侦知内情，然后用劣币囤积商品，伺机转售，以易取良币，借此手段，顷刻可以致富，其所得比用通常经营方式所能致者倍蓰不止。圣·奥古斯丁[①]对

① 圣·奥古斯丁(St. Augustine)，早期基督教会的领袖。——译者

此感到惊异，认为这实际上是不利于整个社团的一种垄断行为。况且，如果发生了这样的货币改革，租金和用货币数规定的收入，如前面关于改变货币名称那一章所提到的那样，将随之作相应的提高或降低。还有，当国王对货币使用这样的操纵手段时，会引起一些坏分子伪造货币，这是由于“既然国王这样做，我也不妨跟着做”的想法，或者是由于认为其所作所为一时不易觉察。结果，将货币改革频繁时期与始终使用优质货币时相比，作恶多端的情况会变本加厉，在账目收付和款项进出上会引起无数纠纷和贪污行为，以致争执，甚至诉讼纷纷而起，此外还有更加严重的弊害，恕我笔难尽述，这就难怪亚里士多德要说，一事失策则百弊丛生，这样的情况我们实在见得太多了。

第二十二章　是否可以由社会团体来改革货币？

前面已在第六章表明，货币是属于社会团体的，它是可以随心所欲地控制货币的，就像这是它自己的财产那样，它喜欢从改革货币中谋取多少利益就谋取多少。如果由于战争，或是要把它的国王从被俘中赎救出来，或是由于其他紧急情况，迫切需要大宗款项，于是通过改革货币的手段来筹集此款，这似乎不能算是违反自然的举动，因为这并不单是为了国王而是为了整个社会团体，而货币是为社会团体所有的。因此，在上面所提到的许多反对货币改革的理由，在这里似乎都不适用。在我看来，基于上述理由，社团不仅是可以这样做，而且应当这样做，假使这样做是出于必要的话。在这种情况下，进行筹款时所希望的条件，大致都已具备：它可以在短期内取得大量收入；进行收款和确定收款金额时极其方便；不需要许多经办人员；不需要什么费用；也不会发生收款员舞弊情况。确是这样，我们再不能想出比此更加公平、更加均衡的筹款计划了，钱多些就多负担些，正是由于钱多，才不大会觉得负担的较重，对此也比较容易忍受，不至于发生反抗或怨声载道的现象。而且它也极其富于普遍性，无论是教士还是贵族，也休想因拥有特权或其他原因而置身事外，这在其他捐税中往往是难免的，从而引起愤慨、嫉妒、争执、诉讼以及其他种种不良后果，这些在这样情况下的货币改革中都是不会发生的。因此，在上述情况下，不妨由社团发动进行一次货币改革。但是，依我看来，只有当所需要的货币须运送到遥远地区，花费这些钱的人跟我们并无往来，而所需之数又那样大，以致不进行货币改革，将使这个社团的货币金属在相当长时期感到显著缺乏，只是在这种情况下，才能采取这个措施，除非别有高明见解。在这样的情况下，可以改变的是货币的材料或成色，如果在别的方面有所改变，则如上面第十二章里已经说明的那样，以后就难免要发生援照先例，继续作出同样改变的情况。如果所需要的款项没有这里所说的那样大，或者所处的环境是，社团不会因此对货币材料长期感到稀缺，那么，除了在这一章里所指出的不良后果之外，通过货币改革所进行的对人民的强征勒索，将发生种种流弊，这比已经提到的那些流弊还要糟。主要的是，国王终于会想到把这一特权或特有利益归为己有。于是上面所提到的一切不利因素将接踵而至。这里的首要论点——货币是属于社团的，只有社团有权改变货币，对货币没有人有理由可以作

违法的处理——也不复有效。还得注意，如果社团以任何方式作出了这样的改革以后，应使货币尽快恢复原状，这样的谋利方式应及时中止。

五　卡罗律斯·莫利诺斯

论契约与高利贷

莫利诺斯生平简介

卡罗律斯·莫利诺斯(Carolus Molinaeus,1500—1566年)是“夏尔·迪穆兰”的拉丁化名字,是十六世纪第一流的法理学家之一。他最初在奥尔良和普瓦捷研读法学,经过一段时期后,在上述前一地区讲课,后来到巴黎当法国宫廷和议会法律顾问。当他任职辩护律师时没有取得多大成就,转而从事于接受法律事项的咨询业务。1539年,他发表了《巴黎人的风俗习惯》,这本书使他博得很大名声。但是,他的《论契约与高利贷》(1546年)出版后,却引起了强烈反对,等到他的以攻击教会妄用权力为主的《批评亨利二世滥用罗马法例》问世时,谴责的呼声竟爆发到那样程度,以致使他难以安居,不得不走避他方。他的后一段生活是很不安定的。他曾在德意志各大学讲课,曾侍奉过一些日耳曼诸侯,并多次积极参与宗教上的论争。他自尊观念极强,在他一生中所以会引起那么多纠纷和烦恼,这一点大概也颇有关系,而在某种意义上,他大概也是别人对他怀有怨恨和猜忌心情下的受害者。他发表了《关于三十条教规的建议》,从而成为两个宗教阵营的共同敌人,这本书发行后两年,他卒于巴黎。

论契约与高利贷

（一）

应注意到，那些经院的神学研究者和宗教法规学者以及法理学家所考虑的是神的律法的字面意义，而不是它的精神实质或意向和意旨，他们认为高利贷或高利收入所具有的内在恶性特别严重，非一般的不公正或不老实行为或其他类似的欺诈行为可比。高利贷之所以可恶，并不是由于对周围的人们的危害性较大，而是由于在一项贷款中，除收回本金外还另有所得，这就使它显得格外可憎，格外违反律令。有些人认为，高利贷即使有时不一定违反上帝仁爱之旨，其间也必然带有不光彩成分；有些人说，按照神的律法，高利贷是被严格禁止的，因此，即使联系到公共利益和民间和睦相处的问题，也无法借助于立法手段予以通融。结果，在他们一些凌乱、混杂的作品中充满了不信不实之词以及错误和谬见，这都是由于没有理解上帝仁爱的意旨，我们可以用上帝自己的话（见《新约·马太福音》第七章）来证明：无论何事，你们愿意人怎样待你们，你们也要怎样待人。因为这就是律法和先知的道理。这就是说，这是他的意旨。圣保罗（《新约·使徒行传》）说：法律的目的是仁爱。《新约·罗马书》第十三章和《新约·加拉太书》第五章也说：他既能热爱他周围的人，就执行了律法。因此，按照神的律法，高利贷并不是被禁止和非法的，只是违反仁爱之情。因为高利贷在实践中有多种方式，受到禁止和谴责的只是违反仁爱和睦邻宗旨的那种方式。这就是从《圣经》中所引证的若干段落和一切内容相似的段落中所得到的解释。

假定一个有资力的商人，为了要从合法经营中谋取利润，向贷款者约定，按月或按年偿还贷款，而不是用预期利润中的一部分来偿还，如果债权人所要求的那些利息届时不能实现，难道这就可以认为他所订立的契约不合法，收取这样的利息是有损于债务人的吗？不管这一批人写了些什么，我仍然看不出这有什么危害性，也看不出对神的或自然的律法有什么违碍之处，因为它并不违反仁爱之旨，倒是以互爱为出发点的。事情很清楚，一方答应帮助，从他自己所拥有的资金中给予一笔贷款，另一方则从由此得来的利益中拨出一部分，用以酬报这位协助者，事实上他并没有因此遭受任何损失。因此，作为一个债权人，当他所收受的超过他的本金时，他这样做是合理合法的；并且，根据同一论证，他可以一开头就按照这个想法来订立契约，只要他是在合法范围以内行事的，对对方并不存任何诈谋或不公正地要索高利。实际上，如果债务人因支付利息而遭受损失，债权人对这种收入就完全不应有所染指，但是，在公平的推断下，他对对方有所收取或要索时，他所收取或要索的，即使他遇到紧急情况，也应以他原先愿意收取或要索的为度。有些人对此将提出的诡辩是意料得到的，他们会说，当债务人付出他收益的一部分时，即使保存了收益的大部分，他也肯定不会不遭到在他所付出的那个程度上的损失，因为收益是全部属于他

的，这并不是从债权人的资金中得来，而是从现已为债务人单独所拥有的资金中得来的。对此很容易作答辩：这种奇谈怪论所根据的并不是神的箴言，而是人为的对经意的武断解释，而且还不只是这样，它并不是出于人类的智慧和法律，而是出于某些愚昧之人的胡思乱想。因此，这类浮词谰语对我们是没有说服力的。这里的论证是，债权人通过一项贷款，就为对方的博取收益提供了直接和有效的推动力，按照通俗的说法是，为这一收益提供了必要条件，这就足以证明，所谓收益应由债务人单独取得的说法完全是诡辩。因此，按照神的和自然的律法，甚至按照民法，人们也可以为取得收益的一部分，至少是如果可以产生任何收益的话，而订约借贷。由于债务人借助于一项贷款，即使因此增加了负担，与不存在贷款时相比，可以取得较大的收益，这就很明显，贷款尽管使他增加了负担，而对他说来是有利的，不是有害的。最后，根据假设，债务人是有力量归还本金和利息的，并且是可以方便地保留其所得收益中的大部分的，这就表明，这种利息对他并无损害，其间也不含欺诈性，情况相反，对他倒是有很大好处的。它与仁爱或与周围之人和睦相处的原则绝无任何抵触，也不违背神的或自然的律法，进行时尽可以心安理得。按照巴尔德斯的说法，高利贷是以人为的法律范围为限的，是符合真理的。他又说，凡是不受大自然的谴责的，也不会受到良心的责备。这样看来，那些认为高利贷或由债权人贷出资金时收取的任何其他收益将受到神的律法的谴责的写作和教导都不正确，而是由迷信引起的，因为，除非它是在进行欺诈或是对对方施加压力，高利贷是不受谴责的。

《新约·路加福音》第六章中写道：“你们若有资金借给别人而

指望从他那里收到些酬谢，有什么可酬谢的呢？”像这样一般性的否定观点同这里的结论并无冲突，因为耶稣基督说这段话时，指的并不是高利贷，而是本金的归还和恩惠的报偿。很明显，神所反对的是，人们于借出资金时就像那些不信神的人和不义之徒那样，所期望的只是等量的回报。他对人们的教导是，要求人们表现出更高度的公正，对有困难的人进行借贷要充满热情，即使看来不会取得任何报偿，也应以乐善好施为怀，全不计较。神对贷出者不仅毫无惩处之意，而且于贷款时所得到或希望得到的报酬愈少，他所得到的神的恩惠将愈大。神的意思是，于进行贷出时不要专致力于贷出之数的得以返还，惟恐本金无着，而应考虑到怎样对困难户进行帮助。因此，如果对方困难不大，不致无法还本付息，那么即使在公庭上，神也不禁止要求归还本金。神的愿望是，对周围贫苦之人，要随时随地存仁爱之心；他的教导是，对全然无法或一时无力进行偿还的贫苦之人，我们应当用一片善心来对待。因此，神意所在，并不是说贷款与彼此相处时的兄弟之谊有任何抵触，而是说，不应由此伤害与我们相接触的周围人士。如果你的相识者借助于你的资金取得了收益，把他的所得分给你一部分，这并不是你分享了别人的神的赐福的一部分，至于高利贷的触犯规章，也不是按照你从中所得的多寡来估量的，而是说你不得伤害作为债务人的你的周围人士，所要求的只是你不得逾越法律或公共法令所规定的范围。这里所说的就是有关真实而简明的契约法的一些要点，至于与别人所写的一些细节上的不同之处，这里不再深究，这里的说法确是很简单，这是与这一讨论的性质相适应的，但在语调上却是同样有力的。

（二）

一切博学的和正派的作家以及高利贷这词的起源都表明，高利贷不应从事物本身来考虑，而应从事物的使用来考虑。当人们借出一项事物或一项本金而要求归还时，一些经院神学家就认为这样的行动是根本要不得的，是不公正的。他们认为进行贷款即违反自然规律，这个结论所根据的理由不一，主要有以下三点。首先是托马斯·阿奎那的论点，认为高利贷者所售出的事物是不存在的，或者是同一事物售出两次，或者是一件事物得到双份的报酬。他提出的证明是这样。就贷款说，借用一件东西，就是对这件东西进行消费，而消费是不能跟事物本身分开的，因此，收回之数超过借出之数时，要么是所收取的是毫无理由的对事物的使用，要么是所使用的是不存在的事物，要么是收回本金之外复有所取，这就出售了两次，或者是同一事物得到了双份报酬。第二个理由是出于斯科特斯的论点："我不应以不属于我而属于你的东西向你出售，mutuum（货币）这个词的起源就表明，这是 meum（我的）和 tuum（你的）的复合词，而作为一笔贷款是要转移所有权的。你使用的既是已经属于你的资金，我就不能再向你要求报酬。"第三个理由也是斯科特斯提出的，他说，即使假定所借出的资金仍然是借出者所有，货币自身也不是再生产性的。他说，本金既仍然完整无缺，于本金之外别有要索是不合法的，因为这就意味着他所取得的收益不是从货币（那是不会产生成果的）得来，而是从另一人的勤劳得来。这就是神学家提出的三个主要理由。他们提出的其他理

由虽然在措辞上多种多样，都是从这三者派生出来的。例如佩特律斯·德·帕卢德就提出了三个论点。第一，认为按照公平原则，一个人向另一人所取得的，在价值上不应超过他对这个人所给予的，这与托马斯的上述论点没什么不同。第二，在一次贷款中所体现的是所有权的转移，因此，不应将你的东西卖给你，这里指的是对你的资金的使用，这同上面斯科特斯的第二论点也并无二致。第三，拿一件东西当作两件来出售，或者是供其一而得其二是非法的，这同托马斯的说法也没有什么两样，不过措辞和语调不同而已。同样情况，康拉德在其《论契约》一篇论文中提出的二十五个论点，大部分可以归纳入上述三个论点，其余的论点在推理的自然进程中实际上是无关的。尤其可笑的是，他的第一、五、六、九、十和十一论点内容雷同，只是在词句上略加变换，借论点的多种多样以自炫博学。让那些闲居多暇的人去推求吧，我不想在这里寻根究底了，这样讨论下去，就难免要使我自己也堕入我所批评的自炫多能的陷阱，使我们所进行的论证受到阻碍。关于诡辩派的论据就说到这里。他们认为根据神的律法，高利贷是完全被禁止的，对这样的见解我们尽可以置之不理。根据上面举示的《圣经》中的几个段落已足以证明，在严格意义下的贷款从来不在禁止之列，按照民间的风俗，人们也并不把高利贷看作在性质上有疑问的贷款，在《圣经》上也看不到把高利贷这个词理解为对熟识者在交易中要索过分的行动。有些人全不注意出言审慎，对民法又不熟悉，对这里所谈的问题只是信口雌黄，关于这方面的一些荒谬说法这里就不深究了。

还有个第四个论点，是一位宗教法规学者约翰·蒂尤陶克斯提出的，其说与前面所述对照，比较地能言之成理。他说，事情一

开头就是由借款人冒使用货币的风险的，因此要在他身上再增加负担，从中取得额外收益是不合理的。一些学者和经验丰富的人还提出了其他比较合理的论点，可以把它们归纳为两点，为了便于分清眉目，仍然按照上面的顺序，把其中之一列为第五论点，那是关系到国家的利益的——惟恐人们鉴于通过高利贷手段可以多获利而又不费力，以致抛荒农业、商业和其他必要的和切于实用的技术，或者是，操业时不及以前那样认真仔细，或者是少数几个高利贷经营者会吸尽所有别的人的资产。这个想法未免过于天真幼稚，亚里士多德的意见就是这样。这个论点认为高利贷这一业务与商品买卖不同，后者在外观上总保持着一种形态，买卖时必然有一项等值物在进行授受；而高利贷的情况是，虽然就一个时期说，货币使用者与同一期间的商品使用者相比，其功用较大，但其使用并不是连续不停的，其利息却要计算到本金全数归还时为止，经过一定时间，如果贷款数额累增不已，一切资产将归贷款者所有。第六个论点是关系到实践的起源和发展以及自然的规律和目标的，认为货币的使用不是一个目的，而是用以取得事物的一个手段，因此货币所体现的不是商品而是价格，所以高利贷是特别违反自然的行动，这是亚里士多德的明确表示的见解。这里我再加上个第七个论点：使用高利贷这一方式时，越是要趁机利用人们的窘乏和急需，就越应加以排斥。借钱的需要越加频繁和习以为常，就越加应少给予借此追求收益的机会，使这样的交易难以实现。

对上面提到的几个论点加以分析，其中最前面的三个，由于它们都主要在某一点上出错，因此，不妨一并加以驳斥。他们没有能分辨在一个期间内资金的使用或由使用资金产生的利息同资金本身之间的区别。但是，不仅依据民法，就是经验和常识也足以证明，通过货币的使用或享用会产生对人们有价值的功能，其价值会超过本金自身之值。因此，认为贷出者所卖出的是事实上不存在的事物或同一事物卖出两次的说法是没有说服力的，只要贷出者为使用其本金所增收之数没有超过他应得的利息。因为这不是卖出本金，所收取的并不是用本金交换得来的报酬。所卖出的也不是不存在的事物，而是真实的、确切的利益，这项利益是归借入者享受而本金是应归还给贷出者的，同时，在等候还本付息期间，这两者都不归债权人所有，而是掌握在债务人手里的。这就表明，认为使用货币就是对货币的消耗，因此，货币的使用不能与本金分开来考虑，是幼稚的想法。货币的使用和享受不仅是在于花费或处理货币最初的那一刹那，而且接着这一措施必然要跟着发生的是对用以购入的商品或事物的使用，或者是用以代替货币，或者是作一项产业加以保存。如果没有能得到别人在金钱上的帮助，对这些财物将不得不加以处理，或者是，所借资金如果须立即归还，则势必将财物立即出售。事实上托马斯以及一切经院哲学学者的见解已为他们自己的见解所否定，他们的见解是前后不一致的，他们说，为了炫耀的目的，可以合法地出售资金的使用权而保留所有权。因此，如果这项货币的所有权业已转移，接受者在没有将原数归还之前，可以比较自由和有利地加以使用，那么以这种情况与前一情况相比，就有了更加强有力的理由表明，不仅货币的使用及其收益是可以出售的，而且其收益与在前一情况下所说的相比，将随着所转移之数的增加而扩大和增加。如果说，在前一情况下冒风险的是货币所有人，即债权人，在后一情况下冒风险的是债务人，

这也不是个有理由的反对意见。首先,在前一情况下,在借约上可以订明,关于使用货币的风险由借款人承担,同时订明由他负担使用该款的代价,这样做是合法的;其次,贷款人可以要求用抵押或其他方式以确保安全。这一点是确实的,只要风险是由使用者负担的,使用资金的代价或利息会低得多,反之,当风险由债权人承担时,例如以船作抵押的贷款,代价当然就较高。这就表明,转移所有权这一事实并不足以阻止于出售本金时在本金之外有所增加这一方式的使用。于是这个第一论点以及由此引申的一切论点即被彻底推翻。

第二个论点,即关于"这不是我的而是你的"是很容易解答的:如果你无条件地欠我一笔债,我可以把它卖给你;实际上,即使所欠的只是附有条件的债,我也可以把它卖给你。你若是无条件地欠了我货币的使用权的,当然你就同样无条件地欠了我这笔钱,因此我就可以把它卖给你。同样的道理,货币要求权本身,或其利益,是可以卖给债务人自己或任何别人的。

根据前面所述,对第三个论点的解答是显而易见的,根据日常商业上的实践也足以证明,对为数相当大的资金的使用所得到的不是微薄的利益,在法律上往往把这项利益叫作资金的成果。有些人认为,单就资金本身说,是不会产生什么成果的,这只是一种诡辩,因为,即使是一块田地,不加上费用、劳动和人们的辛劳,其自身也不会产生成果;同样情况,就资金说,即使在一个时期以后得将资金归还,而在未归还期间,要通过人们的勤劳,才会产生相应的果实。实际情况是,单是将归还期限予以推迟,在此期间别无谋利活动,就足以产生可观的利润,因为债务人由此可以从他的产业取得足够的成果，用以偿还本金，使其祖产得以保全，不至于引起任何悲痛的和难以挽回的损失。并且，有时作出的规定是，债权人所得应以债务人力所能致者为限。

诡辩派的三个主要论点既已驳倒，所有其余以此为依据的那些枝节论点也就不攻自破。我对第四个论点的回答是，由本金取得的成果并不是全部都归不分担风险的债权人所得的，民法上也没有债权人应分担风险的规定。因此，将利润的某一部分给债权人，并无不当之处，因为债权人向债务人提供资金供其使用时，虽然没有在使用方面承担风险，但是，他确是有所提供的。其次，债权人之所以不承担风险，是由所涉及的材料的性质决定的，所贷出的不是经指定的某一物体，而是以值计的某一数额。再者，在通常情况下，资金本身是不会败坏，也不会损耗，以致对债务人来说失去效用的，正相反，在多数情况下，这是为债务人的利益而由他加以利用的。因此，不应为了很少发生或意外发生的情况而全面禁止高利贷，因为法律所适应的应当是经常发生而不是难得发生的情况。有时会发生这样的情况：由于某一意外事故，会使债务人失去所借入的全部资金，这时如果由债权人向他要索高利，在某些情况下甚至要求返还本金也是不适当的。

第五个论点所主张的没有别的，只是认为高利贷活动不应过分，因为小范围和适度的高利贷活动是不会引起打击合乎需要的工艺和干扰国家处境的不利后果的。

同样情况，第六和第七论点所说明的也没有什么别的，只是对一般的，尤其是无节制的高利贷表示憎恶，但是他们没有扩大到将适中的、比较合理的高利贷完全加以否定。因此，应当认识到，这一切的愤懑和攻击，所针对的是过分的和不合理的高利贷，而不是适中的和受到欢迎的高利贷。

根据那些经院派学者（不仅是神学家，还有宗教法规学者和法理学家）的著作可以看出，一般说来，他们的想法是，谈到贷款，就会牵涉到高利贷，或者从两个方面会使贷款数额增加。第一方面是，单是由于出借资金这一服务而来的。他们认为单是在这一点上，就存在着高利贷因素，认为在一切民法中涉及高利贷的条款，就含有他们所谴责的那些想法。第二方面是由于还款的迟延，或者是由于债款到期时应付的以确数计或以约数计的利息的迟延而来的。在这一点上，他们所考虑的不是高利贷，也不是法律上所提到的限制高利贷。由于他们既对法律一无所知，又缺乏实践经验，他们完全把事情弄错了。于订立契约时，有谁会单是为了借贷而借贷，而不是为了于蒙受损失时可以得到补偿，或防止一方过分占便宜，或者是分享预计债务人会取得的利益？有谁会认为那么多法官和民法修订者辛劳地从事这一工作时，关于高利贷这件事所注意的却只是在于提供贷款这一事实和为贷款制定一个限度，而不是在于，对债权人说来在本金未清偿以前应照计利息的规定？这里是以常识和实际经验以及关于这一问题的一整套法律为依据的直截了当的回答。依我看来，上述的第一点完全是无中生有的想法，简直是痴人说梦，应当予以驳斥。根据一切神学家和法理学家的意见，我们民法中的高利贷法实际上不是高利贷法，因为与之有关的是进行报酬的问题，而不是贷款的提供的问题，所限制的也不是高利贷，而是利息，按照他们的解释，这是不受良心责备的。还得说明，民法学者和民法编纂者所容许的只是在商业中和社会

生活中所必要的、按通常利率计的合理报酬，而绝不是那种真正的、纯粹的高利贷。有人认为只有菲利普·梅兰克森[①]在其近作中给高利贷下的定义是源于出借资金这一服务的，而别人是以各种不同的方式给高利贷下定义的，对此要作出解答是容易的：虽然那些老一辈的神学家和法理学家由于用语不够精当，没有使用那个措辞——出借资金的服务，但是从他们的著作中可以看出，他们所设想的正是这个。梅兰克森用词比较优美、简练，没有添上什么，也没有减去什么，只是巧妙地表达了其中的涵义。我认为涵义是，除非所取得的是真正的和合理的利息，否则于本金外即不应别有所取，如有所取，其所依据的就是"出借资金的服务"这一理由。这就表明，除非所取的利息是真正的和合理的，否则所从事的就是，或者可以认为是高利贷。我的见解是，第一点，民法对利息的收取并没有加以指责，倒认为这是合于事理的，因为它从来不考虑出借资金的服务或还款迟延这类事实，所考虑的只是一般说的真实利息这一合理报酬。因此，虽然有些人会滥用利息之名，收取非真实的、名不副实的所谓利息，但这不是法律上的缺点，而是个人的非法行为。第二点，我们从实际经验中看到的始终是，不计利息只是很少见的情况，而根据所借数额，或者是由于归还欠款明显的迟延，由债权人计收利息的情况是司空见惯、习以为常的。因此，以大众的想法为依据，如果认为这种利息的收取是不受良心责备的，那么，以此为准则，民法就必须避免足以引起人们的反感的规定，结果是对通常和一般所涉及的利息，只是尽可能地加以限制，

① 菲利普·梅兰克森(Philip Melancthon，1497—1560 年)，德国学者及宗教改革家。——译者

不使其扩大，这就是它的职责所在，特别是它应与经常发生的事物相适应，而不是与偶然发生的事物相适应。

让我们再回到本题，由于进行交换和人们的种种需要，货币的发明是必不可少的，出于类似的，虽然不是那么迫切的需要，对于随后发生的高利贷，大家也就默许了它的存在。事情很明显，从事经商的人，往往需要用别人的钱，合伙经营也不是处处相宜的，于是发生了由个人经营的业务，但是没有人会愿意无偿地借出资金。事实上，无息贷款，并不是由于对方要经商谋利，而是由于人们的临时需要。有些与商业无关的人，往往（虽然不是经常）会由于极其正当、情况紧迫并出于意外的原因，碰巧迫切需要暂时使用别人的资金，这与上述无息贷款不同，即使属于那一情况，外人也不知其内情，再不然，需要资金这件事也许是不宜外传的，否则万一为人所知，也不会有人愿意无偿出借资金。现在可以看到，假如我们失去了货币使用权，则实行物物交换将感到何等不方便，甚至招致损失，同样情况，假如完全失去了对高利贷的使用权，我们也将同样感到不方便，甚至招致损失。由此必然要引起的结果，或者是使一些手头拮据者不得不忍痛变卖其资产的一部分，有些则资产将从此丧失，难望恢复；或者是，债权人于订约出借资金并计收利息时，即使没有从中收取额外收益，也必须于说服了那些顽固的、其危害程度不亚于头脑中的迷信观念的成见（认为高利贷本身就彻头彻尾是罪恶，认为民法中关于高利贷的那个部分是不公正的）之后，才能获得大众公开的认可。

这就是说，高利贷在某一程度上存在的必要性类似于使用货币的必要性，不过不及后者那样迫切。货币在一切交换中几乎都

少它不得，而高利贷只是在需要取得对别人资金的使用权时才有用它的必要。货币的使用既是必要的，也是普遍的，它对人们来说几乎是须臾不可离的。货币本身对任何人不存在欺骗作用或损害作用，使用者所取得的不是对等的利益，就是较大的利益，是富有公平因素和值得赞扬的。如果它所发生的效果有时不是这样，那不是货币本身的过错，也不是使用货币这一活动本身的过错，而是出于某一别的原因。高利贷则不然，它没有那么大、那么广泛的效用和必要性，也不像货币的使用那样富有公平因素和值得赞扬，因为订约双方的当事人之一（债务人）往往会发生欺骗和有害行为，从而背离了缔约的精神。从这一点看，它是丑恶的。

从上面的分析可以得出的结论有两点，即下面的第一点和第三点，这些结论虽然对诡辩派说来似乎极其荒谬，却是准情酌理，无可非难的。第一，既有用又有必要的是，对高利贷在一定程度上加以容忍和保留。第二，应当尽可能地用不论什么名称表示的规章或制度来加以节制或约束。第三，在这种情况下，不论以人的法律或神的、自然的法律为根据，高利贷都是合法的。第四，如果以任何托词或诡计或以任何收取利息的方式为掩护，无论是公开地或私下地不让对方取得利益，或蓄意使对方遭受损失（为防止欺诈或其他特殊原因而取得额外利息的情况除外），那么，无论是直接或间接地越出节制范围，都是非法的。

（三）

以上是对诡辩派说词的驳斥，这里再扼要讨论一下适当限制高利贷的问题。首先应注意的是，在广义下的高利贷有两种，其一是商业性的，是始终要通过订约手续严格遵行的；其二是惩罚性或补偿性的，到期不还应加惩罚，延期的利息应给以补偿。前者的利率在民法中有种种规定；后者则一般规定为每年6%，就真正的商人说，通过契约明白规定或通过银行业者隐含地规定，利率可达每年8%。利率本是无所谓不公平的，虽然在当时看来这样的规定是很适当的，但经过了一段时间以后，由于人们在援用中积久生弊，也会发现这种规定，在某种情况下，未免不够明确，过于松弛。一般说来，商业贷款援用民法这一方式，对债务人未免显得过于不方便和有害，因此理所当然地被废弃而代之以比较安全、方便的方式，即由债务人将资产出售给债权人以后充分保留赎买权。这种方式与援用民法的方式对照，比较和缓和迎合人意，含有较少的高利贷性质。然而，从广义上说，这是一种真正的高利贷。同样情况，民法中关于单是由于延期归还即须进行补偿的规定，未免过于含糊，过于严厉。于是这一规定也相应地趋于消失；但这不是一下子就消失了，不是像缺少经验之辈的想法那样，认为涉及还款延期须进行补偿的一切规定都被废弃了，而是只把民法中过于含糊、过于严厉的规定弃而不用，改为按照各个事例所处环境和具体情况，分别审慎地由法院作出处理和决定。结果是，虽然不可能作出绝对的规定，但是由此可以设定一个大体上明确的限度，越出这个限度是不适当的。

在这个问题上最适度、最合情合理的解决办法是，把债权人的所得，规定由债务人用借入本金购买资产后，按照通常的和公道的估计所应当取得的收益或收入为限。在这个方面有很多值得考虑之处，我们必须注意的有三点。第一点，债权人的所得不应以资产收益的最低额为限，因为在这种情况下将对延期还款者有利，还款延期不但不受到惩罚，而且将受到鼓励，实际是，延期还款者所取得的是最大限度的收益，付给他的债权人的只是收益的最小部分，前者是在以后者为牺牲的情况下致富的。因此，一般说来，债权人的所得不应以最低额为限，不过于规定债权人的所得时，一方面不应计及还款的迟延或责任问题，不应以此作为一种惩罚，另一方面也应酌加限制，为的是免使债权人可以享有全部成果这一有利条件。第二点，应当看到，由于不把还款迟延看作应加惩罚之事，对为此遭受损失的一方也没有作出应给赔偿的明确规定，因此，对投资即使规定一个平均收益额的限度也是不适当的，除非根据公平原则，对约定付给的报酬到期不付而受到控诉时，应酌加处理，这时对之也不应抱惩罚态度，不应课以高利，因为令其担负高利就是一种惩罚。第三点，然而一般地说来，对高利贷规定一个确定的、通常的限度（不是在数量上有所规定，因为商业上的交易千变万化，作出这样的规定是要感到不方便的）仍然是一个适当的措施，越出这样的规定是不合法的。但这并不是个绝对的限度，可以容许存在例外，假使情况特殊，可以容许比通常更进一步的高利贷的存在。从以上所述可以看出，这个限度以资产的最大收益额为准是最适当、最自然的。在这样的部署下，通常的还款迟延已经受到充分惩罚，收取通常的利息时已经得到充分补偿。

六　让·博丹

对马莱斯特罗特修谈物价高昂及其补救办法的答复

博丹生平简介

让·博丹(Jean Bodin,1530—1596年)主要以他在政治理论方面的著作闻名,在这方面,他是亚里士多德以后最重要的人物之一。他出生于翁热[①],在那里的大学学法律。后来他在图卢兹从事法学演讲,十二年之后赴巴黎,担任律师职务,不很得意,然后投入政界。1576年他在布卢瓦成为议会议员,尽瘁于信仰自由和和平事业。他因反对国王的财务计划得罪了国王,于是退居于拉昂,在那里待了许多年,在政界的重重疑忌之下担任着一个次要职务。他是个学识广博的人,在许多问题上识见宏通。他的主要著作是《国家论六卷》(1576年)和《研究历史的捷径》(1566年)。在《国家论》的第六卷内对国家财政问题作了重要讨论。他的对马莱斯特罗特的《答复》,其间对美洲新矿的影响这一问题虽然不是第一次提出,但由于十六世纪的价格革命,这一《答复》成为一次极其引人注目的讨论。由于这篇论文的内容被编入《国家论》,因此遐迩皆知。

---

① 翁热(Angers),法国西部一城市。——译者

对马莱斯特罗特侈谈物价高昂及其补救办法的答复

这里扼要说一说马莱斯特罗特的论点。他说，除非人们于购买一件事物时所支付的黄金或白银比三百年以前所支付的多，否则就不能说它比三百年以前的贵。事实是，我们现在所支付的金或银并没有多于以前所支付的。因此，在此期间法国的物价并没有提高。如果我们同意他的小前提，就势必会得出这样的结论。为证明他的说法，他指出，在菲利普六世时代，一码天鹅绒只值4伊斯库(escu)，而每个伊斯库只值白银20苏尔德(sold)；现在1伊斯库值50苏尔德，而天鹅绒每码售价则为10利佛尔(livre)，其值并不多于4伊斯库。因此，一码天鹅绒现在并不比以前贵。他对一切商品，甚至葡萄酒和小麦，使用的都是这一套推论，可是他提不出证据。

马莱斯特罗特说，在菲利普四世时代天鹅绒只值4伊斯库是错误的，因为首先必须查明法国在那个时候是否已经有了天鹅绒这种东西。菲利普四世于1294年曾将有关这方面所颁布的法令加以记录，马莱斯特罗特是可以看到的，其中关于从王子到最低层仆役各自的穿戴作了详尽的规定，一共有50多条，但是关于衣服所使用的材料是丝绸、缎子、天鹅绒、织锦缎还是其他类似之物，却一概都没有直接或间接提到，法令允许某些人戴金链、金饰带，对

男子或女子，王子或商人，主人或奴仆并不禁止服丝绸之衣，但不应忽视的是，商人不得戴金链；其次是平民或商人不得戴金饰、宝石、金带、金冠、银冠，不得用松鼠皮或貂皮作装饰，对贵族则不在禁止之列。

这就表明，那个时候在法国还没有开始使用天鹅绒，在世界任何地方大概都不使用，因此，举天鹅绒为例是错误的。许多香料是从印度来的，丝绸也是从那里来的，而天鹅绒是从阿拉伯来的，虽然它是在布鲁萨发明的，阿拉伯比那里要远得多。即使承认天鹅绒这个例子是真实的，而别的不举，独举它的价格为例，然后由此作出结论，是不适当的，那时在东方诸国，除了叙利亚的大马士革和安纳托利亚的布鲁萨①，几乎没有什么城市，在那里制造的天鹅绒和锦缎，必然是代价非常之高的商品。用天鹅绒为衣料是从希腊和意大利渐渐开始的，其时法国是不知道这样东西的，直到距今百年以前，才从热那亚人那里传来。而今在图尔、里昂、阿维尼翁、图卢兹和这个国家的其他城市都充满了这些商品，现在虽已司空见惯，但当时的情况却不是这样，现在最好的天鹅绒，用当时的标准来衡量，每码之值当不超过一个伊斯库，这将在以后加以说明。现在所说已足够证明，以天鹅绒为一般商品的典型是肯定不适当的。

至于葡萄酒和小麦，其价格无疑已比一百年前提高了二十倍，我曾经在图卢兹的记录中看到，其地一蒲式耳小麦过去只值 3 苏尔德，现在通常听到的是 60 苏尔德，这是以前价格的二十倍。我

① 安纳托利亚（Anatolia），今土耳其的亚洲部分；布鲁萨（Brusa），土耳其旧都。——译者

们还在沙特莱[1]的记录中看到，于 1524 年以小麦缴租时，其折合率一夸特只 120 利佛尔，虽然在这一年的两年以前小麦价格已被冻结，作出的评价就是以冻结价格为依据的；于 1530 年，价格上升到 144 利佛尔，法院于 1531 年曾根据这一年宣布的一项法令，对所约定的价格低于这一价格的契约判决无效。当通常价格上升了三分之一以上时，如果根据契约上的规定，债务人对于用谷物还是用白银偿付没有自由选择权，则对于按照 1531 年法令的价格所订的契约，法院将判决订约者在进行高利剥削。这里说的不是 1565 年的情况，在那一年 5 月，中级小麦售价是 260 利佛尔，我说的只是四十年间的通常情况，这里我们看到的是以小麦计收租金时的折合率，其价计 50 伊斯库（不以利佛尔计），现已上升两倍之多，结果是优质小麦一般达 120 利佛尔，相等于四十年前缴租时所计的价格。这就表明，马莱斯特罗特也不宜举农产品的价格为例。

为了进一步证实这里提出的论据，让我们从农产品价格转向土地价格的考虑，土地价格是既不会增也不会减的，其天然的优越性是不会改变的，俗语说得好，只要不存奢望，经过了色列斯[2]的教导，人们在土地上的惯常行动是从事耕种。与很多人的想法不同，土地是不一定会渐趋老化而失去它的活力的（虽然上帝为了保持不偏不倚的态度，隔一段时期，会使土地暂时陷于贫瘠状态）。再者，由于上帝把法国安置在西班牙、意大利、英国与德国的中间，他也为它准备好了作为养母的身份，胸怀饱满，供应丰饶，过去既

① 沙特莱（Chatelet），旧时法国一城堡。——译者

② 色列斯（Ceres），罗马神话，谷物女神。——译者

从未发生匮乏，将来也不虞枯竭，亚洲人民和非洲人民也了解这一点，这是我们可以从他们的著作中看到的。阿格里帕[①]在他企图把桀骜不驯的犹太人置于罗马人的管制之下的一次讲话中说，“且看一看高卢[②]，它有315个民族，在它四周的是阿尔卑斯山脉、莱茵河、海洋和比利牛斯山脉，它拥有无尽的资源，几乎可用以供给全世界，然而这些好战的民族，于奋战八十年之后，终于向这个帝国的权力投降，这主要是由于他们慑服于罗马之豪华和伟大，而不是由于被打得精疲力尽，当时罗马驻防的兵士只有1200人，这还不及他们所保有的城市的数目那样多。”这就可以看出，法国土地的肥沃程度今日并不逊于昔日，其土地的质量现在并不比以前差。西塞罗谈到被罗马人唤作他们的粮仓的西西里的土壤肥力时说，其地虽然受到上帝的爱护，其最优级土地所产不过一比十二。今天就我们的土地说，五十年来价格增长了不是两倍，而是三倍，在旷野地区的最优级可耕土地，其每英亩价格，以前通常只是10到12伊斯库，葡萄园30伊斯库，今天的售价以伊斯库计，涨了两倍或三倍，伊斯库的重量与三百年前相比只减了十分之一，马莱斯特罗特只要不怕麻烦，哪怕极其粗略地检阅一下这里提到的一些记录，他就不得不承认我们所提出的论证。我们不必去查究那些个人之间订立的契约，那是到处可见的；我敢请处理过议会记录的以及管理法国财政部经办的契约的先生们作证，那些割让给政府或重新与政府联合的郡属土地以及公爵领地、男爵领地，其现在租金

① 阿格里帕(Agrippa，公元前63—12年)，罗马政治家。——译者

② 高卢(Gaul)，古罗马帝国的一部分。——译者

收入的价值，是不是同一度被全部售出时的价值一样的多。

我发现，今天物价之所以高涨是由于四个或五个原因。其主要的，或者几乎是唯一的一个原因(以前没有人提过)，是黄金和白银的充裕，这在这个国家，今天比四百年前要多得多，再前就不谈了。况且法院和议院都没有四百年以前的记录，如果求之于古代历史，其精确度是没有多大把握的。高价格的第二个原因，部分是由垄断引起的。第三是物资稀缺，这部分是由于出口，部分是由于浪费。第四是国王和权贵们的寻欢作乐，他们抬高了他们所喜欢的那些东西的价格。第五个原因是货币的价格，这是由于与以前的标准相比，货币在质量上有所降低。现在准备把这几点简要地探讨一下。

使任何事物价格上升的主要原因，总是在于控制事物的评估和价格的那一事物的过于丰足。普鲁塔克和普林尼[①]指出，马其顿这个国家被征服后，船长伊米利尤斯把那么多黄金和白银带到罗马，其后果是使人民可以免缴捐税，使罗马纳河流域一带的土地价格一下子上涨了三分之二。斯威托尼厄斯[②]说，皇帝奥古斯都[③]从埃及取得了那么多财富，以致使贷款利率下降，土地价格猛烈上涨。要晓得，价格上涨不是由于土地稀少，那是既不会促使价格上升，也不会使之下降的；也不是出于垄断行为，在那个时候它是不可能存在的。这是由于所存金银的数量过多，使它们自身的价值

① 普鲁塔克(Plutarch，约 46—约 120 年)，希腊传记作家；普林尼(Pliny，23—79 年)，罗马学者。——译者

② 斯威托尼厄斯(Suetonius)，2 世纪时罗马传记作家、历史学家。——译者

③ 奥古斯都(Augustus，公元前 63—公元 14 年)，罗马第一任皇帝。——译者

低落，使物价高涨。当沃代锡女王(《圣经》上称她为希巴[①]女王)进入耶路撒冷时，带回了大量宝石，简直可以使人民把它们踩在脚下。当西班牙使他们自己成为新世界的主人之后，用小斧和小刀在那里可以换取数量多得多的珍珠和宝石，因为在那里有的只是用木或石制的刀和大量珠宝。这就表明，造成跌价的原因是来源充裕。按照普林尼的记述，在泰比里厄斯[②]的统治时期，有人用新法制出了柔韧的玻璃，皇帝惟恐此消息传出后，将使黄金不再受到欢迎，即错误地将其人诛戮，因为制造玻璃的原料无非是一些石料之类，如果其产量过大，将使黄金跌价，其他一切事物的价格将受到影响。

因此，有必要加以证明的是，在三百年前，即马莱斯特罗特所谈的那个时期，这个国家所存的金银远没有现在这样充裕，这是一眼即可以看出的。如果其时国内钱财充裕，当君王在窘迫之际，人们是不会把钱财隐藏得这么好而瞒过他的。兹举一例，法王约翰于需财极度迫切之际，竟无法获得一笔6万法郎(让我们把它叫作伊斯库)的借款；在普瓦捷战役之后，当他被囚于英国的八年期间，无论是他的儿女、朋友或是他的人民，甚至他亲自到来，都无法筹措这笔赎金，他不得不回到英国，直等到取得款项为止。我们还从古代史中看到，曾由于缺乏白银，改用皮革来制造货币，在皮革上附加一个银制之钉，这充分说明，法国在那个时候，金银是何等稀缺。

① 希巴(Sheba)，古国名，在阿拉伯南部，因做香料、宝石生意而著名。——译者

② 泰比里厄斯(Tiberius，公元前42—公元14年)，罗马皇帝。——译者

再看一看我们自己所处的时代，国王不消到外面去，他坐在巴黎，就可以在六个月内取得340万利佛尔，此外，一切日常支出以及王室特项支出和国有地收入，也都是取自巴黎的。

但是有人会问，从那时起到现在，这么多金银是打哪儿来的呢？我发现足以促使金银流入的商人和手艺人在那时处于不活跃状态，法国是拥有世界上最富饶的土地的国家之一，其人民专意于耕作和畜牧，这是那时最重要的工作，不甚注意与东方诸国[①]进行贸易，因为他们对北非伊斯兰教地区的海盗和阿拉伯人怀有戒心，我们的祖先把这些人唤作撒拉逊人，后者控制着整个地中海，把俘获的基督教徒当作船役囚犯看待。至于同西方的贸易，在西班牙人航渡印度洋之前是全无所知的。还有一点，当时英国人守住了基恩和诺曼底这些港口，封闭了我们到西班牙和不列颠群岛的航线，另一方面，由于安茹家族和阿拉贡家族不和，使我们与意大利的港口处于隔绝状态。但是，在一百五十年之前，我们的祖先赶出了英国人，葡萄牙人则利用指南针在大海航行，使他们自己成为波斯湾的主人，并且在某一程度上成为红海的主人，他们用这个手段，把东印度群岛和富足的阿拉伯的财富满载而归，从而胜过了威尼斯人和热那亚人，后者从埃及和叙利亚取得商品，然后以少量售给我们以易取黄金。同时，卡斯惕尔[②]人取得了对充满金银的新国土的控制后，在西班牙的金银一时满坑满谷，于是我们这里的人也闻风而起，纷往非洲一带，获得了意想不到的厚利。西班牙人于

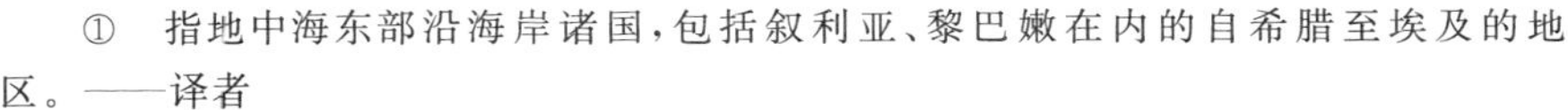

① 指地中海东部沿海岸诸国，包括叙利亚、黎巴嫩在内的自希腊至埃及的地区。——译者

② 卡斯惕尔(Castile)，西班牙中部的古王国。——译者

1533年征服秘鲁以后，由其地取得的黄金以亿万计，白银则倍蓰不止，此说听起来似乎难以置信，然而却是千真万确的。那个时候，在秘鲁一条布质短裤值300杜卡特[①]，一件斗篷1 000杜卡特，一匹好马值4 000到5 000杜卡特，一瓶酒值200杜卡特，这是有东印度群岛的历史记载可以查证的。至于葡萄牙国王在对摩鹿加群岛的贸易中所取得的利润也是惊人的，那里盛产丁香、桂皮和其他珍贵药材，国王为了于加冕称帝时的使用，曾以此为抵押品，向西班牙国王查理五世借得现款35万杜卡特，其后意大利人准备用现金偿还，将押品赎回，国王因两族有同盟之谊，拒而未收。

事实是，西班牙生活资料的来源须仰赖于法国，他们出于万不得已，不得不到这里来购买小麦、布匹、呢绒、染料、纸张、书籍、细木工制品以及一切手工艺品，他们为此走遍天涯去寻找金银和香料，用以付偿所购之物。

另一方面，英格兰人、苏格兰人以及挪威、瑞典、丹麦和波罗的海沿岸人民拥有大量矿石，他们把它从地下挖出来，用以购买我们的葡萄酒、藏红花、梅脯、染料，特别是我们的盐。盐是神赐予我们的恩物，制盐时所需劳力无多，所需的适度气温为47度，北方过冷，无法制盐，气温过高，则会使之腐蚀，特别是在西班牙、那不勒斯和波兰的岩盐坑，往往会使人和物受到损害，总之以我们法兰什一孔德[②]盐场的产物同西班牙和匈牙利的岩盐对照，在质量上是无法相比的。英格兰人、佛兰芒人和苏格兰人所经营的腌鱼业务规

① 杜卡特(Ducat)，古欧洲用的金币或银币名。——译者

② 法兰什一孔德(Franche Comté)，法国旧省。——译者

模很大，他们因为没有什么别的商品可载，就把沙子装上船，来到我们这里，用硬通货来买我们的盐。足以使我们近一百二三十年以来财富大量增加的另一成因是，自从奥尔良与布冈尼[①]两族的内讧平息以后，使我们尝到了和平的甜头，从而在一段很长期间享受了由此得来的成果，直到发生了宗教上的纠纷，而从那时以来的对外战争足以扫清人们的颓丧情绪，这对全国说来是必要的。以前由于内战的创伤，田野沦于荒废，城市也处于类似情况，在此期间，英国人肆意劫掠城市，焚毁村庄，进行屠杀、抢劫，杀害了许多法国人，并使城乡中遗留的一点精华消耗殆尽，使农业、商业和一切手工业趋于崩溃。但是在近百年来，我们开拓了大片森林和荒野地带，建设了许多村庄，使城市人口趋于增加，法国的移居者则川流不息地进入西班牙，要不是这样，那里将成为一片荒芜之地，更谈不上繁荣的发展。结果是，在纳瓦和阿拉贡[②]，几乎所有劳动者，木工、细木工、泥瓦工、石工、采石工人、葡萄树修剪者、制绳者、车工、马车夫、马具工、修车辆者和赶大车的人都是法国人。西班牙人除了从军和经商以外，在其他方面都非常懒惰，因此喜欢灵敏的、听话的法国人。在巴伦西亚[③]发生的一个事例足以说明法国人的行为和态度，在那里，法国人担当仆役和手艺人的为数约一万，一时谣言四起，说他们是参与密谋反对当时任西班牙陆军中将

① 奥尔良(Orleans)，在法国北部；布冈尼(Bourgogne)，勃良地(Burgundy)的旧称，在法国东部。——译者

② 纳瓦(Navarre)，法国城市，与西班牙毗连；阿拉贡(Arragon)，在西班牙东北地区，以前为一王国。——译者

③ 巴伦西亚(Valencia)，西班牙港市。——译者

的马克西米利安这一动乱事件的一分子，后经证明，原来是巴伦西亚的居民在拨弄是非。

促使法国财富增加的另一个成因是与东方诸国的通商，促成这一贸易发展的是，在弗朗西斯一世时代法国王朝和奥托曼王朝之间的友谊，从这个时候起，这就使法国商人能够在亚历山大、开罗、贝鲁特、的黎波里进行商业活动，并且同威尼斯人和热那亚人做买卖，在非斯[①]和摩洛哥建立了不亚于西班牙的巩固地位，另外犹太人被费迪南德逐出西班牙以后，撤退到朗格多克[②]，从而使法国人习惯于在巴巴利[③]进行贸易。

使法国所存金银得以充裕起来的另一成因是弗朗西斯一世在里昂设立了银行，遇到紧急情况向银行贷款时，开始按一分二厘计息，其继任者则按一分计息，然后又改为六厘以至五厘。于是佛罗伦萨、卢卡[④]、热那亚、瑞士、德国的商人被从贷款中所得的厚利所吸引，一拥而至，把大量金银带到法国，部分由于气候温和，部分由于土地肥沃，人民性格善良，其中许多人就在这里定居下来。在巴黎，借助于同样的手段，使这个城市的一年收入达 335 万利佛尔，这就对外国人发生了诱力，他们为了牟利，把资金带到这里来，然后就定居在这里，这就使这个城市大大地富裕起来。在热那亚采取的办法是，如果人们愿意的话，对于他们所提供的资金可由政府全部接受，给息二分，然后按一分二厘或一分五厘贷给商人，这就

① 非斯(Fez)，摩洛哥北部一城市。——译者

② 朗格多克(Languedoc)，法国南部旧省。——译者

③ 巴巴利(Barbary)，北非洲沿海地区。——译者

④ 卢卡(Lucca)，意大利半岛西北部一城市。——译者

是那个城市所以会那么宏伟、那么富丽的原因之一，在我看来，这个办法对社会和个人都非常有利，如果不是由于对货币本身进行交易，以致使工艺品和商品业务方面资金的运用减少，则业务将更加发展，巴黎这个城市还会富裕得多。

以上所述，就是近二百年来所以会使我们拥有大量金银的一些手段。西班牙和意大利所拥有的金银比法国的还要多得多，这是由于在意大利即使是贵族阶层也从事于贸易，西班牙人则除经商以外别无他业，因此，这两个国家的任何事物都比法国的昂贵，而西班牙的物价则又高于意大利。就我所亲身目睹者说，即使贩夫走卒和手工业者，也被吸引到西班牙，因为在那里所能挣得的，三倍于在法国的所得，富裕而又骄惰成性的西班牙人出卖其劳动的代价是非常之高的。这就表明，金银的充裕是促成高价格的部分原因。

关于高价格的第二个成因，即商人、手艺人和计日劳动者的垄断行为——他们联合起来规定商品的价格或提高其日工作和产品的价格——这里将略而不谈，因为按照现在的情况，这一点已无多大的重要性。由于这类活动往往以宗教名义为掩护，首相波伊特洞察其奸，主张将各种慈善事业团体一概予以限制或取消，经奥尔良省的领主的请求已付诸实施，因此，在这方面我们已经有了法律上的保障。

高价格的第三个成因是商品存量稀缺，这是从两个方面造成的。一个是本国出口的数量过大，或者是于输入所需之物时遇到了障碍；另一个是对这些事物的浪费。谈到出口，当我们与西班牙人和佛兰芒人作战时，只要能够出口，我们的葡萄酒和小麦的价格当然比战后低，这是由于部分农民当时急于筹措资金，商人不敢用他的船只装货远行，地主无法长期保存不能经久的东西，结果人们只好过着比较艰苦的日子。我们祖辈相传有句老话，法国永不会陷于饥馑，这就是说，它具有丰富的供给足以养活它的人民，只要外国人不来搬空我们的谷仓，什么坏年成都不怕。无疑的是，小麦被西班牙人拿走以后，又会成熟起来，西班牙除阿拉贡和格拉纳达[①]以外，土地贫瘠，前已述及，他们又天生是懒惰成性的。因此，葡萄牙谷商享有一切可能有的优惠待遇，法律上禁止拘留出卖小麦的任何人，否则卖小麦的那个人就会向当官的提出抗议，大喊大叫，说"我卖的是小麦"。西班牙虽然严禁金银出境，违禁将受到重罚，但是唯独不禁小麦出境，因此它提供了大量小麦。另一方面，朗格多克和普罗旺斯[②]对托斯卡纳[③]和巴巴利差不多供应了其全部的所需。这就造成了货币过剩和小麦价格高昂，因为我们从西班牙输入的，除了油类和香料以外，简直没有什么别的商品，最优级的药材是来自巴巴利和东方诸国的。我们所需要的全部明矾和部分丝绸和哔叽是来自意大利的；在朗格多克和普罗旺斯低地所产的油还超过了我们所需要的数量。至于丝绸和哔叽，根据专家的意见，这里所制的并不亚于佛罗伦萨和热那亚的出品，商人完全懂得怎样投人所好以从中取利。至于明矾，我们已从一些报告中看到，如果我们愿意开发比利牛斯山脉，那么，我们肯定可以找到的资源，不仅是明矾，而且还有黄金和白银。长老贝尔坦曾向我说

① 格拉纳达(Granada)，西班牙南部一城市，原为该王国之首府。——译者

② 普罗旺斯(Provence)，法国东南部一地区。——译者

③ 托斯卡纳(Tuscany)，意大利西部一行政区。——译者

明这些地区的情况，在那里存在着多种金属，有无限的绿矾、明矾和黄铜。单就明矾一项说，其地所存之量已超过法国全国之所需。亏了他的努力，我们才有了那些美丽的大理石，这些大理石有黑的、白的、墨绿色的、斑驳的，也有螺旋形的，他把它们从比利牛斯山一直运到巴黎。他向我保证，假使他是有些权势的，我们就不需要再同意大利的明矾打交道。要是这样的话，那意大利就只有用一些小摆设、人造宝石和香水之类的东西来吸引我们的金钱了。这就是他们能够找到的方法，因为他们再没有别的东西来跟我们进行交换，而这类东西往往是非常昂贵的，据说有某一意大利商人把香水售给这里的一位贵族时，其代价是值 400 伊斯库的手套，但是这样的事一年也难得一遭，依我看，加斯科涅[①]所出的香水也一样顶用，尽可以把意大利的高价品置之不顾。

高价格的第四个成因是出于贵人、皇族的意向，他们可以任意制定价格。柏拉图第一个发现，涉及政府和国家的问题时，作为一个通则，国王不仅为其臣民制订法律，而且可以任意改变社会风气和生活习惯，不管是恶行、美德还是一般行动。这里只举一个例子，国王弗朗西斯一世为治疗他头上一个创伤，把头发剪短，于是突然之间，满朝文武，随后是全体人民，都把他们的头发剪得短短的，以致直到今天，人们对长发还往往要加以嘲弄，而过去它却一向是美观和自由的标志。（并且，金黄之发在古代是看作北方人民的一个美点的。）在早期阶段，我们的国王，除土生的法兰西人之外，禁止其臣民蓄长发，以此作为奴隶身份的一个标志，这个风俗

① 加斯科涅(Gascony)，法国西南部旧省。——译者

一直持续到彼得·隆巴尔任巴黎主教的时候，其时主教的权力超过国王，才由他宣告撤除此禁令。由此足以证明，人民总是惯于依照贵人们的意愿行事，结果会抬高贵人们所喜欢的任何事物的价格，即使这样的高价与这些事物并不相称。据史书所载，尼禄王[①]曾使黄色的琥珀价格格外贵，只是由于他爱人的头发与此物之色相同。

高价格的另一成因是，对应该节省的东西过于浪费。丝绸的价格本来是应该非常便宜的，因为除来自意大利者外，我们自己也在大量生产。高价是浪费造成的，不但贩夫走卒都穿绸着缎，而且把衣料裁成那样，以致衣着不能经久，或者是一个人穿后第二个就不能再穿，难怪土耳其人要骂我们——这是我听到的——任意糟蹋东西，蠢得像发了疯，要晓得东西是上帝赐给我们的，这就好像是不把上帝放在眼里。他们所拥有的丝绸要比我们的多得多，但是如果任意滥用就犯了莫大的过错。我们该用布的地方往往用绸，特别是紧身裤，在这方面所用的绸多于必要的三倍，而且经这样剪裁以后，主人穿厌了的东西仆人就不能再穿。还有一层，因为绸不经穿，三条绸裤只能抵平常的一条。曾经发布命令，禁止用绸制裤，但无济于事，因为一面禁止，一面在宫廷中照旧流行，一般官僚们则一面受到威胁，一面受到别人的引诱而趋于奢华。

我们在研究了物价上涨的原因以后还得说明，马莱斯特罗特关于近三百年来法国所铸货币的标准方面的陈述也是错误的。他说圣路易最初所铸的苏尔德每枚值 12 丹尼尔，又说，菲利普六世

① 尼禄(Nero，37—68 年)，罗马暴君。——译者

时代，镌有“百合花”花纹的金铸伊斯库，其重量和成色均优于现在之所铸，只值12苏尔德，后又由国王约翰发行镌有“步兵和骑兵”花纹的金法郎，只值20苏尔德。又说，那个时候的银铸苏尔德，一枚值现在的五枚。他对这些货币的重量和成色都没有说明。

就上述的最后一点说，他的说法是自相矛盾的。他说重三个丹尼尔的旧伊斯库，只值遵照弗朗西斯一世的法令铸造的六十个现行的苏尔德，这么说，用纯银铸的旧苏尔德只值三个现行的苏尔德，可是镌有“步兵和骑兵”的法郎的重量比伊斯库减少四个“谷”[①]，一般说来，其成色也并不超过前者。按照1561年的法令，旧伊斯库值60苏尔德，“步兵和骑兵”法郎值50苏尔德。结果就旧苏尔德和现行苏尔德的价值比例说，我的计算完全错误，如果按照他的说法，则纯银的旧苏尔德应值五个现行苏尔德，旧伊斯库应值100苏尔德，“步兵和骑兵”法郎应值4利佛尔10苏尔德。

其次是马莱斯特罗特错误地没有考虑到圣路易时代和菲利普六世时代之间的一百二十三年，在此期间，圣路易的孙子菲利普四世于1300年大大降低银币的成色，使一个苏尔德旧币值三个苏尔德新币，这不仅在我们的记录，即使在史书中也可以见到。后来虽然为了平息众怒，使货币恢复了原有价值，但事实是，于十年后已大幅度贬值到每个苏尔德只含白银三个半丹尼尔。因此我们不得不断言，认为苏尔德是属于同一标准、同一重量、同一成色的，并且三百年前直到今天，其成色并没有什么改变的马莱斯特罗特的论

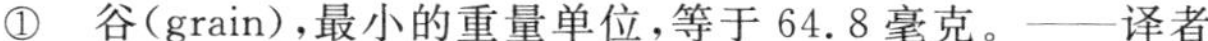

① 谷(grain)，最小的重量单位，等于64.8毫克。——译者

证是不能接受的;虽然查理四世[①]曾于1322年将苏尔德的标准恢复到12丹尼尔,然而于六个月后即将标准降低一半。

以上所说只是在一般考虑下的高物价,没有考虑使某些事物高涨到通常价格以上的特殊情况,如发生饥荒时的粮食、战时的军械、冬季的木柴、利比亚沙漠地带的水。非洲的利奥写道,在那里的埃佐阿(Azoa)旷野有一座坟墓,从墓碑上刻的文字了解到,死者是个商人,他用1万杜卡特向一个驾驶货车的人买了一杯水,然而买卖双方结果都不免于渴死。手工艺品和金属器具,在大城市如利摩日、米兰、纽伦堡、热那亚、巴黎、鲁昂、大马士革、威尼斯等到处都是,不以为奇,而有些地方却根本不生产这些东西,在这两类地区价格悬殊是意想中事。以这一地区与那一地区相比,人口和财富的集中程度会大不相同,如伊斯坦布尔、罗马、巴黎、里昂、威尼斯、佛罗伦萨、安特卫普、塞维利亚、伦敦,是君王、大地主或商人居留的所在,他们会把人民和金钱吸引到他们身边,那里的粮价就会比别处昂贵。如罗马就经常处于这样的情况,那里有的是金银和人丁,他们从世界的各个角落流转到那里,于是那里就经常发生粮食不足的现象,因此奥古斯都不得不把一群奴隶和公开表演格斗者以及外国人逐出这个城市(教员、医生和青年们除外),分遣到意大利各地区。有时还会由于一道新敕令而使价格发生变动,例如出于图拉真[②]的敕令,使罗马的房产价格突然提高一半。他曾下令,凡是愿意保持产业和高级官职的,须用其财产的三分之一

① 查理四世于1322—1328年为法王,世称“公正的查理”。——译者

② 图拉真(Trajan,53—117年),古罗马皇帝。——译者

在罗马或其附近地区购置房地产。像这类个别特殊事态在今天一般说来已不足为奇了。

现在我们已经知道了今日的物价高于以前的物价以及提高的原因，这是我们要反驳马莱斯特罗特谬论的主要两点。还待探索的是，在尽可能避免发生损害的情况下，怎样纠正这种局面。马莱斯特罗特是完全不考虑这一点的，因为他相信物价没有提高。

作为国家财富的黄金和白银的充裕，是价格高涨的部分原因。因为它们如果像过去那样稀缺，则可以肯定的是，随着金银价值的提高程度，对一切事物的估价及其购入数量将相应地有所降低。

关于对物资的垄断和限制的问题，我的意见已在上面说明。生活上和衣着上的奢侈，要单凭一纸法令，希望加以纠正，人民如果不服从，也无济于事。如果国王实际上并无意于要他的朝臣遵守命令，崇尚节约，这个命令即永无实施希望，因为其余之人在虚荣的表现上是唯贵人之马首是瞻的，任何国家，无论是美俗或恶行，总是由国内的上层分子来带头的。

至于从这个国家输出商品的问题，我们看到，有几位知名之士，通过谈话和著作，极力主张，如果可能的话，应完全禁绝出口。他们认为，不必把任何事物运到国外，也不要从国外接受任何事物，我们也可以安居乐业，而且可以节俭度日。但是在我看来，他们的见解是错误的，同外国人交往是必要的，没有他们，我们的日子就过不下去。我承认，我们运给他们的有小麦、葡萄酒、盐、番红花、染料、梅脯、纸张、布匹和粗毛料，向他们交换得来的，有除铁之外的一切金属——金、银、锡、铜、铅、钢，以及水银、明矾、硫黄、硫酸盐、绿矾、朱砂、油类、蜡、蜂蜜、沥青、苏木、乌木、愈创树脂、象牙、山羊鞣皮、细布、胭脂红颜料、深红色颜料、各种药材、香料、糖、马、腌鲑鱼、沙丁鱼、鲭鱼、腌鳕鱼、无数好书和出色的手工艺品。

他们说即使没有这些东西我们也可以过日子(这并不是完全办不到的),那么,单是为了彼此之间取得联系,保持友谊,当我们有东西可以出售时,我们对外国人也应当进行贸易,进行卖出、买进、交换、借贷,甚至将一部分货物赠送给他们。

这里的分析不妨再深入一步,上帝给了我们他能给予世人的一切,我们既有武备也有法律,对别人无所畏惧也无所企图。我们既得天独厚,对别人应怀谦挹心情,因此义不容辞,上帝的恩赐应该让他们与我们共享,我们应怀着满腔热情,对他们进行教导,进行熏陶。当罗马人权力的光辉达于顶点,其帝国的领土扩大到从日落到日出的整个范围时,从他们的行为可以看出,他们是不配治理这样一个国家的。当时有好几个民族派遣大使到他们那里,表示愿意屈服于他们的统治,主动表示甘愿遵守他们的纪律,但是罗马人看到,这对他们说来并无所得,毅然拒绝了来人的要求,这是极其卑鄙、对上帝最不敬的行为之一。对穷苦而又无知的弱小民族进行统治,是一项责无旁贷的庄严使命,这样的拒绝就好像这一使命不是出于上帝的恩宠,不是世人可望获得的最大的光荣。他们应当做的是,他们既拥有这么多财富,这项财富即应与来告之人共享,而他们的行径与这一要求实在相差得太远了。

但是有些人会说,柏拉图和莱克格斯[①]是主张禁止同外国人

① 莱克格斯(Lycurgus),公元前9世纪之斯巴达政治家,为斯巴达立法者。——译者

进行贸易的，担心他们的国民会由此受到腐蚀。说是这样说，但情况是，一方在向往着即使经过努力也无法得到的东西，而另一方却可以使他的梦想成为事实；然而，如果我没有弄错的话，摩西就允许对外人进行贸易，并且身体力行，这就清楚地表明他是比上述两人更加伟大的领袖，这样做对进行交易的双方都改善了原来的处境。这里的优点是极其明显的，它不但把有关的一些瑕疵和不足之处一扫而空，而且以己之有余补人之不足，就更加突出了人类的美德。可是，如果外国人对我们不能以实物进行补偿，我们所处的地位，就不会得到多大的改进。

还有人会说，我们不能无偿地把东西送给外人，对敌人除加以优待之外更不能这样做。然而，当我们自己所存有余时如果这样做，也并不是白费的，由此会赢得对方的友谊，这总比对他们进行战争要好。例如，我们对上帝曾不断地加以亵渎，而他的示范是大度包容，犯而不校。有些人唯利是图，不择手段，即使所得的是肮脏的、不光彩的，也在所不顾，对这些人说来，这里的话是听不入耳的。但是上帝目光如炬，已经作了妥善安排，他对世人的恩惠作了这样的分配，使得世界上没有一个国家是万事俱备的。他的意旨所在，似乎是使各国人民言归于好，永矢弗谖，或者至少是，勿使彼此失和的情况历时过久，方法是，使它们永远处于相互依存的地位。

剩下的这里必须扼要予以答复的，还有一个论点。有人说，有了出口，国内一切事物的价格就会提高。我否认这个说法，我认为情况恰好相反，用以代替出口品的那些进口品，会使罕贵之品价格降低。并且，人们会从他们所说的想到，商人是不会白白地把货物送出去的，也不会把东印度群岛和阿拉伯所生产而我们这里也有所产的那些东西运到那里去的。这里我只把小麦除外，对小麦出口业务的管理应当加以改进，我们看到的是，由于我们没有能提供足够的所需之数，以致感到小麦严重缺乏，其价格高到使人难以忍受的程度。法国理应成为整个西欧的谷仓，现在一般说来，却需要从波罗的海沿岸地区——那里是一个距离我们很远的地方——运入粗劣的黑色小麦。改进的办法是，像以前那些管理得很好的城市那样，像奥尔良和布冈尼两族启衅以前的情况那样，在各城市分别设立一个公共粮仓，每年除旧布新，将存粮更换一次。这样我们就永不会看到像今天所见的高价，因为除了为坏年成作好准备外，还制止了商人的垄断活动，这些人把所有的小麦都囤积起来，然后论捆出售，随他们之意规定价格。

七　安东尼奥·塞拉

略论可以使无矿之国金银充裕的成因

塞拉生平简介

安东尼奥·塞拉(Antonio Serra)是科森扎[1]人,在他一篇论文的书名页上他自称"博士",但是他的身世细节不详,只知道他著述和发表他的作品(1613年)时,被监禁在那不勒斯,显然是由于铸造伪币方面的嫌疑。他的这次讨论的直接起因是由于马克·安东尼·德·桑蒂斯的论述,认为那不勒斯资金不足是由于汇兑率高昂,主张由公众管理,使之趋于下降。塞拉由这一点导向关于国家财富这一范围更大的问题的讨论,从而提出了重商主义理论的、也许是第一次提出的有系统的陈述。当时一般所关心的主要是正在争论中的外汇管理问题,他的这本书在当时没有发生什么影响,也没有引起时人的多大注意。

① 科森扎(Cosenza),意大利南部一城市。——译者

略论可以使无矿之国金银充裕的成因

（一）足以促使金银充裕的成因

作为一个国家，如果是盛产金银的，则对一般老百姓和王公大人们说来是何等重要，由此将产生多大的利益，对于防止犯罪行为将是个多么有效的手段（虽然有些人会故意持相反的说法），以及缺乏金银会造成多大的损害——这些我在这里都不打算讨论，因为这已为人所共知，即使知道得不大清楚，至少大体上是有所觉察的，因此，不妨把它作为一个已经证明的定理。至于对待持相反见解的那些人的办法，假定的是，简直可以把他们送到安蒂西拉[①]，然后再进而讨论可以使国内金银充裕的成因。成因可以分成两类，自然的和附属性的。属于自然这一类的只有一种，即在境内存有金矿和银矿，处于这种情况时，主持者即应作出与不存在矿山时有所不同的管理方式。关于这类情况这里不拟讨论，因为在我们境内，即使在整个意大利范围内，是看不到这种情况的，在这里除

① 安蒂西拉（Anticyra），希腊城名，相传其地以供作疑病症患者的休养所著称。——编者

了由托斯卡纳大公爵在萨拉维兹所开采的外，并没有这类金属的矿在进行开采。因此，这里要研究的是附属性成因，这些成因主要可以适用于我们以及整个意大利境内，将同样的因素与类似的情况进行对照，就可以比较清楚地看到真相。

（二）关于附属性成因和特殊因素

我们可以把附属性成因再分为特殊因素和共有因素两种。所谓特殊因素是发生或只会发生在一国，不会发生在别国的那些因素；共有因素是，在一切国家所发生或都会发生的那些因素。可以使一个国家金银充裕的特殊因素主要有两个。第一个是，国内生长的农产品超过了自己的需要。因为，如果把这些产品运到产量不足的国家，或者是，如果这些国家或其他地区的人民来到这里从事采购，就必然要用金银来换取。我们把这个叫作特殊因素，因为它不是每一个国家都具有或能够具有的，如所周知，就我们这里与意大利其他任何地区对照，这个因素特别显著。还有一个是，关系到其他国家和世界上其他地区的一个国家的处境。一个国家，为了它自己的利益，也为了世界上其他地区的利益，有充分理由全力从事于贸易，这就会吸入大量金银，我们把这一点看作一个特殊因素，下面谈到贸易的共有因素时还要谈到它。关于这一点，威尼斯城市，不仅在意大利，而且在欧洲和亚洲，处于首屈一指的地位，而我们这个国家，与任何别国对照，却处于比较不利的地位，这也将于讨论贸易的共有因素时进行剖析。

(三)关于共有因素

大体上可以把共有因素分成四类:行业的多样化、人民的素质、商业活动的广泛程度和主政者的管理方式。我们把这些叫作共有因素,因为它们同任何国家都有关系。在任何地区,将四者结合在一起时,虽然不会由此使生产超过自己的需要,但必然会由此从国外取得有关的一切,虽然自己没有金矿和银矿,却必然会使自己在这方面的存量丰富起来。

行业的多样化,将为一个国家或城市广辟财源。当存在着对人们的使用说来,其产品是必要的或方便的或愉快的形形色色的货物,其产量又超过本国的需要时,情况就必然是这样。这个因素不但应置于共有因素中的首要地位,而且在许多方面应当把它的重要程度看作在农产品过剩那一特殊因素的重要程度之上。首先,这是由于它有较大的必然性。农民于耕种或准备他的作物时,其利润不仅须取决于人的劳力,还得看天时是否有利,随着土地的不同需要,有时盼雨,有时盼晴,有时还需要其他条件的配合,而手艺人所凭借的只是他在业务上的努力,因此其取得利润的方法与农民相比,有较大的把握。农民如果不能获得天时方面的配合,或者是如果遇到异常恶劣的天气,就会前功尽弃,到那时不但无利可得,还会遭受亏损,但是在手工艺中,一般总是有利可图的。

其次,商业是可以扩大的,因此,利润是可以增长的,而农作物却不可能是这样,农作物在一定的土地限度内是不会增长的。例如,在一块只能播种 100 托莫拉(tomola)的小麦的土地上,是没有人能播种150托莫拉的小麦的；但是商业的情况则恰好相反，经商的范围不但可以增加两倍，而且可以成两百倍地增加，而费用则相应地减少。

第三，与农业相比，商业有比较可靠的市场，因此利润也比较可靠。说到市场的比较可靠，那是可以不言自明的，农产品是难以久藏不坏的，因此从一个国家运到另一遥远的国家时，就要在这一点上冒风险，万一这样的商品一时不能售出，而要保存起来待价而沽，那就要冒同样的风险。就手工艺来说则情况相反，这方面的产品不仅可以暂存，而且可以久存，出于同一理由，这类产品可以在毫无困难的情况下输出到任何遥远地区。而今在航海技术上已经有了显著改进，单是在这一点上，今人已胜于古人，现在不仅在东方与西方之间以及在南方与北方之间，而且在东半球与西半球之间，贸易都在积极发展中。因此，商品可以轻而易举地从这一地区运到那一地区，在这种情况下，谁还会否认，在可靠程度上手工艺品的市场超过了农产品市场，因此其利润也比较可靠。

第四，也是最后一个理由，即在多数情况下，手工业的利润大于农产品所获得的利润，这在毛织物，特别是细布的制造中，在麻布、丝绸、武器、图画、雕刻、印刷品、各种药材以及举不胜举的其他事物的制造中，都可以看到。由于这些原因，我们应该把这个因素放在农产品过剩这一因素之前，当它在一个城市或一个国家获得充分发展时，那就是足以促使金银大量涌入的一个最有力的成因，比农产品过剩要有力得多。就整个意大利而言，首屈一指的是威尼斯城市，这个因素在那里已获得充分发展，在那里，通过各种制造品，财源滚滚而来，这是人们所熟知的。就那不勒斯这个城市来说，情况正相反，应当把那里看作这个因素未能获得发展的地区之一。在那里，不仅上述行业的大部分付之阙如，其已经存在的行业，除丝织业外，都没有发展到有余额足以提供出口的程度，从而产生这里所谈到的效应。它甚至还不能做到自给自足的地步，这样就不得不有所支出，以偿付外来的制造品，当我们将它和威尼斯两者的资金充裕程度作一比较时，即足以证明上述论点。

（四）关于人民的素质这一共有因素

其次要谈到的是人民的素质这一因素。当一个国家或城市的居民在发展企业方面生性是勤劳而干练的，他们不仅善于在国内以及国外力谋发展，而且善于不失时机地运用他们的劳力，那就可以说，这一因素在这个国家或城市是存在的。通过这个手段，在他们城市里的金银肯定是丰足的，这是由于他们不但能在自己国家建立的企业中赚取钱财，而且能在别的国家建立的企业中赚取钱财。就如何能使一个城市或国家的财货丰盈这一点而论，这个因素应占第一位。就这个方面说，热那亚是意大利的第一个城市，这个因素在那里是充分存在的，它所吸入的资金比意大利任何其他城市都多。在它之后的是佛罗伦萨，再次是威尼斯，后者所经营的业务虽然比整个意大利其他城市的业务并起来还要多，然而就这一因素说，它只能占第三位。另一方面，这一因素在那不勒斯这个城市是看不到的，这里的居民极端缺少事业心，他们不喜欢在自己国境以外做交易，对欧洲其他教区如西班牙、法国、德国等是这样，对意大利本土也是这样，于是别处的居民就为了这个目的而来到

这里，这些人主要是从热那亚、佛罗伦萨、威尼斯等处来的。他们眼看着这些人在他们的境内经营企业致富，而他们却没有能力进行仿效，在自己境内努力经营；而热那亚人的态度则恰恰相反，他们不能满足于在自己教区（我指的是意大利）内经营企业，结果在欧洲，甚至在世界其他地区，几乎到处都有他们的足迹。根据以上所述可以看到，人的素质这一因素是何等重要，有些地区，虽然土地贫瘠，其人民却席丰履厚，而以那不勒斯为例，其土地虽然肥沃，其人民却民不聊生。

（五）关于贸易扩大化这一共有因素

要谈到的第三点是贸易的扩大化，其间一个最有力的成因，那是在讨论特殊因素时曾指出的，是国家的处境。当一个国家对其他地区而不是本地区的产品大规模地进行贸易时，这个因素会使它所拥有的金银积极增长。单是把自己所产的剩余部分出口到不论什么地区，其数额总是有限的，由此取得的资金应归因于产品过剩这一特殊因素，而不是由于贸易，至于因迫于需要而从国外进口，将使它趋于穷困，是不会使它富裕起来的。因此我们可以断言，只要在贸易中所涉及的商品是属于别的国家的，同时也是为了别的国家的，就会发生这里所说的效应；与这里的论点有关的不是国内商品，要是这样的话，就会发生相反的效应。关于这类交易（上面已提到），国家的处境是最有力的成因。要使贸易的规模扩大，就必然需要大量资金，这一点是不言而喻的，因为多钱善贾，而“贾”的目的也就是钱。

在前一节里已经提到，就位置说，不仅在意大利本境，即使在全欧洲，威尼斯这个城市也是独步一时的，足以证明这一点的是，从亚洲到欧洲的一切商品都得经过威尼斯，然后从那里分配到别的地区，从欧洲到亚洲的商品，也同样要从那里起运。有这么多商品要向这么多地区往返运送，这就发展成为大规模贸易。在这一点上，首先是由于从欧洲到亚洲，或从后者到前者，或在意大利本境的贸易中，它所处地位的优越，由于它的河流大部分直接通海，这就为商品运赴各地提供了便利，而且它在意大利所处的地位适中，距离境内各处都不甚远，这对商品的运输也是个优点。它还由于当地制造业发达而得到了好处，从而吸引了许多人到它那里，这不单是由于商业本身，还由于商业与其地的地位优越两者相结合所产生的结果。商业与地位优越这两个因素可以发生相辅相成的作用，这两个因素合在一起会由于制造业发达而增加力量，制造业则会由于商业繁盛而增加力量，而商业又会由于当地人口增加而愈加繁盛，总之，这数者是互为因果的。

另一方面，那不勒斯这个城市和国家对外没有商业关系，所存在的只是它们自己的商业，这一点表现在除它们所生产的作物外，简直没有什么别的商品出口。之所以会这样，是由于这个城邦所处的位置。意大利全境从大陆延伸，有如躯干之伸出一条胳膊，由此被称为半岛，而此邦的位置则有如臂端一只手，处于臂之最末端，因此将商品运到那里再分散到其他地区是对任何人没有好处的。就这方面说，这个邦所处的地位是如此不利，以致任何人无论来自何处或要到何处去，绝不会以此地为中间站，除非是由于寻欢作乐要故意延长他的海外旅游，或者是为了他自己的业务要专程到此一行。结果是，商人如果把他的货物运到那里再转运各地，不但徒增麻烦，而且花费很大。这个邦既位置欠佳，其地人民又缺少企业心，加上制造业寥寥无几，它的商业，除供国内需要者外，是必然难以发展的。在这种情况下，贸易范围既窄小，就必然难以吸收资金，除了输出所剩余的商品之外，这就没有什么别的生财之道了。

（六）关于主政者的管理这一共有因素

最后要谈到的是主政者的管理。他看到了他的国家的处境和它所面临的种种因素，看到了跟他的国家有，或可能有贸易关系的、相距或近或远的那些国家的状态，从而考虑到足以使他的国家财货丰盈的那些成因，以及足以造成前途的障碍的那些成因，然后采用各种规章制度，以期产生他所希望产生的效果，消除也许会对他所希望的效果产生消极作用的那些障碍。但是，前面于开头时已说过，要知道怎样恰当地对待这些因素是不容易的。主政者需要仔细考虑的不单是一个方面而是许多方面，需要注意到由规章制度引起的种种困难和其他影响，在使用的一些主要手段方面，不可发生任何错误，有时因问题的困难，会使主政者为了解决问题而由这一错误转变到那一错误，尤其是当所要求的效果可能不是取决于某一必要的成因而是取决于某一偶然的成因，即要看人们的意志而定的时候。为了防止发生错误，需要注意到多种成因，而且同一成因往往会产生不同效果（例如阳光会使泥土变硬，也会使蜡软化；轻轻的口哨声会使狗惊起，也会使马安静下来）。如前所述，

规章是否能得到遵守，还得取决于人们的意愿。主政者对他自己的臣民虽然可以使用压力，他也得考虑到，他们有许许多多间接方式，可以对他进行阻挠；而对不属他管辖的那些人，他的规章对他们应有相当的吸引力，必要时应随时改订，使他们乐于就范，此外还有数不胜数的其他应考虑的方面。他了解了这一点之后，就应当考虑在他国内如何推行尽利的问题，这方面的困难前已指出。从古到今，统治者在这里所说的这个因素方面，能达到这样完美的境地是很少见的，在我看来，教皇西克斯特斯五世可算是其中之佼佼者；他深知在他领地内资源分布的情况以及促成这一情况的原因，深知所需要的补救办法及其不足之处，他也深知坐而言不如起而行，需要首先实行的是在政治范围内整顿秩序，总之，他在这方面的作为无疑是我们在世上所看到的第一人。作为一位主政者，他所遇到的困难还不止此，他应认识到对应采用的规章一经决定以后，即应贯彻执行，不得以私人感情为重而影响到正确的推理，无论如何，不得由于对此不加重视，以致考虑到他个人的愿望，不复以公众利益为重。在任何国家，当这个因素在比较圆满地演进时，毫无疑问，这将是促使金银丰足的最有力的成因，我们把它叫作在一切成因中最重要的、最有效的成因。这个成因不仅可以使国家金银丰足，还可以由此引起多不胜数的其他成因，可以使它们获得圆满发展，得以扫除种种障碍，从而在不同方式下获得同样结果，这些成因不仅可以在环境良好的国家获得发展，而且可以使得根本没有这样良好环境的国家发展起来。

（七）那不勒斯对意大利其他城市的高汇率或低汇率是不是或会不会成为其地资金不足或资金充裕的成因

桑蒂斯在他的论述中所要证明的不外是那不勒斯对意大利境内其他城市的汇兑率高昂，以此作为这个城邦资金不足的唯一原因。这个论点所依据的是，由于汇兑率高昂，对国家出口的商品，对方不愿用汇入现款的方式，宁可用商品交换的方式偿还；而对于进口商品，由于通过汇兑可以从中取得利润，则用通常的汇出现金方式。另一方面，汇率低会促使资金充裕，这是由于与上述同样原因相反的方向下会发生的相反作用。为进一步证明这一点，他指出，在十五、二十、三十年之前，当汇率低平时，这个国家无论在国内或国外，它所拥有的资金都很充裕，而隔了大致十五年，当汇率转趋高昂时，由于所指出的原因，这个国家即趋于穷困。这就是他所得出的主要结论，也就是他思想的根源和基础，推翻了这个基础，则赖以建立的一切将完全崩溃。因此，对这个结论所可能含有的真理，以及为此所提出的一些理由和证据，必须加以仔细审查。无疑的是，由于足以牵动一切人的借此可能得到的好处，并且以他的经验为依据（他断言，他所提出的理由是切合实际的，他尽管经过多次试验，却从来没有从中发现任何矛盾），如果这个结论是正确的，那么，他所提出的补救办法就不会错，他所建议的将是一些有利的措施，将产生人们所想望的效果。如上所述，他虽然提出了一些论证和事实，但所作出的这个结论并不正确，而且是错误的，

这就表明，他所提出的补救办法并不足取，所建议的一些措施是不会产生效果的。为了把这一点弄清楚，这里准备把所引证的一些论证和论据分析一下，看一看，他所作出的结论是否正确。如果经分析，这两者之一是不正确的，他的结论就不能成立，如果两者都不正确，那就更不待言，他的结论是全不足取的。

先从第一点谈起，他的推理是否足以证明结论正确，如果是这样，这里将根据他的推理对这个结论有所发挥，使它能够被进一步的了解。通过讨论，使真理获得进一步展现，是对我们有好处的。对发生的错误来说也是这样，错误通常是由于没有人对它展开辩论而发生的，一旦发现了错误，理智就可以获得满足。他的论点是这样：高汇率使需要将资源运入某一国家的那些人，用运入商品而不用运入现金的方式可以获利。由于每个人在这类事务上的目的是利润，因此每个人当他有必要将资源运入某一国家时，将运入商品，而不是运入现金。因此，认为高汇率对于有必要将资源运入某一国家的那些人来说，用商品比用现金有利这一结论是正确的，这就必然表明，高汇率是国家资金不足的成因。

乍一看来，他提出的这个论点似乎很简单明了；但是为了避免错误，对论点的各个方面及其结论需要加以审慎研究。他首先提出的是，于运入资源时，每个人所运入的将是商品而不是现金，然后根据这一点，提出另一主要结论——高汇率造成资金不足。我认为，即使承认这个论点的某些部分是对的，然后由此必然地而不是有条件地得出他的结论，其间也得含有一个必要的假设：将资源运入这个国家时，在求助于商品之前必先使用现金，否则就必须在以后这样做，因为无论如何，既购入了这个国家的商品，就得对它作出支付。如果这个假设是站得住的，那么，他的论证和结论即使正确，也不能对什么有所证明，更不能对高汇率是这个国家资金不足的成因这一见解起任何支持作用，因为资金不是事前已经汇来，就是不久以后必然要汇来，至于在事前还是事后，那是没有关系的。对此也许会作出这样的回答：没有必要把这些资源在事前或事后用现金汇来，因为通过彼此间的协商，商人可以互相出售商品，从而使资源始终以商品交换的方式流通，绝不有赖于现金，或者是，资金已经存在那个国家，更无须进行汇兑，如此等等。这个回答同样是皮相之谈，因为它没有针对着这里所提出的反对意见。如果某人想用商品交换的办法来进行交易，他事前既没有汇入现金，事后也不打算这么做，只是想通过交换来清这笔账，就反复地这样做下去，这也许可以持续一个时期，但最后总得借助于现金，用以取得包括利润在内的他的应得部分。如果认为他可以这样连续地干下去，可以在没有任何基础的情况下不断地进行下去，对一位才智之士说来，必然认为这种想法将使他陷入莫大的错误，即使单就一年期间说，情况也是这样，如果这个期间要延续到许多年，那就更不必说了。对于对这一点还没有弄明白的那些人，我将使他们认识到这个想法的错误，认识到这个答案所牵涉的是不可能存在的情况。如果认为某些人在这个国家已经拥有资源，因此不需要再运入任何现金，就这种情况说，资金之所以不流入这个国家，当另有原因，从而使这些人在这个国家得以拥有资源，而不当由高汇率这一原因负责。也许还有人对这一真理没有充分信服，这里将举出一个适当的例子，以进一步澄清事实。

有许多居民或外国人会愿意把这个国家的商品运出去，进行

外销,根据桑蒂斯所说,这方面的数额一年达 600 万杜卡特。根据他的说法,除去因国内需要而进口的商品和外国人所提取的收益,出口所得净计 480 万杜卡特。由于汇率高昂,愿意买进这些商品的那些人为了可以取得或多或少的利润,将汇票卖给国内的一些商人,这些人则用他们已经存在国内的资金进行偿付。这样,出口商品就不能从国外导致任何现金,使汇兑率仍然保持原状,而作出支付的商人则在彼此之间互相买卖,从而在资金上进行补偿。结果是,永远不会有资金从国外流入这个国家。这就是,认为可以通过商品交换以实现对出口商品作出支付的一套论调,如果事前没有汇入资金,事后也就没有汇入的必要。

为了证明这个论点的谬误,我要问一问,在这些交易中作出资金支付的那个商人是本国居民还是外国人?如果是个外国人,他用什么资金来付偿所交换的商品?如果这是事前已经引入的,那么我前已证明,这项资源必然是事前汇入的现金。如果这是由于他在这个国家别有收入可以领取,或者是从所经营的业务中有利润可以赚取,那么,资金之所以未能流入这个国家,原因是在这里,是由于如前所述居民的懒散成性,而不是由于高汇率;因为外国人从勤劳而来的收入和利润,可以使商品对他出口而不需要用商品来交换,也不需要由国外汇入任何资金。

如果说这个商人所以有这些资源,是通过交换商品的方式得来的,我们对这个回答可以用同样的理由驳回。因为我们不得不追问,在这一交换中买方的资金是从哪里来的,那必然是用上述的方式得来的,这样追问下去,最后得到的结果必然是:资金在事前已经存在,或者是用上述方式就地取得的。

如果商人是本国居民，除非他的资金是事前已经有了的，他将如何作出支付？如果说这是通过商品的交换得来的，则作出的答复仍然跟以前的一样。如果说他愿意向出借人方面获得一笔贷款，或者是有账款存在那里，或者是他喜欢这样做，但作为一项贷款是不能长期拖着不还的，对方所要求的是及时归还，加付利息。如果说他是通过向别人售出汇票，是在当地或别处取得资金的，那么，我们仍然可以用同样的反对意见来驳回：向他付出资金的那个人，如果是在本国的，以后总得将这笔资金收回，如果他是个外国人，我们就得查明他的资金是打哪里来的，关于这一点，在上面已充分说明。如果说，对国内所需要的商品在别处作出支付，这就没有现金可得，为了要偿还对我们的欠数，于是用国内所需要的外国商品来抵消。这么说，资金之所以不足，应归咎于对商品的这一需要，而不是高汇率。如果有些人认为，他会愿意通过交换商品的办法在别的地区收回代价，后一交换商品者在下一步也会这样做，那么，这样也许可以继续一个时期，但是最后，如前所述那样，所付出的，必然会连本带利回到原处。要使这种商品转移的进程无止境地继续下去，特别是一年中其数达 500 万或 600 万杜卡特，而且其期限还不只是一年两年，而是十年或十五年，照目前情况说，甚至达二十年或二十二年，这样的设想，在我看来是荒谬的。照这么说，这种臆想中的商品转移，可以扩大到 5 000 万甚至1 亿杜卡特之数，而真正的物主却从来不想拥有，甚至不想看一看他的资金。

还有一层，如果情况当真是这样，这就可以断定，单就这二十年期间说，这个国家的人们就有权向外国人提出为数达1 亿杜卡

特的要求。这是由于每年因偿付出口商品,通过汇兑流入这个国家的资金,至少应达500万杜卡特,不管应通过汇兑付出资金的商人是本国人还是外国人,因为按照桑蒂斯的说法,这些商品是属于这个国家的居民的。况且,众所周知,这个国家由于资金极端枯竭,以致使主政者、银行以及国外和本地商人千方百计地想促使资金流入这个国家,并且不得不乞助于商品交换,以便从中取得哪怕是为数极小的资金(这里且不说上面提到的那样大的数字,甚至也说不上那个数字的十分之一或百分之一)。如果这里所想象的是实情,那么,在这样紧迫的情况下,将有大量资金涌入。这种无止境的商品辗转易手而不借助于资金的想法,同他所提出的另一推论是互相矛盾的,那个推论说,由于这里存在着高汇率,因此从国外输入商品和从国内输出资金,以便日后通过汇兑收回,均可得利,其利在不足一个月之内可达10%以上。如果这个推论是正确的,那么,于买进汇票后,为了确保利润,买方绝不会不愿意取得现金。看来没有人会说他会愿意把资金汇给别人,然后汇回那不勒斯,从而收回资金,而得不到任何现款,此时汇兑上的得失除外,他首先得弥补汇水上的损耗。往返汇兑而没有任何现金到手,是跟上述这一推论对立的。谈到弥补损失,用有把握的利润来换取无把握的利润,是没有人肯干这种傻事的,在汇兑上利润无把握之外,还得加上汇水方面必然的损耗。如果桑蒂斯的推论是正确的话,先汇到别处然后再汇回那不勒斯所得到的利润,也不会多于输出现金。这一推论表明,他的另一假设——高汇率会促使现金从这个国家外流,从而换回商品,其利润在一个月之内达10%——也是不正确的。前已述及,就这一情况说,现金必然已于事前引进,因为交换的商品必须得到补偿,因此这方面的出口,必然是已经使或将要使这个国家得到更多的现金。关于他的另一结论,即所说的高利率,于商人从国外输入商品时,将促使应交付的资源以现金而不是以交换商品的方式进行,这一点且待以后再谈。就高汇率是这个国家资金不足的成因这一主要结论说,即使另一结论——由于从高汇率而来的利润,当这个国家输出商品时,人们都将使用商品交换的办法而不会将现金汇入这个国家——是对的,由于上述原因,业已证明是错的,因为资金必然已在事前引进,否则事后也必然要引进。我们作了这么冗长的讨论,这是因为错误的思想已被当作明确的真理接受,为此要从人们的头脑中除去这一印象,需要的就不只是一次简单的论证了。

(八)关于禁止输出资金这一补救办法

所以要采用禁止资金输出这一措施,显然是由于认为这就可以保存留在我们手里的以及欠我们的资金。流入的资金不论是多是少,既不允许输出,留在国内的总额就会越来越多,这样国内的资金就会充裕起来,因为已经假定的是,由于商品输出,每年势必流入的资金计 500 万杜卡特,应除去的只是 20 万杜卡特。由于有些人认为利润是促使资金输出的一个原因,因此这个推论更加受到重视。这种想法的影响很大,结果产生了这样的禁令,违禁将受到严重惩罚。但是事实恰恰相反,对一些城邦说来,禁止输出现金是不适当的,对金银的充裕并无助益,反而有害,除非是由于某种混乱状态,以致某一城邦的处境是输出资金会使它受到损害。为了让我们可以清楚地认识到这个结论的真实性，我提出我的看法：凡是要输出资金的必然有他的目的，因为世上没有无目的的行动者。既然输出资金者是有着不管是什么样的目的的，那么，不管资金输出到哪里，它必然会附带着利益回到这个国家。为了对此比较容易理解，假定所以要输出资金最常见的有以下两个原因：一个是要在国外买进商品；还有一个是，把资金汇到别处，在那里这项资金的价值较大，或者是，通过商品交换把它收回时，有利可图。如果说，输出的资金是用以在国外购买商品，而这些商品是输出资金的那个国家所需要的，这就不会造成损害，因为人们既愿意购买，这些商品就肯定会得到补偿。如果是用物物交换方式来完成获得补偿的过程的，这也不会遭到任何人的反对，因为前已证明，所取得的是同样的结果，在商品交换的方式下，不是资金事前已经引进，就是在事后必然要引进。如果使用的是商品交换方式，所取得的价值和资源，将与所输出的资金相抵消，在这一点上也不存在任何会引起争议的问题。如果说，所涉及的商品在国内并无需要，而是转运到别处的，那么，我要问一问，是转运到哪里的，对于这些商品将如何处理？无疑的是，它们将以高于原来所支付的价格售出，这就是说，收回的资金在数量上将大于所输出的资金，如果是另购新商品，收回的将是更多的利润。如果说所收回的是交换所得的商品而不是现金，这在上面已经作出答复。如果认为这个国家的货币在别处比在国内所值较多，则同样的推论在这里也可应用，用这项资金购入的商品，还会赚取利润。如果认为所以输出资金是由于通过商品交换有利可图（这是桑蒂斯所设想的从这个国家输出资金的原因），则仍然可以用上述论点答复，即收回时会附有利润,关于输出资金的其他原因的情况也是这样。因此,从这个国家输出资金所带来的只是利润,绝不会造成损害。除上述者外,出口自由是扩大贸易的起因,禁止出口将使贸易萎缩,因为商人的兴趣并非始终在于用商品交换方式来进行资金的转移,比较常见的是使用现金这一常规方式,因此,如果禁止资金出口,商人对商业活动将裹足不前,原因是,如果他以后在别处需要资金会遇到阻碍,将无法应付需要,因此他宁可遭受别种损失而放弃在那里进行交易,这是禁止资金出口所造成的损害,而别无利益可得。说到这里,已不需要对这一事实加以进一步分析和澄清,不需要举意大利境内其他君主的作为为例,他们对其本国的资金是差不多完全允许出口而不加阻碍的。

威尼斯城邦的主政者虽然允许本国货币出口,却禁止外国货币出口,这里我想解释一下,为什么这样做是恰当的,为什么在这样的安排下,他在各方面都有所得。因为通过输出他本国的货币,他可以获得如上所述的利益,而禁止输出外币却不会造成障碍,因为这个城邦拥有很多的本国货币,不论输出多大数额也无碍于事。并且,借助于禁止外币出口,他可以从货币的铸造中获得利润(这在下面将加以说明),因此,禁止外币作为货币在市面上流通,而把它投入造币厂是个适当的做法。这一禁令也不会使以后的贸易减少,因为,除其他原因外,大家都知道,这个城邦自己的货币充裕,因此把外币运到这里,会很快地从造币厂获得等量的当地货币,然后把它输出,不会发生困难。只要在那里不发生骚乱情况,只要不发生像在我们这里发生的全面禁止资金输出的情况,大家就会把禁止出口外币这一措施等闲视之,安之若素。至于桑蒂斯所提出的论点，认为我们这里的资金就这样任其外流，最后被耗尽以后，主政者就有权完全剥夺我们使用资金的权利，以及他所说的与低汇率或高汇率有关的种种其他成因，在这里所说的情况下，也是不能成立的。就那不勒斯的处境说，应该让资金自由输出，那里既缺少资金，而商人则愿意在资金自由出口的情况下进行贸易，他们为了在贸易中能够获得任何资金，自己就必然要使用资金，而且一般说来，他们于收回资金时必然还附有利润。要晓得，资金输出为什么会对我国造成损害，是由于容许外国人在这里有这么大的收入，以致这里的许多行业都掌握在他们手里从而造成的混乱局面，由于这些原因，如果允许资金输出，则输出的资金将一去不复返。也是由于这些原因，即使是由于这些原因中的一部分，已经足以使我国所存全部现金不够应付，哪怕是把这项现金数量加上一倍也是这样。只是在这种情况下，我才认为在这个国家禁止输出资金是件好事；在这种情况下，他所说的下面这段话也是对的：外国人既占有了一切，他们就不能像以前那样，将其收入变成资本，在这里已经没有什么剩下来的事物可供出售，因此，假使可能的话，他们将把手里的资金输出。只是就这一点说，我才认为禁止输出资金是件好事，如果不是处于这样的环境，这个措施就害多利少。总之，我们得出的结论是，禁止输出资金绝不会使这个国家财货丰盈，这个措施只能用以尽可能地控制混乱。

（九）关于使外币获得流通或提高其价值这一补救办法

降低汇率这一第二个补救办法是否即足以使这个国家金银丰足，前已作了充分讨论。至于这一措施会怎样有助于商业，看来已没有加以讨论的必要，这里所关心的主要是各个个人的利益，就这一点说，除了各个个人自己的行动外，是不需要采取任何措施的。这里需要考虑的只是第三个补救办法，即让外币在国内流通，流通时使其铸造费也计算在流通价格之内，或者甚至使其价格有所提高，看一看，这对这个国家资金的增加会不会是个有效手段。由于当时怀有以提高外币价格为手段这一目的，所以规定热那亚银币斯库迪（scudi）按 13.5 卡利尼（carlini）的价格通用。桑蒂斯的见解即以此为依据，他于答辩了对商品交换措施的反对意见后接下去说，佛罗伦萨的吉尤利奥（giulio），在这个国家从前按 10.5 格拉那（grana）通用，现在规定其值不得超过 10 格拉那，这个规定是错误的，由于这样的降低价格，这种货币从这个国家被全部调走。他还举马克·安东尼·科罗纳在西西里的措施为例，在那里也感到资金稀缺，为了鼓励资金流入，将那不勒斯的杜卡特的价格提高了 5%，从而使我国的资金流入那个岛国。他建议这里也可以这样做，为了勿使外面感到我们这里的资金奇缺，以致需要将外币价格提高，他认为不必发表公告，可默默地通知银行按提高的价格接受。隔了几年，这个建议被付诸实施，是经过公开宣布实行的（理由是，既然会收到良好效果，就不需要有所隐瞒），但结果并没有使

国家得到任何帮助,反而越来越穷。初看起来,这个办法似乎很高明,也很稳妥,并且还有据说是西西里和本国的愉快的经验为证。但是我认为,就这种经验及其表象而论,其中所含有的真理至多不过与降低汇率所含有的相埒。要晓得,使外币在国内通用并提高其价格,是不会使这个国家富裕起来的,只会使它趋于贫困,只会歪曲真理,使个人受到损害。虽然看起来似乎情况相反,一时之间确会有一些资金流入,但流入越多,国家越穷,流入得越快,穷得越快。我们在这方面采取行动,必须认识到由此会引起的后果。对问题要看到它的内涵,不可徒为其外表所惑,否则一朝发觉路已走错,看到的将是与原来期望相反的结果。

为了使国家财货丰盈而提高外币价值,或是使之在足以包括铸币费的那一价值下作为货币在国内流通,要说明这一表面现象的虚假性是容易的。它只会产生相反的结果,侵犯君王的主权,对他的臣民,也就是广大群众造成损害,总之,在一切方面都有害无利。

首先要证明的是这一外在的虚假现象。虽然资金会在一个期间在相当程度上流入这个国家,但是它最终必然会造成贫困。我们要追究的是,外币是为了什么目的流入这个国家的(是由于有通令使外币得按高于别处的价格在此地流通,因此流到这里比流到别处有利)。那么,这项资金流到这里以后将作何用途呢?无论如何,即使按价格计算,可以产生10%或20%的利润,也总得知道将如何使用这笔资金。如果说,将用以购买商品以供出口,那么,这就不会造成资金充裕,只会造成资金稀缺。以前用以购买那么多商品的是那么多资金,现在用以购买等量商品时,所使用的将是在上述程度上减少了那么多的资金。如果说不是用以购买商品以供出口,而是在国内从事商品交易,或是在国内用以购置其他固定资产,这样情况将更差,将使资金不足的现象更加严重。以前需要那么多资金从事买卖的,现在从事等量的买卖时,所需要的资金却比以前减少了,用以购置不动产时,情况也是这样。前已详细说明,这个国家所以于供应自己所需之外未能别有所产以供出口,或者是未能由出口引进任何资金,以致国内感到资金不足的原因正在这里。商品出口以后,作为报答,为什么不能引进资金的真正原因是,这方面的收入已被在这里从事经营的外国人所汲取。因此,外国人在这里从事贸易的机会越多,获得的有利条件和利润越大,他们所购入的商品和获得的收入就越大,尽管出口商品,这里的资金却越来越缺乏。而国家的唯一希望就在出口这一点上。

如果有人认为,照这么说,这就表明,主政者应该把足以使外国人在我们境内进行商业活动的一切因素予以消除;这跟上面所说的正好相反,在那里,我们是把商业作为可以使国家积累金银的一个共有因素的,并且说,在威尼斯这是个极其有利的因素,是使那里富裕起来的一个成因,上面的说法跟这里所说是互相抵触的。我的答复是,我在前一部分所说的那些是经过了深思熟虑的,它们跟我刚才所说的不但并无抵触而且起了证实作用。我曾经说过,就那个地方而言,大规模贸易是使它富裕起来的一个成因,所指的是就别的国家的商品与别的国家展开的贸易,而不是只就本国商品对外进行的那种贸易,后者将招致相反的结果。同时还表明,就我国的处境说,除了就本国商品进行外销外,别无贸易可言,这是使这个国家陷于贫困而不是臻于富裕的成因,只有像威尼斯那样的处境，从事它所进行的那种方式的贸易，才会为它带来果实。在这个国家提高货币价值所以只会造成贫困而不是富裕，除了这一原因之外，还可以提出一个更加强有力的原因，即，外国货币经这样提高以后，把本国货币输出到外币所从来的那个地方将博得厚利，然后在那里兑成外币，把它在有利可图的情况下运回，就这样反复进行下去，直到积少成多把这里的资金全部吸干为止。

让外币在国内流通是对主政者主权的侵犯。对待外币的办法是，应当把它送到造币厂熔化后铸成当地货币，他应拥有这个主权，并让造币厂收取它应得的利润，如果把外币投入市场流通，他将遭受损失。当允许外币在国内流通时，作为一位主政者在他境内既无金矿和银矿，将不得不停止铸币。这将对他的人民造成损害，将使外国的主政者有可能在有意或无意的情况下进行欺骗，例如，他可以在有意或无意的情况下，降低他在别的国家流通的货币的成色。当价值恢复时——我不说恢复到原有的价值以上，只是恢复到原来应有的价值——成色较低的货币，无疑将按以前的面值流通，总的说来，这对这个国家将造成难以估计的损失。单是由于这个缘故，这样的货币就不应让它在别的国家流通，应按照所含白银的价值收回，送到造币厂重新铸造。这里对作为一个大国而允许外币在国内流通这一措施的处理不当，不准备再深入讨论。这里要证明的只是，将外币价值提高这一措施所产生的后果只是贫困，不是富裕，之所以会造成这种情况，不单是由于一个原因（事实是单是一个原因就够了），通过商业的一切其他渠道，都会产生这样的后果。因此，我们看到的是，在一切高明的主政者统治下的国家，对待外国货币的办法总是压低而不是抬高其价值。

八　托马斯·孟

英国得自对外贸易的财富

托马斯·孟生平简介

托马斯·孟(1571—1641年),出身于伦敦的一个绸布商人家庭,很小便从事商业活动,主要是在意大利和勒旺岛从事这种活动。他经商很成功,在伦敦的商人当中声望很高。1615年,他开始担任东印度公司的董事,直到去世。为了替该公司辩护,他于1621年发表了《论英国与东印度的贸易》,引起激烈争论。他的《英国得自对外贸易的财富》一书,最精辟地阐述了重商主义原理。这本书写于1630年前后,但直到1664年才发表。现知该书有六个版本。它似乎由若干篇独立的文章组成,这些文章的先后次序是由首先出版该书的他的儿子排定的。尽管从实质上说,该书完全是重商主义的,但在某些方面却具有极其重大的意义。

英国得自对外贸易的财富

第二章　使王国致富和增加我们财富的手段

虽然一个国家可以由所得的礼物或由购自他国的货物而增加财富，但是这些事情到底在什么时候会发生，乃是没有把握的，也是无足轻重的。所以，对外贸易是增加我们的财富和现金的通常手段，在这一点上我们必须时时谨守这一原则：在价值上，每年卖给外国人的货物，必须比我们消费他们的为多。我们可以假定，这个王国获有布匹、铅、锡、铁、鱼类和其他国内产品的充分供应，另外每年尚有价值220万镑的剩余货物输往外国；靠着这笔出口，我们能够从海外买到并输入价值约200万镑的外国货物，以供我们使用和消费。我们在贸易上遵循着这种惯例去做，就稳稳地可以保证我们的王国每年一定会增多20万镑的财富，并且一定是大部分以现金的形态带回祖国；因为在我们所出口的货物当中既然有一部分没有以货物的形态换回一些东西，它必然就会以现金的形态被带回本国。

在这一方面一个王国的财货中所发生的事情，正如在一个私人的财产里发生的一样。假定某一个人每年有1 000镑的进款，并且在他的钱柜里还有 2 000 镑的存金;倘使这样一个人由于生活奢侈,每年竟要花 1 500 镑,那么他的全部存金将在四年之内就花光了;在同样的时期,倘使他采取了一条节约的途径,只花 500 镑一年,那么他的这一笔存金就将加倍了。这一准则就是在一个国家里也是同样适用的;但是在我以后要说到的(不甚重要的)一些情况中,我将指出,应由什么人和用什么方法结算出这个王国每年的账目差额,甚至能够随时使政府知道,我们与外国的贸易盈亏如何。但是我要先说明一下使出口货物增多和进口货物减少的一些途径和手段。在做了这番工作之后,我就要提出其他一些正面的和反面的论证,使我在这里所说的话更为有力,并且借此还可以指出,通常认为可以增加我们王国的财富的其他一切手段,是完全不中用的,只是无稽的谬论罢了。

第三章　增加我们的商品输出和减少我们对于外货的消费的特殊途径和手段

一个国家用以抵付一切外国货物的收入或财物,可以分为两种:一种是自然的,一种是人为的。自然的财富,只不过是限于我们能够从自用品和必需品中节省下来而输出到国外去的东西。人为的财富,就是我们的工业品和我们勤勤恳恳地用外国商品经营贸易而来的。对此,凡是将有助于我们正要准备探讨的问题的,我将一一叙述如下。

(1)第一,虽然我们这个王国已经是得天独厚,但是还可以在丝毫也不妨碍其他已耕地的现有收入的条件之下,利用荒地(无边无限的荒地)。从而我们便可以自行供应现在还需要向别人去买的苧麻、亚麻、绳索和烟叶以及其他各种货物,同时我们制止这些货物进口,可以免得加重我们的损失。

(2)如果我们注重节约,在饮食和服饰方面不要过多地消费外国货,同样地也可以减少我们的进口货。在这一方面,因为风尚屡变,经常更改,所以大大增多了浪费和开支;这类恶习现在在我们之间确是骇人听闻,较先前的时代尤甚了。可是,如果我们也实施其他一些国家所严格执行的防止我们所说的那种过分消费的良好法律,这种恶习或许就可以很容易地纠正过来。同时,这些国家还以自己的产品供应自己的需用,以抵制别国商品进口,而无须在与他国的商业交往上加以禁止或获罪于人。

(3)在我们出口的货物里边,我们一定不可以仅仅注意到我们自己所多余的东西,而是还必须考虑到我们的邻友们的必需品;就是他们所不需要的以及尚未在别的地方加工制成的东西,我们也应(除了出售原料之外)尽量加工制造俾得从中取利,而且还要将售价提高到不致因价高而使出售量减少的程度为止。但是,我们所富余的商品,固然可以供应别的国家的人们,可是他们也可以从其他的国家获得同样的东西,或者是采用其他地方的一些类似的货物,那么,就会使我们的出口减缩,而他们并不会感到不方便。在这种场合之下,我们必须尽可能地减低价格,而不让这种货物失去销路。因为,从近年来的良好经验中我们知道,由于我们能够在土耳其以低廉的价格出售我们的纺织品,所以我们已经大大地增加了它的销路,而威尼斯人的纺织品却因为索价较高,在那些国家里已经没有什么销路了。而从另一方面来看,在几年以前,当时我们的纺织品因为羊毛价格过高以致价格出奇地昂贵，因此我们输出到外国去的衣服至少减少了一半，其后也只是因为羊毛和纺织品价格大落，才能够（很接近地）再行恢复。我们知道，这些货物和其他一些货物，因为减价 25％，使私人收入蒙受了损失，却使出口量提高了 50％以上，使社会受益。因为在纺织品贵的时候，别的国家就立即要从事服装的制造，并且我们知道它们做这种工作，并不缺乏技巧或原料。但是当我们减低价格的时候，我们就可以把它们从这门行业中赶出去，而当我们再行提价的时候，它们便也会再施故技以资挽救。所以通过这种更迭情形，我们就可以知道，不顾情况只是希冀从我们的货物上得到更大的收入是徒劳无益的；而我们要注意的，乃是小心谨慎和孜孜不倦地将我们的努力放到时间上去，绝不偷工减料，做好我们的纺织品和其他工业品，使之获得更大的重视和使用。

（4）我们的出口货物，倘使是用我们的船自运出去的，也是可以大大提高价值的，因为这样我们不但会得到货物在本国的售价，还可以加上商人的利润，保险的费用以及将它们运往海外的运费。例如，倘使意大利的商人，乘着他们自己的船，到我们这里来购买我们的谷物、熏青鱼，或其他东西，就这个实例来说，通常国内的价格是一夸特小麦 25 先令和每桶熏青鱼 20 先令；那么倘使我们自己将这些货物运往意大利，前者就可以卖到 50 先令，后者卖到 40 先令；王国的货物在推销或出售上就有这样大的差额。并且，虽然我们应向一切外国人开放贸易，任其自由进行进口和出口业务，然而在许多地方，食料和军火的出口不是受到禁止，便至少是受到限制的，只许在这些货物充裕的地方的人和航运业经营此项出口。

(5)我们对于自己的自然财富的消费,如能加以节约,同样也能增多我们每年对于外人的输出量。并且,如果我们想要讲究穿着的话,我们也要用自己的原料和成品,如纺织品、花边、刺绣、抽纱刺绣等;因为富翁们的铺张浪费,尚可以使贫民有就业的机会。他们的劳动虽然是这样一种性质的,可是如果是为了替外国人制造这些东西的话,那么对于本国定会更为有利。

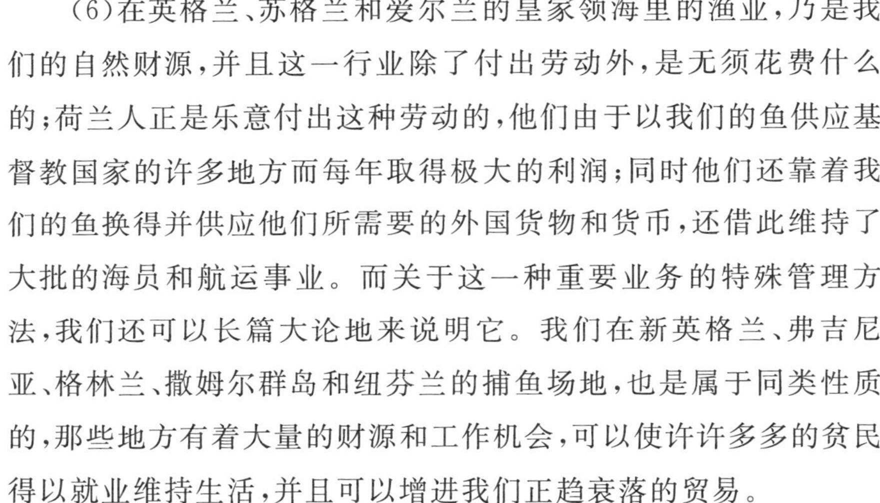

(6)在英格兰、苏格兰和爱尔兰的皇家领海里的渔业,乃是我们的自然财源,并且这一行业除了付出劳动外,是无须花费什么的;荷兰人正是乐意付出这种劳动的,他们由于以我们的鱼供应基督教国家的许多地方而每年取得极大的利润;同时他们还靠着我们的鱼换得并供应他们所需要的外国货物和货币,还借此维持了大批的海员和航运事业。而关于这一种重要业务的特殊管理方法,我们还可以长篇大论地来说明它。我们在新英格兰、弗吉尼亚、格林兰、撒姆尔群岛和纽芬兰的捕鱼场地,也是属于同类性质的,那些地方有着大量的财源和工作机会,可以使许许多多的贫民得以就业维持生活,并且可以增进我们正趋衰落的贸易。

(7)专为来自外国的谷物、靛青、香料、生丝、棉花或一切其他商品设立一种贸易场所或货栈,使这些货物由此再行出口到需要它们的地方去,便可以增加航运、贸易、现金和国王的关税收入。这种做生意的方法,就是使威尼斯、热那亚、荷兰和比利时等低地国以及有些别的地方的地位得以提高的主要手段,而英国所处的地位是最便于达成这一目的的,因为我们要这样做,只要自己勤劳努力,此外别无所需。

(8)我们还应该看重和扶植我们在偏僻地区或非常遥远的国

家里的一切贸易，因为这样除了发展航运业务和增多海员人数以外，把货物输送到那里，再在那里运货物回来，还可以替国家带来远较我们对于近邻地区的贸易为大的利润。譬如举例来说，假定胡椒在这里是经常值两先令一磅，倘使它是从在阿姆斯特丹的荷兰人那里购来的，那个商人在那里或者要付 20 便士一磅，而他从这桩交易里便很可以赚一笔钱了；但是，倘使这一批胡椒是他从东印度采购来的，那么他所付的货价每磅最多一定也不会超过 3 便士。这样便得到了巨大的利益，不但可以供应我们自用，而且我们每年还可以把很大的一部分（从这里）运到许多别的国家去，以更高的价格出售：因此这是了如指掌的事实，我们在这些印度的商品上所得到的财富，是大于出产它们的国家和本来拥有它们的那些人民的，这些商品本是他们的国家的自然财富。但是为了进一步了解这一点，我们必须将国家的利益与商人的利润区分清楚。虽然我们的国家对于胡椒所付之价，并不多于上面所说之价，同时我们的国家，对于任何其他购自外国各地的商品所付之价，也并不多于外国人所收到之价；但是商人所付出的，不但是货价一项，而且还有运费、保险费、关税以及其他在这些遥远的航程之中的极大花费。可是在王国的总账里边，这些都只不过是我们自己内部的彼此调款，对于王国的财物来说并无损失，同时与此应一块儿考虑到的，有助于我们其他方面的贸易的，就是我们通往意大利、法兰西、土耳其、东方国家以及其他一些地方的最为优越的航运事业，使我们能将每年从东印度采办来的货物都运到和卖到那里去。这很可以使我们鼓起勇气，竭尽全力来维持和扩大这一与公共财富、实力和幸福有重大关系的伟大而高贵的事业。（这样地）靠着别国的财

物而发了财，与靠着勤劳努力而增多我们自己的资财比起来，并不见得是不光荣和缺乏判断力的，特别是在后者的增进乃是由前者助成的时候，例如我们在东印度发见的情况就是这样，我们由于买卖大量的锡、纺织品、铅以及其他商品，在那些从前并不用我们的货物的国家里的销售量也日渐增加了。

(9)输出货币与输出货物同样都是很有利的，因为输出的货币也是用在贸易上的，所以它也会增多我们的财富，但是，为了弄清楚起见，我将在下一章里对此详细加以叙述。

(10)国家如果对于一切用外国原料制成的工业品，如天鹅绒和其他各种刺绣丝线、粗绒、捻丝等免去关税，乃是明智和有利的。那样，很多贫民便可以受雇就业，并且还可以大大增加我们每年输出到别的国家里去的货物价值，同时(为要达此目的)就要输入更多的外国原料，结果是增进了皇家的关税。我还记得这里仅仅在外来生丝的绕丝和搓丝的工作之中，就有了显著的发展，在三十五年之内，据我所知，该行业并未在伦敦市区和郊区雇用过 300 名以上的工人，而现在根据皇家的贸易员司在审慎的调查之后提出的可靠的报告，该业竟已雇用 14 000 人从事工作了。而且可以肯定，倘使上面所说的这些输往外国的商品，可以从这里免税出口的话，那么这种制造业还会大大发展，同时在意大利和荷兰的这种制造业就要相应减缩。但是倘使有人提出荷兰的格言——活着罢，并且也让别人能活，我就将回答说，荷兰人竟将他们自己的格言置之不顾，不但在这些王国里边侵犯了我们的生活，而且还要在我们进行贸易的其他外国地方(在他们势力之下的)，对我们的合法的谋生途径加以阻碍和毁灭，从我们嘴里夺去面包。我们要防止这

种行为，便绝不能只是设法躲避，就像近年来在我们之中有许多人所做的那样，那使我们这个素有声名的国家的荣誉受到了损害和侮辱。我们似应效法先人，走上更能使上苍喜悦和更符合我们往昔的盛誉的严肃而可尊敬的途径。

(11)对于国内产品不要课以过重的关税也是很必要的，这样免得使外国人嫌这些商品价格昂贵而影响了销路。尤其是输入的外国货物，凡是又要再运出去的，就应该予以照顾，否则这样(可以替公共财富带来很多好处)的贸易非但不能繁荣起来，而且还难以立足。但是这种外来货物，如果是要在本国消费的，那就可以征课得重一些，因为这在贸易差额上会使王国处于有利地位，并且由此也可使国王从他的每年入款里积累更多的财富。至于这一特殊之点，我拟在适当的地方更详尽地加以叙述，我在那里将指出，一个国王可以很方便地积累多少金钱而于他的百姓毫无损害。

(12)最后，对于一切的事物，不论是自然的或人为的，我们都必须竭尽所能以求获得最大的效果。并且因为靠技艺生活的人，是远比种果实的能手多得多了，所以我们应该更加小心谨慎地使这大多数的人民群众能够努力工作，盖国王和王国的最大力量和财源，就是从他们的身上来的。因为在人数众多和技艺高超的地方，一定是商业繁盛和国家富庶的。意大利人雇用了较多的一批人，由于这些人的勤劳努力和加工来自西西里亚王国的生丝而获得的金钱，就比西班牙的国王和他的属民从这一丰富的产品获得的收入为多。在我们知道我们自己的自然产物并不能使我们获得像我们的工业那样多的利润的时候，试问我们还要再找什么例证呢？因为在矿藏里的铁砂的价值，倘使与经过以下的程序——采掘，熔炼，运销，买进，卖出，铸造大炮、步枪和其他许多在战争中用作进攻和防御的器械，或制成铁锚、螺栓、大钉、小钉和其他类似的东西专供船舶、房屋、二轮马车、四轮马车、犁和其他耕具之用——之后的价值相比，就显得没有多大价值了。请将我们的羊毛与需要剪毛、清洗、梳理、纺、织、浆、染、整理以及其他种种修整工作的纺织品一比，我们就将发觉这些技艺的确可以比自然财富带来更大的利益，我还可以举出其他一些这样的例子，但我无须再讨麻烦，因为我如果对上述的这个或那个例子加以详述，我将可以找出充分的材料来写成一本大书。但是我的全部希望，只不过是要证明我所简要明了地提出来的意见罢了。

第四章　输出我们的货币借以换得商品乃是增加我们财富的一种手段

这一论题与一般的看法如此分歧，甚至于非有许多有力的论证予以证明，才能为大众所接受。他们在眼见任何数量的金钱从祖国流出时，都会大声叫苦，一口就认定我们已经丧失这许多的财富了，并且这就是直接违反已有长久历史并集中这个王国的智慧在国会所制定和批准的法律；不仅如此，他们还以为西班牙本身就是藏金之窟，可是连它都要禁止现金出口，当然也有某些仅有的例外。对于一切这些意见，我或者可以这样解答：就是威尼斯、佛罗伦萨、热那亚、荷兰与比利时等低地国以及其他许多地方，都是准许货币输出的，它们的人民都是赞成的，并且还觉得因此而得到了很大利益。但是所有这些，只是争吵一番，不能证明什么，所以我们一定要提出关于我们所讨论的问题的那些理由来才是。

首先,我认为当然的是,除了通过对外贸易以外,我们就没有其他手段可以用来获得现金,这是任何一个有判别力的人所不能否认的,因为我们并没有出产金银的矿藏;而我已指出如何在经营我们所说的贸易上获得金银,那就是要使我们每年出口的商品超过我们所消费的进口货。所以,我们还要指出的,只不过是如何将我们的金钱加在我们的商品上面,使它们一块儿输往外国,从而我们可以获得更多得多的财富。

我们曾经将我们每年所消费的外货的价值假定为 200 万镑,并且假定我们出口的货物是超过 200 万镑的,而我们所说的这个超额的部分要以金银的形态带回本国结清账目。但是现在假使在我们原有的出口货物之外,再加上 30 万镑的现款,(恐怕有些人将说)虽然我们因此就将比以前多带回这样多的现款,试问我们到底得到什么好处呢,因为我们明明以同等价值先行输出了的。

对于这一点的答复是:在我们已经作好了商品出口的准备并且将我们所能节省下来的或我们所能吐出的一切货物,都送到国外去时,不能说我们还应该再加上我们的金钱以便立刻去获取更多的金钱,而是先要买进更多的外国货来扩大我们的贸易,等候时机到来的时候再把这些货物输出以大量增加我们的财富。

因为在这样的情形之下,我们的进口货虽然每年都在增多,得以维持规模更大的航运事业和更多的海员,增进皇家的关税和其他利益,但我们对于外来货物的消费,并未较前增多。所以,由于上述的现款输出而带回来的、这里所说的增多了的商品,归根结底,仍将成为我们的一种出口货,其价值远远大于我们上述的输出的现款。兹举如下三个不同的例子以资证明。

(1)我姑且假定,我们将10万镑现款航运到东方国家里去,购得净重10万夸特的小麦装到船上,先运到英国存在仓库里,等到售价最好的时候再将它又输出到西班牙或意大利去,那么这批小麦在那些地方所得到的价款就不能少于20万镑,这样不但使那个商人成为一个有了余款的人,并且按着这个计算方法,我们看出我们的王国也已获得加倍的财富了。

(2)再举一例来说,倘使我们像这样在更加遥远的国家里经营贸易,这种利润恐怕就将更大得多了。譬如我们运出10万镑到东印度去购买那里的胡椒运回本国,再从本国输往意大利或土耳其,在那些地方至少一定可以获得70万镑。至于商人在那些长途航行里额外用在运输、工资、食料、保险、利息、关税、征课以及其他等项的支出,仍然全部都是国王和王国所得的收入。

(3)但是在那些航程既短货物又贵所以利用航运也不多的情形之下,利润就将少得多。譬如另以10万镑在土耳其购买生丝,先行带回本国,然后再从本国输往法国、荷兰与比利时等低地国或德国,这位商人就有厚利可图了,虽然他只能在这些地方卖15万镑。这样,以这几次买卖的**折中数目**来说,我们所输出的金钱就将以多于三倍之数回到我们这里。但是倘使还有人要反对,以为回到我们这里来的东西都是货物而不是真正的金钱,好像我们所付出的一样,那么,答案(依照我们的首要原则)是:

倘使我们每年对于外国货物的消费量,并不多于我们在上面所假定的,并且我们的输出量像上面所说的那样,由于用现款交易的方法而如此大增特增起来,那么所有一切顺差或差额就只能以货币的形态，或以我们一定要再出口的货物的形态，回到本国来；而再出口的货物，也将成为使我们的财富增多的一种更为重要的手段，这是我们已经明白指出了的。

因为国家对于它的财物，正像私人对于他们的财产一样，不能因为他们有了货物就断定他们不敢再冒险了，也就是不敢再拿出钱来做买卖了（因为这样是不近情理的）。他们一定还会再拿钱去换成货物的，因为这样他们才能增多他们的钱，并且由于这种不间断的和规律性的由一种东西换作另一种东西的变化，他们就逐渐富有起来了。而一旦他们乐意的话，便可以将全部财产都换变成金钱，因为有了货物的人是不可能会缺钱的。

有种说法也是不对的，以为金钱就是贸易的生命，好像没有了金钱，贸易就不可能存在似的；因为我们知道当世界上还只有少量的钱币在流通的时候，就已有了交换或以货换货的大规模贸易了。意大利人和别的一些国家的人们，对于缺乏现金都有补救的办法，不致使他们的贸易因之而衰退或受到阻碍，因为他们使用转账的办法，而且还有公营和私营的银行，只要在那里动一动笔，从一个人的名下把款转到另一个人的名下，每天就可以毫不费力和满意地将数目非常大的款项转账，同时，在适当的时候，还可以将构成这种信贷的基础的大量现金作为商品，用之于对外贸易。并且在他们的国家里边，因为通过了以上所说的手段，他们就只需少量的货币用作日常开支，此外就别无多大用处了。所以我们要促成一种加快和加大的贸易，并不是要将金钱都保存在王国之内，而是要使外国需要和使用我们的货物，同时使我们对于它们的商品的需要能够促进各方的吐出和吸进。倘使我们从前是贫穷的，而现在已经由于贸易而存了一些钱,并且决定将这笔钱仍旧保存在祖国之内,试问这样可以使别国对于我国商品的消费较前增多吗,试问我们可以从而说我们的贸易是加速和加大了吗?不,实际上它不会产生这样的良好影响的。而且依照促成时代变更的真正原因来看,恐怕与我们所指望的将恰好相反;因为一切的人都承认,在一个国家之内,货币数量如果过多的话,就要使本国的商品更为昂贵。在个别的私人收入方面来说,固然这是有利于他们的,可是在对外贸易数量方面来说,这是不利于国家的。因为钱多会使物价高,而物价高就会使它们的用途和消费量减少,正像我们在上一章明白指出的关于我们的纺织品的情形一样。这对于一些大地主们,虽然是难以忍受的教训,但是对于全国来说,我相信这是我们所要留意的真正的教训,否则当我们靠着贸易赚到一些钱的时候,我们就会因为不拿我们的钱经营贸易而再失去了它。我知道在意大利曾有一个(享有盛名的)王公斐迪南一世,即多斯加尼的大名鼎鼎的公爵。他因拥有极大的财富,故能按极低的利息,将大量款项借给他的商人们,借以增进他的贸易。我自己就向他借过1万镑用了一整年而并**不给息**,虽然他知道我立即就要将此款以**现金**输往土耳其的某些地方,专为属于他的地方购买种种用品,因为他很知道这样的营业的结果,一定会(像一句老话所说的)口里叼着一只肥鸭回来的。这位显贵的和勤勉的王公,由于他对商人们的业务予以鼓励与优待的一番用心和关怀,结果就这样地促进了贸易,致使在一切属于他的国土里边的贵族或绅士,几乎没有一个不是自行经营或与人合伙经营贸易的。因此在这三十年之内,他的商埠莱亨的贸易,就大大增进,甚至使这个贫穷的小市镇(我非常熟悉它)，现在竟成为一个美丽和强盛的都市，成为所有基督教国家之中最以贸易著称的地方之一了。而值得我们注意的是从英国、荷兰与比利时等低地国以及其他地方来到这里的无数的船舶或商品，都几乎没有办法从那里换回货物去，所以只好从那里带回可以随便在什么时候带回去的现金。这对于这位伟大的多斯加尼的公爵和他的居民们来说，是获益匪浅的，因为他们之所以能够大大地富有起来，就是由于邻国的商贾络绎而来，云集该地，天天带来很多现款，以满足他们对于所说的那些商品的需要。并且因此我们就看到，川流不息地进来的商品，一面要将他们的现金取走，一面却又川流不息地再替他们带回更多的现金。

还有一个或两个反对的理由，也是像所有其他理由一样的软弱无力。那就是，倘使我们拿我们的钱去经营钱业，那么我们出口的货物就将少了。这就好像一个人竟会说出最为荒谬的话一样，以为那些以前要用我们的纺织品、铅、锌、铁、鱼以及其他商品的国家，现在既然要用我们的货币，就不能再用这些必需的东西了；换言之，就是等于说，我们的商人只会出口仍将依然如故而毫无增益的货币，而不愿出口常常是有利可图的商品了。

但是相反地，我们在许多国家里边，可以用我们的货币来进行很有利的贸易，否则它们根本就不能与我们发生贸易关系；因为它们并不要用我们的货物。譬如东印度群岛在最初的时候，就是这样的一个国家。虽然以后由于我们同那些国家在商业上的努力，已使它们用许多我们所产的铅、纺织物、锡和其他的东西，从而在我们先前的商品输出量上，又增加了一个相当大的数量。

还有些人以为，准许货币出口的国家，都是因为它们自己能供出口贸易的商品太少或没有的缘故，而我们的商品储存量很大，所以不应以他们的做法为我们的榜样。

对于这一问题的简括的解答，就是倘使我们有了这样大数量的商品，足以能全部供应先前是从海外来的我们所需的东西，为什么我们还要怀疑，我们在贸易上输出的货币，是否一定会以现金的形态收回，是否同时还带来因此而得的庞大利益，好像我们在上面所说的那样呢？并且从另一方面来看，倘使那些输出货币的国家之所以这样做的理由，就是因为它们自己的货物不多的话，那么它们怎么能有这样许多财富，好像我们常常看到的那些听任现金在任何时候或由任何人输出的地方一样呢？我的解答是，正是用它们的货币来经营钱业。因为本国如没有金矿或银矿，试问它们还能用什么别的手段得到现金呢？

这样我们就可以看清楚，对于这一重要营业的最终后果有了正当的估价时，正像我们对于一切人类行动都应好好加以权衡一样，我们就会发现这种营业的性质与大多数人对于它的估价，在很大程度上是背道而驰的。因为他们只在这种工作的开始（指资本输出——译者）上着眼，而不更进一步加以探究，致使他们根据不正确的意见作出判断而犯了错误。因为我们倘使只看到农夫在下种时候的行为，只看到他将许多很好的谷粒抛在地上，我们就会说他是一个疯子而不是一个农夫了。但是当我们按照他的收获，也就是他的努力的最终结果，来估值他的劳动的时候，我们就会知道他的行动的价值及其丰富的收获了。

第十章　使外国人遵守现金使用法令[①]并不能增加或保全我们的现金

将我们的货币保存在国内的这件工作，就其所需的技巧及困难程度来说，并不下于去增多我们的现金。因为保存货币和增殖现金二者的性质是相同的。凡是外来的物品必须用以换取我们的商品的这种法令，最初看来，似乎是一种又妥善又合法的手段，使我们可以达到所说的目的；但是在仔细研究以后，我们就将发觉这条法令，不能产生那种良好结果。

因为一切国家在对外贸易上都会采用同样的方法，所以当我们在这一重大的事情上只是谨慎地按着我们自己的步骤去做，不仅要寻找我们自己的商品的销路以资换得我们所需要的外国商品，而且还要得到现金使我们更加富有起来的时候，我们就不难看到别的国家将会在它们国家内做点什么了。一切这些做法，都是要用不同的方法，依着我们自己的需要和我们所要与之贸易的地方的性质来决定的。例如在有些国家里边，我们出卖了我们的商品，并且带走了它们的货物，或者有一部分带走的是货币；在另一些国家里边，我们出售我们的货物并且得到它们的货币，因为他们很少有或者没有合乎我们需要的货物；还有在一些地方，是我们需要它们的商品，而它们并不用我们的商品，所以它们就拿到了我们

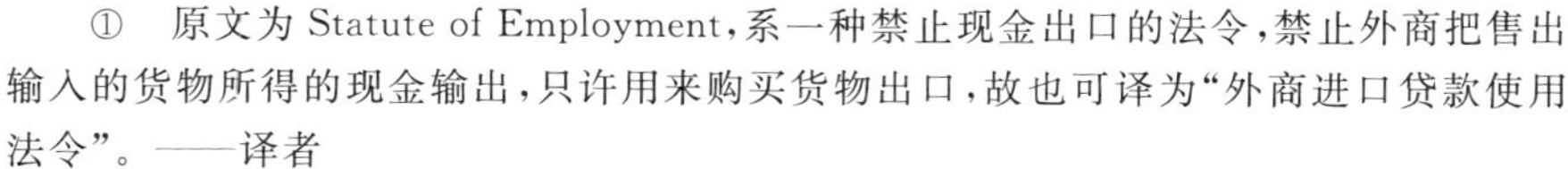

① 原文为 Statute of Employment，系一种禁止现金出口的法令，禁止外商把售出输入的货物所得的现金输出，只许用来购买货物出口，故也可译为“外商进口贷款使用法令”。——译者

从其他国家得来的货币。这样，各个国家通过贸易（它是随着时间的变迁而转移的）的途径，便得以互通有无，并且共同完成整体的贸易——在任何时候它都会衰败下去，倘使它的健康受到国内的奢侈浪费，国外的横暴无理以及国内外的各种征课和限制等疾病侵蚀。但是我在这里只有必要谈一谈限制的问题，这是我要略略提一提的。

一个商人可以有三种办法，从海外获得抵付他所出口的商品的货价，那就是带回货币、商品或汇票。但是现金使用法令就不但限制货币（似乎是深谋远虑和正义的），而且还限制用票据汇款。这就违反了商业上的法则，并且的确是世界上我们与之有贸易的任何地方所未尝有过的一种措施。因此我们要考虑到的，就是无论什么法令（属于这一类的），凡是我们将在本国加之于外国人身上的，也会立即在他们国内制成法令而加之于我们身上的；尤其是我们与之有最大的贸易而存有戒心的邻国，它们都是竭尽心力和无时或息地要使它们的贸易能与其他国家同样享受到平等的权利。因此首先我们就将丧失我们现在所享有的可以将现金带回本国的自由和便利，并且因此我们还要失掉我们输往各地的许多货物的销路，而我们的贸易与我们的现金就将一块儿消失。

其次，倘使通过所说的法令，我们将我们的出口货物（多于平常）硬要卖给外国人，那么这些货物就必须从英国人的身上挤出来。那是对于我们自己的商人、海员和航运事业都有害的；同时还要使整个的社会，在售出本国货物的时候，受到这样的一种损失——即在国内对外国人出售的价格，一定要大大低于我们在他们自己的国家里出售给他们的价格，正像我们在第三章里边所证

明的那样。

第三,其实我们已经充分指出了,我们的进口商品的价值,倘使超过了出口商品,那么我们的货币就必须流出去了。我们怎能将外国人的手捆起来,不使货币流出,而独独使英国人的手得以任所欲为呢?难道促使他们现在这样去做的理由和利益,不是已有先例可援么?否则,倘使我们制定一种法令(并无先例可援的),将外国人与英国人的手都捆起来,一概不使货币流出国外,那么我们岂不是将一切都立即断送了么?国王断送了他的关税,而国家断送了它的利润;因为这样的一种限制,必然要在相当大的程度上将贸易摧毁掉的。要知道,促成广大贸易的种种原因和地方,必须要有一些输出和输入货物的人;有些人只要输出,另一些人只要输入,还有些人要将款汇出去,而另一些人要将款收进来;有些人是要将货币送出去,另一些人是要将它带进来。而数量较多或是较少,是要依靠我们在国内能够善于经管或有了盈余而定。只能在这种情形之下,倘使我们又有一种严密的法令的话,那么其余的一切就能够顺利进行了;倘使做不到这一点,那么一切其他法令就是一纸空文,既不能替我们保全现金也不能使我们获得现金了。

最后,假使有人说,我们应该有一种包括英国人和外国人都在其内的法令,务必一律禁止货币流出本国,那么我们对于这种异议,不能不予以答复。倘使这种法令,要使我们在贸易自由时的那种发达的贸易变得衰落不堪,从而阻碍了货币流入,试问我们能因此而得到什么呢?这种药是不是比患病的害处还大得多呢?试问当国王的收入、我们的商人、海员、航运、技艺、财富和一切都与我们的贸易一块儿衰落下去的时候,难道我们的生活仍能像英格兰

人而不会更像爱尔兰人了么？

有些人说，是的，但是我们还有较此为好的希望吧；因为这种法令的用意，是为了要使一切输入的外国商品，必须都交换我们的商品，从而将我们的货币都保存在国内。这样看来，无疑地，我们必须输出的自己的货物，务须超过输入量，以便带回与这个超额的价值相等的现款。

虽然这已经被上述的理由完全否定了，但是现在为了不再争辩下去，我们仍将予以认可。因为，倘使别的国家吸进我们的商品的确多于我们吸进它们的商品，那么我就可以肯定地说，即使没有采用这项法令，这种超额必然也会以现金的形态带回本国的。所以这种法令，不但是徒然的，而且还是有害的，正像其他一些类似的限制一样，当它们完全显露出来以后，就会完全被人发觉了的。

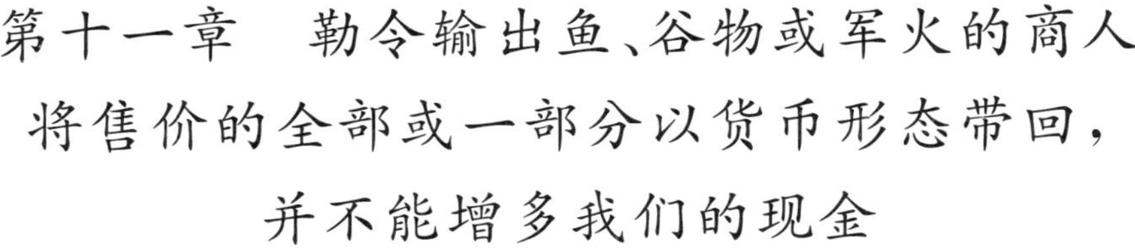

第十一章　勒令输出鱼、谷物或军火的商人将售价的全部或一部分以货币形态带回，并不能增多我们的现金

在一个国家里边，凡是战争所需的食料与军火，都是非常宝贵的，以致似乎必须完全限制它们出口，否则（倘使因为有富余而准其出口的话）就须以之换回价值相等的现金。这样做似乎是合理的和没有困难的，因为西班牙和其他许多国家，是乐意拿出货币来换取这类物品的，虽然在他项贸易上，它们是绝对禁止货币输出的。以上所说的一切，固然是真的，可是我们还须考虑的，就是利用所有的途径和手段（在贸易的过程中）驱入本国的现金，并不能

因此就为我们所有。因为获得现金的唯一途径,就是要通过一种合法的营利,而除了我们在贸易上的出超以外,就别无他法获得这种利益,可是这种出超是要因为种种限制而减少的。所以这种限制,乃是增加我们的现金的绊脚石。这种论证是清楚明了的,无须用其他理由来使之更为有力,除非有人竟狂妄到以为一切限制都不会使出口量减少的程度。但是即使承认这种说法,同时还勒令外国商人必须用现款来购买我们的食料和军火出口,而到了一年之末的时候,我国也不能多得一个便士。因为凡是在一方面强取进来的,一定要在另一方面再泄出去,只有由于贸易出超的缘故而获得的,并且成为祖国财产中的组成部分的,才将是我们留下来和保持着的。

这种道理可以用一个英国人为例来说清楚,譬如他有机会买了而且也消费了许多不同国家的价值 600 英镑的商品,并且将他自己所有的价值 1 000 英镑的商品出售给所说的那些外国人,并且立刻就从他们那里将所有的现钱全都挤到他自己的势力范围之内;可是在清算他们之间的账目之后,就只留下由于商品的买进与卖出之间的差额而来的 400 镑,是属于上面所说的英国人所有的;而他所得的其余的现金(600 镑),就回到他所挤它出来的地方去了。这就足以说明我们可以用一切的方法,将货币都挤入本国,可是将留在我们这里的,只能是我们在贸易差额上所得到的那样多。

第十七章　强大的国王是否必须积累财富

我们宜先研究积累财富这一做法本身,到底有没有必要,然后才好作出结论，到底国王们每年可以毫无困难地积累多少现金而不致妨碍公共的利益[1]。因为在通常的讨论中，我们常常会发觉有一些非常垂涎或希望国王们的赏赐的人，认为储备钱财对国王来说乃是鄙陋不足道的，而且还觉得他们无须乎如此；因为伟大的国王们的荣誉和安全，主要是建筑在他们的慷慨的基础上，而不是在他们的金钱上面的。同时这些人还努力设法援引恺撒、亚历山大，以及其他卑视贪婪，而以滥施赏赐和挥金如土获得了许多功绩和胜利的人为例，作为明证。此外他们还说到，由大卫王积蓄起来留给他的儿子所罗门的大批金钱所收到的小得可怜的成果；因为所罗门虽然有了这笔遗产和一切其他遗赠给他的丰富的礼物，并且拥有在一个太平地区里边的繁盛的贸易，但是他竟倾其所有，完全由于穷奢极乐而花费掉了，只是花费在建筑一座圣殿的那部分钱除外。这样看来（他们说），倘使由这样公正的一个君王所积累起来的这样多的财富，只能做这一点事业的话，那么我们对于别的国王在这一方面的努力，又将抱什么希望呢？沙达那帕鲁斯王将1 000万镑留给杀了他的人们。大流士王将2 000万镑留给了征服了他的亚历山大。尼罗皇帝，本已承袭很大的一宗遗产，又从他的最善良的人民那里榨取了很多的财富，但是对于他的卑陋无耻的阿谀者和那种不值一文的人，却要虚掷1 200万镑，致使在他之后的加尔白皇帝，将那些赏赐撤销了。一个国王有了金钱储备以后，就会厌恶和平，蔑视他的邻友和盟邦的友谊。他不但要从事不

① 原文为Common-wealth，在这里有双关的意义，既可作国家或社会解，又可作公共财富或公共利益解。——译者

必要的战争，而且还要从事险恶的战争，以致毁尽和（有时）倾覆了自己的一切财产。所有这些，加以这一类的其他各种软弱无力的论证（为简括起见，我就不提这些论证了），倘使是正确地加以理解的话，根本就没有反对明智和有远见的国王们对于财富的合法的集聚与积累的意思。

因为首先，谁还不知道那些由于赏赐从厚、花费从宽而获得了至高的荣誉和显贵的名人们，大概用的都是从敌人那里掠夺来，而不是从自己的箱柜里拿出来的无损于己的白得之财呢？与此相反的，还有一些国王，不知未雨绸缪积贮财富，或者是在拥有财富的时候，将它任意都挥霍掉，他们将来总有一天要忽然遭到贫困和艰苦的；因为没有什么使人败落得会像滥行布施而又缺乏布施的方法那样快了。并且所罗门王的例子就是这样，虽然他的财富多得无法计算，但是他却使他的人民背上了过分沉重的负担，甚至（由于这个原因）使其中有许多人起来背叛了他的儿子罗波安，使他把领土的大部分都丧失掉了，因为他被一些年轻的顾问大大地引导错了。所以一个国王，凡是不去压迫他的人民，而却能维护他的财产和权利，同时不使自己堕入贫困，为人所耻，为人所恨和受到危险的，一定是要积累财富而又勤俭节约的。为了更进一步地证明这点，我还可以举出一些其他例证，不过我认为没有必要，所以在这里就不提了。

我还要说的仅仅是加添一条应该遵守的必不可缺的规则：就是当我们必须筹集多于从经常的赋税而来的款项时，我们就应该按平等的原则办事，方可免遭人民憎恨；因为除非他们的献纳是大家所认可的，否则他们是绝不会心悦诚服的。要达到这个目的，创

立了议会制度乃是政府的一种高明政策，凭此就可以使贵族必须对债务负责，可以为平民弥补他们所受到的损害，同时也可以使国王不致偏袒某一方面，而对双方都能讨好；所以结果是可以使国王与他的属民能够同心同德。此外恐怕我们就不能更有见地的为一个国家的公共安宁，或者更周详的为一个国王的安全，再想出任何其他的方法了。国王通过议会也可以有了便利，让别人去处理惹人憎恨的事情，而由自己来处理讨人欢心的事情。

第十八章　一个国王每年适于积累多少财富

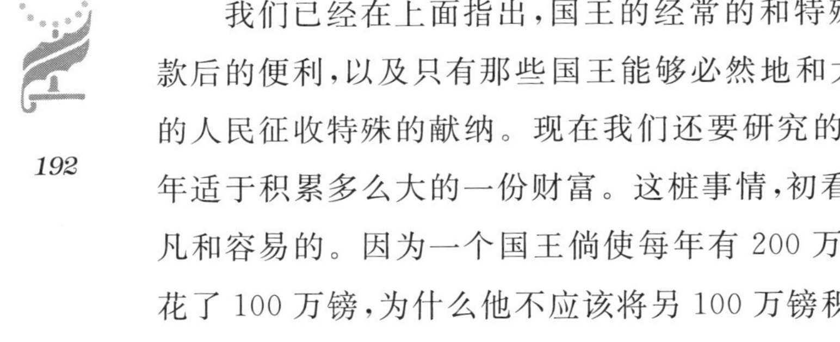

我们已经在上面指出，国王的经常的和特殊的进款和有了该款后的便利，以及只有那些国王能够必然地和大公无私地向自己的人民征收特殊的献纳。现在我们还要研究的，就是每个国王每年适于积累多么大的一份财富。这桩事情，初看起来，似乎是很平凡和容易的。因为一个国王倘使每年有 200 万镑的收入，并且只花了 100 万镑，为什么他不应该将另 100 万镑积存起来呢？的确，我必须承认，这种办法，在处理私人的资财和进款上，是司空见惯的，但是在处理国王的事务上那就大不相同了，因为还要考虑到另外一些情形。因为，一个国王的收入虽然是很多的，可是如果国家所得的利益很小，那么国王每年适于积存的财富的准则和比例也就应依后者而定；因为倘使他积聚的金钱大于对外贸易的顺差数值的话，那么他对于人民就好比是在羊身上吸血而不是剪毛了，那么，由于以后羊死而无毛可剪之故，他也必将与他的羊同归于尽。为弄清楚这一点起见，我们假定一个国家靠着自然物资和技艺而致富，甚至富有到可以靠着贸易而得到供应本国用的外国货，同时每年还可以获得20万镑的现款。其次又假定国王的全部收入是90万镑，他仅花费40万镑，因此他每年可以在钱柜里积存的现款，就比全国从外国人身上由对外贸易而获得的利益多30万镑。那么，谁还看不清楚，这样一个国家的所有货币，一下子就都成为国王的财富了，而其农业与工业的生机就必因此丧失，并且公共财富与个人财富也必将同归于尽呢？可见一个要想积存大量货币的国王，必须想尽一切良好的办法，来维护和发展他的对外贸易；因为这是唯一的方法，可以使他达到他的目的，而且还可以使他的属民更有利于他地富裕起来。要知道，一个国王之所以被人视为强大过人，与其说是在于他的钱柜里存着的大量财富，还不如说是在于他有许多既富裕而又心悦诚服的臣民。

但是我们在这里一定会遇到一种相反的意见，也许认为这种幅员不大的国家（就是我在先已经说起过的）却与强大的国王的领土毗连的，那就只好对它们的属民征课种种特殊的税款，凭此每年就可以获得极多的进款，而且对于任何外来的侵略，也就可以应付裕如了。然而这类国家与外国人的贸易，是不会大到这样的程度，甚至使它们的出超数值或所得利益，除了自己开支以外，每年还足以将半数积存起来。

对于这一意见的答复是：这样的国家仍是应以对外贸易的收益为积累财富的准则。这种收益每年虽然并不很多，可是在一个长期持续的和平时期里，如果经营得当使之生利，那么这笔钱就将积少成多，以致能够维持一场长期的防御战，可以使战争结束或转移目标。而国王的一切收入，也无须都用现金积聚起来，因为他们还有同样必需和有利的方法，可以使他们致富和强大起来。那就是将原来是由人民身上取得的每年进款中的一大部分，一直不断地散发到人民中间去，譬如雇用他们来制造战舰及其附属的一切设备；建筑和修缮要塞；收购足够(至少)一年吃的粮食贮存在各省的仓库里边，俾得防止一个国家所不能不注意到的偶或有之的缺粮危机；兴建银行，使他们的人民可以增进贸易；纪律严明地来维持那些向他们领受薪饷的旅长、排长、兵士、将官、海员和其他在海上和陆上的工作人员；购置东西装满他们(在各要塞地方)的仓库并且要有充裕的火药、硫磺、火硝、子弹、大炮、滑膛、枪、剑、矛、铠甲、马匹和其他许多这一类的作战用的东西。这一切将使他们令外人生畏，而为国人所爱，尤其是倘使所有这些东西(尽可能)是出之于担负每年献纳的本国属民的材料和工业品，则更是如此；因为一个国王(在这种场合之下)正像人身体里边的胃一样，倘使它一旦不能起消化作用，也不能将养料分送到身体的各部分去的话，那么它立即就要破坏那些部分，而同时也毁灭了它自身。

由此我们已经看到，一个小国也可以在各种必需的供应储备上，积存大量的财富，其实这就是国王的珍宝，其贵重的性质，并不下于他们的现金，因为在需要的时候，它们都是已经准备好了的，并且如不这样，在千钧一发之际来不及(在有些地方)准备军火，国家就要灭亡了。所以我们可以说：一个在有急需的时候买不到东西的国王，是和一个没有钱去买东西的国王一样贫困的；因为，虽然现金被称为战争的命脉，可是那是因为它可以在必要的时候和地方供应、统筹和调动人力、食料和军火。倘使这些东西，在需要的时候得不到供应，那么我们拿着我们的现金能做什么呢？许多管理得很好的国家考虑到这一层，都非常小心谨慎，将这些供应品都准备好，特别是威尼斯人的那些仓廪和堆栈，及其著名的兵工厂等，都是以建筑的雄伟，海上和陆上用的军火储备的充裕，工人众多，技术的多种多样和优越以及国家的秩序等，著称于世的。这些都是国王们所应看到和仿行的极好的和珍贵的东西；因为倘使只有威风而无充足的实力储备，就没有力量保证必要的供应了。

第二十章　可以编制我们的对外贸易平衡表的惯例和方法

现在我们已经充分地证明了我们的对外贸易平衡表，乃是衡量我们的财富多少的真正尺度。我们尚须讨论的，就是要指出这种平衡表，应由什么人和用什么方法来编制，才可以使这个国家的政府能够知道，我们在这一重大事业上，有了进展还是退步了。在这一方面，我们英国海关的官员们，是唯一适合做这种工作的人，因为本国所输出和输入的一切货物他们都有账可查。虽然他们（的确）不能将别人购自我国或从海外买来的货物，丝毫不错地估定它们的成本和其他费用，然而他们只要根据关税表册，毕竟能够作出一种姑且可以令人满意的估价，以备查考之用。因为我们并没有希望根据这一种计算，就能够作出丝毫不差的平衡表，只要所差之数不太大就行了。

现在先说我们的出口货罢。在我们已经估定了它们的原始成本以后，我们在这里还必须再加上25%的运费、保险费和利润等；至于我们的无须向国王交付关税的像鱼类等出口货的价值，可以用我们已经用而且还可以继续用的适当的考察方法比较容易地计算出来，也就是根据这类出口货的增加或减少的大势来观察；依现在的情况来说，鱼类每年出口的总值就是约计 14 万英镑。此外我们还须在我们的出口货的价值上再加上一切用于国王所发给的贸易执照的费用。

第二就说我们的外国货进口罢。海关表册的用处，只不过是替我们指出数值的多少而已；因为我们绝不应该按着进口货到了我国以后的价值计算，要知这是货物在原产地的买价以外又已加上装载到我们在海外的船舶上的所有费用了；而此间商人的盈利、保险费、运输费、关税，各种征课和其他种种的税捐等，都是要大大提高我们使用和消费这些货物时的价格的；只是这些费用，不过是在我们自己之间从这一手转到那一手而已，外国人在这其中是没有份的。因此所说的我们的进口货的价格就应该比它们在我们这里所定的价格减少 25%才对。并且虽然这个数额，似乎对于从低地国和其他近邻地方来的许多贵重商品是过大一些，可是当我们就商品的总额以及来自远方国家的货物，如我们所用的胡椒——它在东印度群岛的价格加上其他各种费用，也仅合 4 便士一磅，而它在我们这里的估价是合到 20 便士一磅——而论，就会觉得这个 25%的数额，并不是不合理的。因此，当一切都按折中的办法去做的时候，则其估值的方法，就应该照上面所说的一样才是。所以在进口货上再加上 20%的估值惯例，就会在贸易的差额上产生一个极大的错误，因为依着这样的计算方法去做，则我们今年从东印度群岛输入我国的 1 万包胡椒的价值就几乎要有 25 万镑了。其实全部的胡椒，在我国的总账上所支出的并未超过 5 万镑；因为东印

度群岛的人们并未从我们手里获得更多的货价，虽然我们在这里买胡椒的时候要付出极其高昂的价格。一切其他的费用(就像我在前面所说的)，只不过是在我们自己之间的财物的转移以及从属民到国王之间的一种转移罢了，那是不会使公共财富受到损失的。实际上，所说的胡椒，有 9 000 包已经输往国外各地了；那么这些胡椒和一切其他外来的和本国的货物，只要是这样地输往外国的，就应该按照国王的税率由海关提高 20%或者按照我想来较为接近理想的 25%来估值才行，倘使我们是考虑到要在我们的全部贸易里边，作出一个折中的估值办法的话。

第三，我们必须记住一切由外国人输出或输入的货物(在运输上)，是由他们自己来担负一切责任的，所以由于他们的输出而我们国家所得到的，只不过是货物的原始价格和关税罢了。并且对于外国人所输入的货物，我们必须按本国当地的价格估值，扣除关税、征课和其他杂费。

最后我们还必须特别注意，我们在运货出国或回国的途中，在海上所受的一切巨大损失。一种损失是要从出口货的价值上减去的，另一种损失是要在进口货的价值上加进去的。因为无论是损失掉的或消费掉的，都是要按同一种方法来计算的。同样地，倘使我们的国王通过汇兑将一大批的金钱，汇到无须我们自己替兵士预备衣食和准备供应的地方去，那么便可以就地购得一切而维持一场国外战争，我们就完全不必将这笔费用算在我们的出口里边，而将它加在进口上。因为这笔费用使金钱流出，或者说是阻碍了这样多的一笔金钱的流入。并且我们在这里还要记得，宣教士和耶稣会教士，每年在全国各处从反对我们的国教的人们那里募集来大量金钱，他们把这笔钱暗中运到他们在海外所办的大学、男修道院和女修道院去，而绝不会带回任何东西来。所以这种有害的事情，倘使是不能防止的话，那么这桩事情，就必须视作和定为国家的一种明明白白的损失，除非（为要抵偿这种损失起见）我们能够想象，或者外国的国王会以这样大的一笔钱，赠给在我国接受此种恩俸的人士，以期获得他们的同情或情报；这是有些国家视为良策而不惜用重金来购买的。这样得来的收入当然是明明内藏阴谋的东西。

还有其他一些琐碎的问题，似乎是与这个平衡表有关的，而所说的英国海关的人员，却未能予以留意并记入账内的。例如旅客的费用[1]，送给大使和外国人的礼物，不经过海关的一些走私进来的货物，外国人在这里由于货币的兑换和再兑换，由于货币的利息，由于替英国人的货物和生命保险等所获的利益——这些收益，除掉他们在这里的生活费用之外是微乎其微的。此外，还有由身居外国的英国人所享有的与此相同的种种利益，也足以抵偿以上这一切的利益了；所以在我们编制所说的平衡表时，它们并不占怎样重要的地位。

① 按旅客费用分为二种：本国人去外国旅行的费用与外国人来本国旅行的费用。前者属“无形输出”项目，后者属“无形输入”项目，也即前者属支出项目，后者属收入项目。——译者

九　威廉·配第

赋　税　论

配第生平简介

威廉·配第爵士(1623—1687 年),受过医学教育,曾在欧洲大陆的几所大学和牛津大学研究医学。他在牛津大学担任过解剖学教授,时间很短,随后在爱尔兰度过了若干年,负责调查并分配叛乱后没收的土地。后来,他在伦敦重新从事科学研究工作,主要是搞造船试验,帮助创建皇家学会。1666 年,他重返爱尔兰,余年基本上是在这里度过的,一方面经营自己庞大的田地产,一方面努力推进行政改革。其所有著作都表现出强烈的务实倾向和不可遏制的探索精神。这些著作没有哪一部是很有条理的,即使整个来看,也不成为统一的经济哲学,但其中却有许多使人非常感兴趣的段落。特别重要的是他关于"政治算术"的著作,在这部著作中,他试图"用数字、重量或尺度"来论述政治和经济问题,从而开辟了现代统计方法的先河。他的主要著作有:《赋税论》(1662 年)、《政治算术》(1691 年)、《货币略论》(1682 年)和《爱尔兰政治解剖》(1672 年)。

赋 税 论[①]

第三章 人民不甘心负担赋税的原因如何才能减少

我们已经就公共经费的全部六个项目大略作了论述，并指出（虽然不全面，而且有些匆促）哪一项应该增加，哪一项应该减少。

下面想讨论一下在人民不甘心负担赋税的一般原因之中，哪些能够消除。这些原因是：

（1）人民认为元首的需索，超过他的需要。关于这一点，我认为，如果元首确能按时得到他所需要的款项，则预先将税款全部从臣民手中征收过来，并把它储藏于自己的金库中，这对于他自己也是一种很大的损失。因为货币在臣民手中是能通过贸易而增值的，而储藏于金库之中不单对自己没有用处，而且容易为人求索而去或被浪费掉。

（2）不管租税多么沉重，如果它对所有的人都按适当比例征收的话，则任何人都不至因负担租税而使财富有所损失。因为（如前面所说的）如果人们的财产都减少一半，或是都增加一倍，则每人

① 摘自赫尔编《威廉·配第爵士经济论文集》（剑桥大学出版社）。——编者

都仍然同样富有。原因是每人都保持原先的地位、尊严和身份。不仅如此，由于所征收的货币并没有流出国外，所以和任何别的国家比较，本国仍然像原来一样富有。只是君主的财富和人民的财富，在短时间内（即在将征收自某些人的货币付还给原主或其他缴付这些货币的人之前的那一段时间之内）有所不同而已。在这种情况之下，经过重新分配，每个人都有可能变得更富或更穷；或者在一方面蒙受损失，但在另一方面却得到收益。

（3）最使人感到不满的，就是对他的课税，多于对其邻人的课税。关于这一点，我认为，这种事情有时是由于错误，有时是出于偶然；在下次课税的时候是可以做得令人满意的。即使这种做法确实出于有意，但也不能认为这是元首的意图，它只是当时估税官的意图。这个估税官，在下一次必定会受到那个受他委屈的纳税人的报复。

（4）当人们想到征收来的货币被花于宴乐、排场、粉刷凯旋门等等上面的时候，就会深感不满。对这一点，我认为，这种支出不过是将上述货币支付给从事这些工作的工人。虽然这些工人的职业似乎毫无意义，只是为排场服务，可是，在这种支出之下，货币却会立即到了最有用的人们，即酿酒工人、烤面包工人、裁缝、鞋匠等等之类的人的手里。不仅如此，君主从这些排场和宴乐所得到的愉快，并不比他臣下的其他 10 万个最卑贱的臣民所得到的愉快大，这些臣民虽然发牢骚表示不满，但却不惜远路跋涉前往参观这些错误而讨厌的浮华场面。

（5）人民常常抱怨君主把从人民那里征课来的钱财给予他所宠爱的人。关于这一点，我认为，给予国王的宠臣的金钱再一转手就会流入我们之手，或是流入我们所寄望而且认为值得得到这些钱的人们之手。

其次，今日这个人是国王的宠臣，以后也许另一个人甚至我们自己也会成为国王的宠臣。国王的宠爱是拿不准、捉摸不定的，用不着羡慕。因为登山之路，也就是下山之路。何况英国的法律和习惯，都没有规定出身卑贱的人的子弟不得担任国家的要职，更不用说禁止他得到君主的私人宠爱了。

所有这些想法（一般人的脑海中容易有这些想法），都使人不愿意缴纳租税，这就使君主对人民采取严厉手段。可是，这种严厉手段如果偶尔加在一些有家庭负担、贫困而又顽强地不肯缴纳租税的人身上时，那就会使轻信的人抱怨国王的压迫，同时使他们对所有其他事情也抱有恶感；从而使其原来就有的不满情绪益加严重。

（6）对人口数目、产业及财富状况毫无所知，往往是使人民遭受不必要痛苦的原因。原来只需征课一种租税，由于这种无知，却要征课两种或多种税，而且甚至加倍征课，因而使人民负担加重，备受痛苦。最近的人头税便是其中一例。在征课这种人头税时（由于不知道人民的状况，不知道各类应该加以征课的人究有多少，缺少据以评估税率的明确标准，把财产与称号和官职混同起来），就犯了许多严重错误。

此外，由于不知道人民的财富情况，君主就不知道人民究竟能够负担多少赋税；由于不知道产业情况，君主也就不能判断什么时候是适当的向人民征税的季节。

（7）征税权模糊不清、模棱两可，一向是使人民最不情愿纳税和迫使君主采取严厉手段的原因。其明显的例子就是船舶税，它是整个王国二十年来灾难所由发生的重大的原因。

(8)人口少是真正的贫穷。有800万人口的国家，要比面积相同而只有400万人口的国家不仅富裕一倍。因为行政官吏是需要很多经费来维持的，可是同一人数的行政官吏，管辖人口多与管辖人口少一样，差不多都能同样地执行任务。

其次，如果人口少得使人们只需靠天然的产物或只需作轻微劳动(像从事牧畜之类的作业)就能维持生活，那么，他们就会变得没有任何技能。这是因为四体不勤的人是忍受不了任何精神上的苦楚的，而思虑过多就会引起这种精神上的苦楚。

(9)货币不足，也是纳税情况不佳的一个原因。因为，如果我们考虑到本国所有财富——即土地、房屋、船舶、商品、家具、器皿及货币——中间仅有1%为铸币，而英国现在只有600万镑货币(这等于每个人只有20先令)，那么，我们就能很容易地得出结论：即使有很多财产的人，突然要支付一笔货币，也是很困难的。如果他们筹集不到这些货币，严厉的责难和罚款就会接踵而至。这种责罚虽然是不幸的，但却也未可厚非。因为，虽然一个成员和全体一起遭受到损害，要比单独一个成员遭受损害来得容易忍受，但叫某一个成员遭受损害，总要比让全体成员都受到危险来得容易忍受一些。

(10)规定一切租税都必须用货币缴付，似乎是有些不合理的。这就是说，(假如国王需要对他停泊在朴次茅斯港口的船只调拨粮食，)农民由于国王不肯接受肥牛和谷物这些实物，他就不得不事先将谷物运到也许有十英里远的地方去出售，把它换成货币；而这些货币交给国王以后，国王又要将其换成从几十英里远的地方运来的谷物，这完全是一种浪费。

不仅如此，农民由于急着要卖，就不得不廉价出售自己的谷物，而国王由于急着要买，也不得不高价购买所需的粮食。但是，假如在当时当地用实物缴付的话，就会减轻贫民的许多痛苦。

其次要加考虑的，就是过高的租税对全体人民所产生的后果和影响（这里不谈对上面所说的某些人所产生的后果和影响）。对这一点，我认为，经营一国产业所需要的货币要有一定的标准和比率；过多或过少，都会对产业有害。这正和为了便于和银币兑换，为了便于结算不能用小银币结算的账目，在为数很小的零星买卖中必须有一定比率的铜币恰恰一样。因为货币（它是用金和银铸造的）对生活必需品（即食物和衣着）的关系，正和铜币及其他地方性的辅币对金币和银币的关系一样。

商业上所需要的铜币的数目要由人口数目及它们的交换次数来决定，并且主要地也要由最小的银币的价值来决定；同样，我国产业所必需的货币的数目，也要由交换次数及支付额大小（这往往不是法律或习惯所能规定的）来决定。因此，如果备有可以据以了解每个人所有财产的真正价值的地籍登记簿；如果设有必需品（如金属品、毛织品、亚麻布、皮革及其他有用物品）的储存所；如果再设有经管货币的银行，那么，经营产业所需的货币就可以少一些。因为，如果所有巨额的大笔支付都用土地来进行，而其他大约在10镑或20镑以上的支付用贷款者或放款银行的信用来进行的话，那么，只有在支付10镑或20镑以下的款项的时候才需要货币。这种情况和下面一种情况是一样的，即假如有很多2便士银币，那么兑换所需的铜币量就比最小面额的银币为 6 便士的时候要少。

根据以上各点，我认为，即使国内货币过多，如果国王将所有多余的货币存入自己的金库，并允许人民用他们最容易拿出来的实物来缴税，那么，对社会、对国王都有好处，就是对私人也无害处。

另一方面，如果征税过多，使得货币量减少到不能应付经营国内产业的需要，那么，由此而来的害处就会是作业减少。这和人口减少或人民的技能及勤劳程度衰退是一样的。因为，如将 100 镑当作工资支付给 100 人，就会生产出价值 1 万镑的商品，可是，如果没有这种使他们继续就业的动力，则这些人就会无所事事，变成无用了。

我认为，如果各种税收都直接用于购买本国所产的商品，则它们对全体人民并无害处。它们只是使某些人的财富和财产发生一些变化；明显的就是使这些财富和财产从占有土地而游手好闲的人手里移转到聪明而勤勉的人手里。举一个例子说，如果某个地主将自己的土地以每年 100 镑的租金出租给农场若干年或若干代，而政府为了维持海军需用，对他每年征课 20 镑，那么，结果就是：他每年缴纳的 20 镑，将被分配给海员、造船匠及其他与海军有关的行业。如果这个地主自己经管他的土地，那么，由于被征课的田赋占其地租收入的五分之一，他就会按此比例向他的转租人增加地租，或是将他的家畜、谷物及羊毛的售价提高五分之一，并且依靠他的人也会这样做，这样他就能够在一定程度上收回他所缴纳的田赋。但是，如果所征收的税款全部被投入海中的话，那么，最终结果不外是每个人都必须多劳动五分之一，或是削减消费五分之一——这就是说，如果国外贸易能得到改善，人们就要多劳动；如果国外贸易不能改善，人们就要削减消费。

我认为，在一个治理良好的国家，这种租税是一种最坏的租税。但是还有一些国家，它们对求乞和行窃没有什么预防方法，因而求乞和行窃成为无业的人们的可靠的生活之道。我认为，在这些国家中，过苛的税课甚至会造成生活必需品极端而难于克服的缺乏。同时，由于这种缺乏来得非常突然，所以无知的人们就会无法找到生存之道。这种情况在自然法则支配之下必然会立即迫使他们不惜进行抢掠和撞骗来救活自己。而这又必然引起死刑、切断肢体和监禁的处分，因为依据现行法律，这些行为乃是危害国家以及危害个别受害者的罪行。

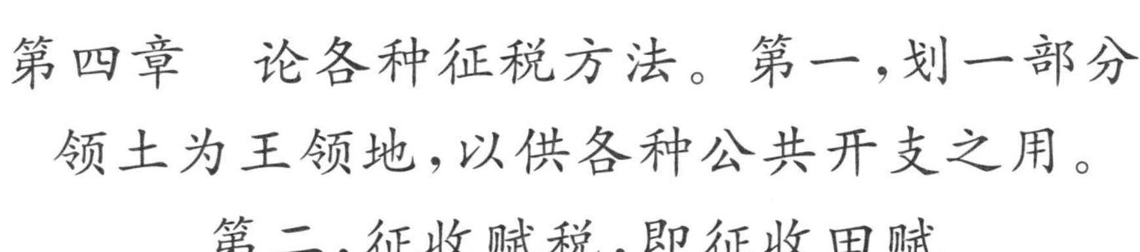

第四章　论各种征税方法。第一，划一部分领土为王领地，以供各种公共开支之用。第二，征收赋税，即征收田赋

假定各种使公共经费增加的原因，能够尽可能减少，同时人民对于政府和国防所需的经费，以及为维护君主和国家的荣誉所需的经费，都愿意承担他们所应负担的份额。那么，现在就要提出如何能够最容易、最迅速、最能使人不知不觉地征收这些经费的各种办法和措施。在这样做的时候，我想先分析一下近年欧洲各国所施行的主要征税方法，说明其便利和不便利之处。此外，也想谈一下其他一些比较不重要和不大常用的方法。

假定移居到某个地区的一定人数的居民，在计算之后得出结论说，每年需要200万镑作为公共经费之用。或者假定这些居民比别人更加勤敏地从事他们的工作，他们经过计算，认为应将他们所有土地和劳动所提供的收入的二十五分之一扣除下来，充作公共用途。（这一比率恐怕十分适合于英国的情况，这一点容后再说。）

现在的问题是，用什么方法筹集上述的200万镑，或收入的二十五分之一。我们建议的第一种方法，就是就土地本身来加以划分，换句话说，就是从英格兰及威尔士所有的全部2 500万英亩土地之中，划出可以提供200万镑法外地租（Rack-rent）的一部分400万英亩左右的土地（这约占全部土地的六分之一）；将这400万英亩——就像过去爱尔兰那四州被充公时，把它们保留下来那样——作为王领地。不然的话，就采取另一种方法，即征课全部地租的六分之一作为租税。这个比例和爱尔兰的投机家及士兵作为免役税（Quit Rents）缴给国王的金额大约相等。在这两种方法中间，后一种方法显然更好些。因为对国王来说，这一方法更加安稳可靠，而且有更多的承担纳税义务的人。不过，征收这种赋税所花的人力和经费，应力求节省，以免抵消它对第一方法所具有的优点。

在一个新的国家，大概适宜于采用这种方法。如在爱尔兰，人们甚至在还没有占有任何土地的情况下，就对这种方法达成协议。因此，今后凡是在爱尔兰购买土地的人，都不必承担课加于他们身上的免役税，这情况就和土地面积减少了许多，或是购买土地的人都知道这片土地要缴纳什一税，因而不必再承担免役税一样。一个国家如依据原先的协议，把地租的一部分保留下来，用以支付它的公共经费，而无需作临时或突然的额外征课，那它无疑是幸福的。因为这种临时或突然的额外征课乃是租税负担沉重的真正原因。上面已经说过，在这种情况之下，并不仅是地主要纳税，凡是吃一个鸡蛋或吃他自己土地上所长的一棵葱头的人，以及凡雇用食用这类鸡蛋和葱头的工匠的人，也都要纳税。

但是，假如上述方法是在英格兰提出的话，换句话说，假如从每一个地主的地租中都征收一个完整部分的话，那么，其地租已经固定并在长时期以内不能改变的人就要负担这种沉重的赋税，而其他的人则会因此而得到好处。因为，假定甲与乙各有一块土地，其土质及价值都相等。再假定甲将其土地出租二十一年，每年租金 20 镑，但是乙还没有将其土地出租。假如对这两块土地征收占其地租的五分之一的赋税，这时，如果地租不到 25 镑，乙就不肯将土地出租，因为不然的话，他所拿到手的余额就没有 20 镑；可是甲却不得不满足于 16 镑这一数额。但是，尽管如此，甲的租地人却可以将其依据契约所得到的产品，按乙的租地人出售其产品的价格出售。其结果，就会这样：第一，乙的地租的五分之一归国王所有。国王所得的税收比原来更多。第二，乙地的耕种人所得到的利益，比没有这种田赋时更多。第三，甲的租地人或耕种人所得到的利益，等于国王与乙的租地人两方面所得到的利益。第四，田赋最终是课在地主甲和消费者身上。这么一来，田赋就变成对消费行为征课的不划一的国内消费税，而怨言越少的人，负担越重。最后，有些地主可能得到利益，只是那些地租预先确定的地主却要蒙受损失；而且这种损失是双重的，这就是说，一方面他们的收入不

得增加，另一方面他们所食用的粮食价格却上涨了。

另一种方法，就是从房屋租金中征课。房租比地租更不确定。因为房屋具有两重性质：一方面它是支出的媒介，另一方面又是收益的手段。比如，伦敦的商店如与所属同一建筑物中漂亮的餐厅比较，前者不论从其容量或建筑费言都显得不如，可是其价值却大得多。同样，地窖及地下室都比安适的住室价值大。其理由是，后者要花费开支，前者却有利益收入。因此，就性质说，后一种房屋要用评估地租的方法来评估；前一种房屋要用评估国内消费税的方法来评估。

这里想附带谈一下：我国为限制房屋的兴建，特别是为限制房屋在新地基上面的兴建，有时对房屋征课不平衡的捐税，借以限制城市的发展；因为人们认为像伦敦这样过大而又过度发展的都市对君主政治是很危险的，虽然在统治权掌握在像威尼斯这些地方的市民手中的情况下，它们可能要比较安全些。

然而，我们认为，这种限制新建筑物兴建的办法并不能达到目的。因为，建筑物是随人口的增加而增加的，人口如不增加，建筑物就不会增加。解除上述危险的方法，应求诸人口增加的原因。如果人口增加的原因能得到消除，则其他问题就会迎刃而解了。

那么禁止在新地基上面建筑房屋的实际效果是什么呢？我认为，这就是使城市保持并固定在它的原来位置和原有的地基上面。可是如果鼓励建筑新房屋，那么这个城市就会像所有大城市那样，在不知不觉之中，不必经过很多年，就会离开原有位置和地基而向外发展。

原因是，人们都不愿意拆毁旧房屋来建筑新房屋。因为如把旧房屋连其地基做为新房屋的地基的话，则所花代价过于高昂，同时这既有限制，又不方便。因此，人们都在新的和没有限制的地基上面建筑新房屋，而对旧房屋，在它们未到无法再修理的地步以前，都只是马马虎虎地加以修理。这些旧房屋到了无法修理的时候，不是变成流氓的巢穴，便是随着时日的消逝而变成荒地或菜园。像这样的例子，就是在伦敦附近也所在皆是。

假如大城市的位置自来就容易移动的话，那么它将会向什么方向发展呢？在我看来，就伦敦来说，它必然向西发展。原因是，风在一年之中差不多有四分之三的时间从西面吹来，西区的住宅不大有充满整个东区的烟雾、蒸气以及臭气。这种臭气在烧煤的地方，是非常厉害的。如果因此之故大人物的宅邸都会向西边移动，那么，依靠他们生活的人的住宅，自然也会步其后尘慢慢向西移动。我们现在在伦敦就看到这种情况。在伦敦，贵人们的旧宅现在都变成交际厅或被改成公寓了，而所有的宅邸都向西方移动。因此，我深信再过五百年，国王的宫殿将移到切尔西（Chelsey）附近，白厅的旧建筑物将按其实际情况改作别用。因为，在原有地基上建筑新皇宫，就庭园及其他宏伟的建筑说来，都过于狭窄，不利于工程的进行。因此，我倒觉得，以后建筑的宫殿与现在房屋拥挤之处的距离，将会像当初威斯敏斯特旧宫离伦敦城的距离一样，在那时，弓箭手一走到拉德门就把弓张起来，而在泰晤士、舰队街及霍尔本之间的空地，也像现在芬斯伯利广场一样大。

我承认这种题外之论与租税问题毫无关系，而且它本身也是没有什么用处的。我们连一日之中要发生的事情都不知道，为什么要为五百年以后的情况担忧呢？而且我们也不会在那个时候到来之前全部移居到美洲去，而让这里像今日许多有名的东方帝国的所在地那样，遭受土耳其人蹂躏，化为一片荒芜。

但是我认为确切不移的事情是，只要英格兰有人居住，则人们的最大的居住地区就将在现在的伦敦附近。我们知道，泰晤士河是本岛最便利的河流，而伦敦又处于泰晤士河最便利的地方，所以它的交通方便，有利于都市发展。由此看来，我们应该雇用我们所有的游闲人手来修筑公路，建筑桥梁、堤道，并疏浚河流。这些想法又叫我回头来谈我们刚才离开的课税方法的问题。

在联系到赋税来详细论述各种租金之前，我们需要对前述的土地和房屋的租金以及货币（我们把它的租金叫做利息）所具有的神秘的性质加以分析。

假定一个人能够用自己的双手在一块土地上面栽培谷物；即假定他能够做为耕种这块土地所需要的种种工作，如挖掘、犁、耙、除草、收刈、将谷物搬运回家、打脱筛净等等；并假定他有播种这块土地所需的种子。我认为，这个人从他的收获之中，扣除了自己的种子，并扣除了自己食用及为换取衣服和其他必需品而给予别人的部分之后，剩下的谷物就是这一年这块土地的当然的正当的地租；像这样七年的平均数，或者说，形成歉收和丰收循环周期的若干年的平均数，就是用谷物表示的这块土地的一般地租。

但是，我们进一步需要解决的一个连带的问题可能是，这种谷物或地租值多少英国货币呢？我认为，它值多少货币，就看另一个在同一时间内专门从事货币生产与铸造的人，除去自己费用之外还能剩下多少货币。也就是说，假定这一个人前往生产白银的地方，在那里采掘和提炼白银，然后把它运到另一个人栽培谷物的地方铸成货币,并假定这一个人在从事这些工作的同时,也能得到生活所必需的食物和衣服。我认为这个人的白银和另一个人的谷物,价值一定相等。假定前者所有的白银为20盎司,后者所有的谷物为20蒲式耳,那么,1蒲式耳谷物的价格就等于1盎司白银。

即使从事白银的生产可能比从事谷物的生产需要更多的技术,并有更大的危险,但是结局总是一样的。假定让100个人在十年中生产谷物,又让同数的人在同一时期中生产白银。我认为白银的纯产量就是谷物全部纯收获量的价格,前者的等同部分,就是后者等同部分的价格,尽管从事白银生产的人既不会全都懂得提炼及铸造的技术,也不会全能免除在矿山中劳动所带来的危险和疾病。黄金和白银的价值之间的正当比率也是依据这种方法来规定的。不过在许多情况下,这种比率往往被错误地规定了,它有时过高,有时过低,影响及于全世界。这种错误(顺便说一下)就是我们以前感到黄金过多,现在又感到黄金不足的原因。

我认为这是各种价值相等和权衡比较的基础。但是我承认,就这一点而言,在上层结构和具体实践中,是变化多端、极其错综复杂的。关于这一点,后面再说。

全世界都用黄金和白银来衡量各种物品,但主要是用白银。因为不宜有两种尺度,所以在许多物品中,比较适宜于充当尺度的,就必然成为唯一的尺度。这就是说,人们就用一定重量的纯银来衡量各种物品。可是,我从最老练的专家们所作的各种报告中得知,衡量白银的重量和评定它的成色是有困难的;即使它的成色和重量不变,它的价格也会上涨和下落。在某一个地方可能因离矿山远或因其他偶然原因而比在其他地方贵，在现在也可能比前一个月或前几天贵；而且在不同时期，由于白银的增加和减少，它对用它来评定价值的各种物品的比率也会发生变动。在这种情况下，我们就应该在不贬低黄金和白银的卓越效用的情况下，努力研究某些其他自然标准和尺度。

我们用各种名称来称呼黄金和白银，例如在英国，我们就用镑、先令和便士来称呼它们；所有的黄金和白银都可以用这三种名称中的任何一种来称呼、来理解。但是，关于这一问题，我要指出的是，所有物品都是由两种自然单位——即土地和劳动——来评定价值，换句话说，我们应该说一艘船或一件上衣值若干面积的土地和若干数量的劳动。理由是，船和上衣都是土地和投在土地上的人类劳动所创造的。因为事实就是这样，所以如果能够在土地与劳动之间发现一种自然的等价关系，我们一定会感到欣慰。如果这样的话，我们就能够和同时用土地和劳动这两种东西一样妥当地甚或更加妥当地单用土地或单用劳动来表现价值；同时，也能够像把便士还原为镑那样容易而正确地将这一单位还原为另一单位。因此，如果我们能够发现世袭租借地(Fee simple of Land)的自然价值，那即使我们的发现不见得比发现上述使用权(usus fructus)的自然价值好多少，我们也会觉得欣慰。这一点我们且试谈如下。

在发现地租或每年的使用权的价值之后，我们就要问，一块世袭租借地的自然价值(用我们平常的说法)相当于多少年的年租？如果我们说一个无限的数字，那就等于说1英亩土地的价值等于相同土地1 000英亩的价值，这是不合理的。1单位的无限大和

1 000单位的无限大是一样的。所以，我们必须确定一下某种有限的数字。在我看来，这种有限的数字，就是指有限的年数。我认为这种年数就是一个五十岁的人、一个二十八岁的人和一个七岁的人可以同时生存的年数，也就是祖、父、孙三代可以同时生存的年数。很少有人会挂虑再下一代的子孙。因为一个人做了曾祖父，他就已接近死期，因此一般说来，在直系亲属中能够同时生存的，只有上述三代人。虽然有的人四十岁就做了祖父，但也有些人要到六十岁以上才会当祖父。这种说法，也适用于其余的人。

所以，我认为任何一块土地自然所值的年租年数，等于这三代人通常可以同时生存的年数。我们估计英格兰这三代人可以同时生存的期间为二十一年，因此土地的价值也大约等于二十一年的年租。假如他们自己认为这一种计算有错误(死亡统计表观察者认为他们是这样)，那么他们就会改变为另一种计算，除非由于考虑到错误是普遍性的，同时又关联到许多互相依赖的事体，因而不容许他们作这种改变。

我认为，在所有权有保障，并能确实可靠地享有年租的地方，土地的价值就等于二十一年的年租。但在其他一些国家，由于所有权更有保障，人口更多，而且对土地价值以及这三代人同时生存的期间都有更正确的了解，土地的价值大约等于三十年的年租。

有些地方的土地，则因附属在它上面的某些特别荣誉、快乐、特权以及法律上的权利，所值的年租年数要更多一些。

另一方面，有些地方(例如在爱尔兰)，土地由于下述各种原因，所值的年租年数却要少一些。我在这里所说的这些原因，在任何其他地方也都是造成地价低廉的原因。

(1)在爱尔兰不断发生叛乱(在这种叛乱中,你如被打败,则一切都完了;如你战胜,也难免遭受盗贼的骚扰),而且先来的英国官员对后来的英国官员心怀嫉妒,不肯支持。英国派遣官吏前往爱尔兰,自开始迄今,为时不过四十年。但是,自从英格兰人第一次到来时就有的严重骚动,从来就没有间断过。

(2)人们对于别人的财产不断提出各种各样的勒索要求;同时一方面由于这四十年来许多在那里当权的总督和官吏们常常意存偏袒,另一方面由于人们常常伪造证词并滥用庄严的宣誓,因而这些勒索行为能够很容易地找到各种借口。

(3)居民稀少。那里的居民没有超过该地区所能供养的人数的五分之一。在这些居民中,只有小部分从事劳动。而且像其他国家中那样勤劳的人,则为数更少。

(4)爱尔兰的财产(不动产和动产)大部分归在外所有主所有,这些在外所有主把从爱尔兰榨取的收益汇出去,却不还回一文。因此,虽然爱尔兰出口多过进口,但贫困现象却愈来愈严重。

(5)法律难于执行。许多掌握实权的人往往利用职权来袒护自己,并且袒护别人。除此之外,犯罪和欠债的人为数很多,这些掌握实权的人不论在审判方面,或在执行职务方面,都尽可能照顾和其同类的人。此外,这里的财政状况又不能给深谋善断的审判官和律师以应有的鼓励,这就使审判工作变得非常没有标准,因为无知的人比那些懂得轻率及独断行为所造成的危险的人,是更容易犯行动轻率和独断独行这些毛病的。但是所有这些情况,如及时加以注意是可以改善的,这样,在数年之内使爱尔兰提高到和其他各国等同的水平，同样值得敬重，并不是不可能的。因为下面我们要讨论利息，对这个问题，拟在别处作更详细的讨论。

第五章 论利息

对于出借的但只要提出要求就能随时取回的任何物品，贷者要收取利息，借者要付出利息，这是什么道理呢？我不明白。货币或者用货币规定其价值的其他必需品出借之后，如借者只能在他所选择的时期和地点偿还，因而贷者不能随意按其所要求的地点和时期取回，在这个时候，贷者就可以毫无顾虑地索取利息，这又是什么道理呢？我也不明白。但是，假如一个人在不论自己如何需要，在到期之前都不得要求偿还的条件下，出借自己的货币，则他对自己所受到的不方便可以索取补偿，这是不成问题的。这种补偿，我们通常叫做利息。

有时一个人对另一个居住异地的人提供货币，并约定在一定日期在该地交付，如果违约则要罚巨款。对这种汇款的报酬，我们叫做汇费，或因地区不同而产生的利息。

例如，在最近内乱的烽火中，通往卡莱尔(Carlisle)的道路，满布士兵和盗贼，水路非常长，既困难又危险，而且时时不能通行。在这种情况下，在卡莱尔需要货币的人，为了保证于一定日期把100镑货币由伦敦汇到卡莱尔，他有什么理由不让别人收取汇费呢？

可是，这里就产生了这样的问题：利息和汇费的自然标准是什么？说到利息，在安全没有问题的情况下，它至少要等于用借到的货币所能买到的土地所产生的地租；但是，在安全不可靠的情况下，除单纯的自然利息之外，还必须加上一种保险费。这种情况，会很合理地把利息提高到低于本金的某种高度。如果英国现在确实没有上述的安全保证，所有贷款或多或少都有危险，手续麻烦，费用也多，那么，我认为不论在什么地方，什么时候，要违背俗世的习惯，努力于限制利息，都是没有理由的，除非制定这种法律的是借者而不是贷者。但是，制定违反自然法则的成文民法是徒劳无益的，关于这一点，我已在别的地方说过，①而且就各方面举出了例证。

关于汇费的自然标准，我认为，在和平时期，汇费最高不能超过为运送现金所花的劳动。但是，假如某地有危险，或这一地方比另一地方需要货币更为迫切，或是关于这些情况的说法真假难辨，那么，汇费就要受到这些因素的影响。

和这种情况相同的，就是我们所略而未谈的关于土地价格的一些问题，因为，正如货币需要量大汇费即高一样，谷物需要量大，其价格即上涨，因而生产谷物的土地的地租，以致最后土地本身的价格也都上涨。例如，假如维持伦敦或一支军队所需的谷物，必须从远离40英里的地方运来，那么，在伦敦或离这支军队驻扎地1英里以内的地方栽培的谷物，除其自然价格之外，尚应加算将谷物运输39英里所需的费用。对鲜鱼、水果等容易腐烂的物品，尚应另加算保证避免发生腐烂危险的保险费。最后，对在当地（例如在

① 据配第子嗣、《配第文稿》编者兰斯道温（Lansdowne）推测，这里所说的别的地方，是指收集于其所编的《配第文稿》第一卷中的《论利息》及《利息》二文。——译者

菜馆)食用这些食品的人来说,他所支付的价格,除了上述费用之外尚应加算各种附带费用,如房租、家具的耗损费、侍者的报酬、厨师技艺和劳动的报酬等等。

因此,结果就是,靠近人口稠密的地方(即为了维持其居民生活而需要很多土地的地方)的土地,由于上述理由,比距离远而土质相同的土地,不仅能产生更多的地租,而且所值的年租总数也更多一些。因为在那种地方占有土地能够享到特别的快乐与荣誉。理由是“Omne tulit punctum qui miscuit utile dulci”(把效用和快乐化为一体,是人所共赏的)。

附　表[①]

但是,要使这一工作接近于完善,最好是能知道每一教区的亩数,以及它在连续三年中所生产的奶油、奶酪、谷物和羊毛的数量;这样就可以知道土地的自然价值。通过居住在一墟日路程以内的居民人数以及他们的住房的价值,可以知道这些居民的性质和开支情况。我很希望能够知道上述商品的价值,从而在从其中减去工人的工资以后,可以知道土地的价值。这就使我考虑政治经济学中最重要的一个问题,即如何使土地和劳动之间有一种等价和等式的关系,以便单独用土地或单独用劳动来表示任何一种东西的价值。为此目的,假定圈起两亩牧地,在里面放进一只已经断乳的小牛,我认为在一年之后,这只小牛身上的可吃的肉将增加一英

① 摘自《爱尔兰的政治解剖》。——编者

担。这一英担肉可以做 50 天的食物，也是这只小牛的价值的利息；它就是这块土地的价值或年租。如果加上一个人一年的劳动，可以使这块土地生产出比 60 天的食物还多的牛肉或其他东西，那么，多出来的若干天的食物就是这个人的工资。在这里，工资和土地的价值都是用若干天的食物来表示的。有些人比另一些人吃得多，这并无关紧要，因为这里所说的一天的食物，指的是 100 个各种各样的、体格不同的人为了生存、劳动和传宗接代而吃的东西的一百分之一。生产某一种一天的食物，比生产另一种一天的食物，可能需要更多的劳动，这也无关紧要，因为我们所说的是世界上各个国家的最容易得到的食物。

例如，我假定一品脱麦片等于半品脱大米、一夸特牛奶、一磅面包或一磅又四分之一鲜肉等等，每一种在各自的地方都是最容易得到的食物。但是，如果把大米从印度运到爱尔兰，或者把麦片从爱尔兰运往印度，那么，在印度，一品脱麦片由于有运费和运输的风险，一定要比半品脱大米贵，其余类推。对于美味可口来说，我不相信这些东西有什么天然的确定性和不变性；这是要为好奇心、对于优劣的评价以及别人的推荐等等所左右的。因此，一个成年人平均一天的食物，而不是一天的劳动，乃是衡量价值的共同尺度；它似乎是和纯银价值一样的稳定而不变的。例如，1 盎司白银在秘鲁等于一天的食物，但在俄国，由于把白银从秘鲁运到俄国的运费和风险，1 盎司白银就等于四天的食物；而且，在俄国，如果一个从事银业的工人由于人们重视和需要银器，而能够比他制造其他东西挣得更多，那么白银的价格还要多值几天的食物。所以，对于爱尔兰的小房子，我是根据修建它们的人在修建它们时所花费的食物的日数来评估它们的价值的。

同样，我们也必须使技术和简单劳动之间有一种等价和等式的关系。因为，假定我使用这种简单劳动，在1 000天里能够耕耘播种100亩土地；再假定我用了100天的时间来研究一种更省事的方法，并制造出一种省事的工具；在这100天里完全没有耕耘土地，可是在其余的900天里我却耕耘了200亩土地；那么我认为，这种只花费了100天时间的发明技术就永远值一个人的劳动；因为有了这种技术时一个人所做的工作，等于没有这种技术时两个人所做的工作。

同样，我们要在技术和公众评价之间建立一种等式关系。例如，如果一个画家以每张画5镑的价钱给人作画，以后发现很多人都愿意按照这一价钱雇用他，使他没有足够的时间来满足他们的需要，那么，这位艺术家一定会考虑：要是把画提高到6镑一张，在那些按每张5镑的价钱来请他作画的人们中间，是不是还会有足够多的人来雇用他的全部作画时间。他将根据这一考虑来调整他的作品的价格。

同样，在辛苦的劳动和善意、交情、利害关系、朋友、口才、名誉、权力、权威等等之间，也可以建立一种等式关系。我认为不妨把这看作是和在土地与劳动之间寻找一种等式关系一样；不过所有这些对于爱尔兰各郡之间的比例来说是关系不大的。

所以回到我们正在讨论的问题上，我认为，生产出来的商品的数量和□□□□的数量，可以说明土地的效能；而居住在这块土地上面的人数以及他们的住房的质量，可以说明商品的价值；因为一天的精美食物的价值可能等于十天普通食物的价值，而现在人们饮食的好坏，是可以从他们开支的表面部分——即住房——上看出的。但是，我现在还不能提供这种有助于了解土地的价值的办法。

十　菲利普·威廉·冯·霍尼克

奥地利富强论

霍尼克生平简介

菲利普·威廉·冯·霍尼克(Philipp Wilhelm von Hornick, 1638—1712年)是霍弗拉特·路德维格·冯·霍尼克的儿子。他在因戈尔施塔特学法律,于1661年获得博士学位。他回到维也纳,从事于他的专业好多年,于1682年出版了讨论公法的两个小册子,对于法国对德国领土的要求进行了猛烈抨击。两年以后,他匿名发表了著名的《奥地利富强论》,这是个十足的、典型的重商主义作品。在至少一个世代期间,它备受欢迎,再版了十二次。1690年,他加入了帕绍的红衣主教团,从而被任命为枢密院官员。他最后发表的著作是《奥地利享有特权的历史渊源》(1708年)。

奥地利富强论

（一）国民经济的九条主要通则

构成一个国家的力量和地位的，如果是它所拥有的丰富的黄金、白银和生活上必需或可以为生活谋利的一切其他事物，而且这些事物系尽可能地取自自己的资源，而不是依赖其他国家，是在受到适当鼓励的情况下取得的，取得以后是被适当地加以利用的，那么，这就表明，就总的国民经济说，这时它应当考虑的是，怎样使这种物资充裕，使这种鼓励和享受可以持续存在，而无须仰赖别国，如果这样做不能处处行得通的话，也应尽可能地少依赖外国，竭力节省国家自己的资金。如果以此为目的，则下面九条通则将显得格外适用。

第一，对全国土地要作一番极其仔细的检查，检查时不要放过有可能在农业上加以利用的任何机会，不要漏掉土地的任一角落。对世上一切有效用的植物都应进行实验，看一看，它们对这个国家的土壤是否适宜，因为日照的多寡，并不一定是应受到重视的唯一标准。尤其重要的是，要不遗余力地发掘黄金和白银。

第二，一切要经过制作才能使用的商品应在本国进行加工，因为通过制造这一过程所得报酬，一般可以超过原料价值两倍、三倍、十倍、二十倍甚至百倍，忽视这一点就是对人力的自暴自弃。

第三，为了实行以上两个通则，就得要求人民既要种植原料又要把原料制成商品。因此，应当注意到，全国的人口以全国所能供应者为度，作为一个治国有方的国家，对此应给以高度关怀，但不幸的是，人们往往会忽视这一点。应当用尽一切方法，使人民从游手好闲转变到从事于有报酬的专业工作，应教育和鼓励他们在各方面有所发明，做到各有各的技术和行业，必要时可从外国聘请教师进行这方面的教导。

第四，无论是从本国的矿里开采的，还是由于工作上的努力而取自国外的黄金和白银，一旦既已存在于这个国家，那就应当尽可能地在任何情况下或为了任何目的也不让它们流出去，更不要把它们藏在库里或柜里，必须永远使它们处于流通状态。在工业上使用金银也不宜过多，因为金银一经在这方面使用以后即被破坏，不能再度使用。如果这一条通则能得到遵守，作为一个国家，尤其是当它自己拥有金矿和银矿时，就绝不会陷于贫困。实际是，在这种情况下，其财富是不会不持续增长的。

第五，作为一个国家的居民，应该尽一切努力在日常生活中使用国内产品，在生活享受上应以此为限，尽可能地摒弃外国产品（除非是出于迫切需要，更无选择余地，或者是，实际上并非非有此不可，无如风气已成，一般说来难以避免，如印度香料就是个例子）。

第六，上述这类购置，由于事实上需要，或者是已成习惯，一时难以改正，以致成为必不可少之物时，也应尽可能地直接从外国取得，取得时可用本国产品交换，避免用金银购买。

第七，在这种情况下，这类外国产品应以未完成形态输入，然后在国内进行加工，这就可以赚取由这方面的制造业务而来的工资。

第八，对于本国过剩的商品，应不断地寻求机会，以成品形式向外推销(只要是它们所需要的)，以换取金银。为了这个目的，于觅取对这类事物的国外消费时，应千方百计、无远弗届地寻求发展途径。

第九，凡是在国内有充分供应而质量又适应需要的商品，除了出于特殊的重大原因之外，在任何情况下都不应有所输入。在这个问题上，对外不管是朋友还是亲属，不管是友邦还是敌国，都不得存同情或怜悯之心，事情牵涉到我们自己的弱点和生死存亡的问题时，一切友谊就都谈不上了。即使国内产品质量较差，或者甚至价格较高，这里的说法也同样适用。买一件东西，与其付出 1 元钱而使这 1 元钱流出国境，倒不如付出两元钱而让这 2 元钱留在国内，不管这个说法对一些无识之士说来会显得多么不可思议。

这里提到的是对总的国民经济来说的一些基本通则，不需要加以进一步阐明，对明达之士说来，其情理是显而易见的。我的意思并不是说有原则就没有例外，各国的情况不同，难免会不时发生些例外，但这只是在很少见的情况下才会这样。如果一个国家是以这里所举的一些通则为观察事物的准绳的，对它总的经济就很容易作出评价。我并不敢对任何人夸夸其谈，进行教导，然而我敢说，任何总的国民经济的主持者或管理人，不管他的级位是高是低，根据这些通则来进行自省，就很容易看出他是否很好地完成了他的任务。这些通则并不是出于想象或凭空虚构的，所遵循的是经理智加以证实的自然的事理。这里不得不涉及一点理论，读者当不会感到厌烦，我相信他们都是才智之士，是容易看出所以要这样做的目的所在的。我相信，他们即使没有看到也会逐渐领会到，奥地利之所以以资金不足闻名，究竟是命中注定的呢，还是由于疏懒——人的意愿。有些人会说，“这只是些老生常谈，是一种商业或财务方面的课本，我们知之已久。”但不幸的是，为什么在这么多地区，能按照这样一种初级课本行事，或向它学习的会这么少？我想以此为检验标准，来检验一下我们的奥地利，来尽可能地了解一下它的自然的赐予，然后进行考虑怎样能使它获得发展。

（二）怎样实行国民经济有条不紊的改革

有些人会这样责备我，“说得真好听。但是，当病人因痛楚而呻吟欲绝时，在旁叫喊得最有劲的，对病人的帮助最少，我们要听到的只是怎样对付这个病人。”事实上我早已说过，我不打算谈怎样应用这些通则，这应该由对奥地利领土负有管理和监督责任的那些人来进行。但是，如果要听听我这个不当权的人的意见，那么，我打算从上述第五条通则谈起。我要劝告奥地利人，暂时满足于他们自己的货物、他们自己的制造品，不管这些东西在开头使用时会显得怎样粗劣，对国外产品且忍耐一下，以便把上好的现金现银放在自己袋里。这一点是与其他通则相配合的，先做到这一点，其他一切就迎刃而解。第九条实际上是包括在第五条之内的，如果每个人所使用的再没有别的，只是本国制造品，则一般居民及其孩子们就不得不（大多数是心甘情愿地）转而求助于他们自己的制造品，用本国原料进行加工。在这种情况下，第二条将被大大推进。工人是在什么地方可以谋生就会到什么地方去的，由于我们这里禁止外国产品进口，有时还由于缺少我们这里所生产的原料，许多在外国的工人势必因此失业，他们为了寻求工作和必要的原料，总之是为了谋生，这就不得不来到奥地利，在这里定居下来，这就促进了第三条的主要部分——使从事制造业的人口获得发展。到那时，外国人既没有什么自己的东西可以出售，已经失去了借以吸引我们金银的磁石，于是第四条将获得遵守，资金就会留在国内。有少数事物，我们是少不了的，例如印度香料、鱼产品以及就目前情况来说的丝绸，按照第六条的规定，我们有理由用我们过剩的国产品而不是用极端需要的产品，向邻邦和其他地区进行交换。通过国内制造厂的建立、外地工人的移入和国内人口的增加，国内消费将逐渐增长，这就使我们会比较容易地摆脱在今天看来是少不了的那些事物，从而使第八条获得大大推进。国家一旦在这种情况下取得了现金的供应以后(即使我们矿场的年产量保持原状，数年以后，这种取得现金供应的情况也必然会发生)，有了手段，心情和意愿也将随之而变，这就会激发运用第一条的决心，于是一向所缺少的工厂将建立起来，一向所放弃或被忽视的矿山也会受到重视而加以开采。结果，关于对外国原料进行加工的第七条，关于开垦土地方面可能需要采取改进措施的第一条，关于使全国人民注意农业的第三条，关于不论国外或国内商品的运输业务应由我们自己办理的第六条和关系到各方面的第八条，也就会相继地由理想而成为事实。真的，在既无惭色也绝无开玩笑之意的情况下我敢说，奥地利是拥有潜在的资源的，通过第一、第三和第八条的相继执行，会使它的地位提高到欧洲其他各国所不可能达到的程

度，很有可能的是，将为它赢得在它历史上空前的、甚至是它所不敢想望的财富和光荣。

（三）通过禁止输入四类外国主要产品——丝织品、毛织品、麻织品和法国制品——来实行第五条通则

现在要谈的一个重要问题是，怎样诱导奥地利居民满足于使用他们本国的制造品。要说服人们像在原始时代那样以未鞣的羊皮为衣是何等困难，按照我的观察，像这样的人是罕见的。我所关心的只是要为那些喜欢穿得考究、时髦，追求肉体享受的同胞，开一帖苦口良药。但是，作为一种让步，这里必须表明，我的意思不是说一上来对外国商品就予以全面节制，眼前只是对列入黑名单的那些商品予以节制，忽视这一点对国家会带来莫大损害，认真地做到这一点会带来极大、极其迅速和极其明显的好处，摒除这些外来商品所引起的不便是容易忍受的，而且很容易为这些商品找到代用品。就这类外来品说，首先是羊毛编织品和针织品，这里唯一要除外的是磨坊中作筛眼用的麻布，因为它与民间食品关系过切，不能避而不用，但预计于一年后即可用本国产品代替；第二是亚麻织物；第三，处于不同生产阶段的丝织品；第四，不包括在上述三类之内而包括在“法国制造”名义下的、不管事实上是在法国本国还是在意大利或瑞士或其他地区制造的一切事物。这真是个繁重任务！但是我认为这是个正确的解决办法。毫无疑问，这四类外国产品是真正的吸血鬼，它对我们敲骨吸髓，吸去了我们血管内的精

华。这四类制造品可以说是一种食肉兽，它一年就从我们袋里拿走1 600万盾，就像这笔资金这里从来没有存在过一样。一些熟知国情的知名人士对此曾加以估计，当时我也在场，认为单是输入所谓的法国货一项，我们资金的损耗一年就达300万盾以上。他们发表的《德国制造品调查》还表明，单是为了来自萨克森的筛眼用麻布，每年就得输出15 000元，综计由于奥地利对德国商品的购入，每年至少有10万元不翼而飞，至于筛眼用麻布，不过占我们从国外输入毛织品的五十分之一，由此可知，为了输入这些毛织品，奥地利每年至少得花费700万盾。在莱顿市，就毛织品和一些小商品等说，单是在这方面的工资和商人的利润，每年所保留的就达650万元，从这一事实就可以证明，我在这里提出的奥地利在这类制造品方面流出的金额达700万盾的说法是可信的。至于丝织品的情况跟毛织品的大致也差不了多少。

仍以《德国制造品调查》为例，其作者认为，单是从萨克森输出的丝织品，一年就达9 000元以上，而把总额估得那样低，会不会显得有些不合情理；那么，如果把奥地利的有关消费量只是按提高四倍估计，我们会不会认为此人也有些不合情理呢？然而，即照此估计，其数已达600万盾。如果再把麻织品加上去，那也是个不小的数目，经过核算就可以看出，只不过是为了服装上的炫耀这一不必要的愿望，所牺牲的、流入陌生人——而且多半是敌人——的银柜里的，一年就不亚于1 800万或2 000万盾。我可以说，维也纳在被围之前，年龄在十二岁以上的居民有20万人，他们在外国所产的衣着用品方面，平均每人每年所花费的约为10盾（他们实际上所花费的大都在每人30盾以上，有些达100盾，还有少数甚至达几百盾或几千盾)。这就很容易看出,把奥地利境内除维也纳以外的其他大城市和大市镇内级别高低不一的贵族以及他们的仆役和官员,加上匈牙利全境内的这类人物,最后还有从外国输入其他动产方面的消耗,把这些都加在一起,如果认为维也纳在这方面的消耗至少是 800 万盾,那么上述这些方面的损耗当达1 800 万盾。我们好像只是在玩弄巨大数字,望勿因此引起反感或惊讶。根据上述《德国制造品调查》,我们的一个邻邦,其领土只有我们的六分之一那么大,而其一年的输出额达 300 万元。我们知道这笔钱是打哪里来的,这个国家现在的情况依然同以前一样,一年所输出的也还是这么些。这就使奥地利一年让外国人占有1 100万元或1 200万元之说更加可信了。

然而,为了防止发生一切合理或不合理的疑问,这里且把前举2 000 万盾数字折半计算,使总额降为 1 000 万盾,只是为了上述四种制造品,使这样一笔资金就像泼出门外的水一样,点滴不能收回。假使让这 1 000 万盾留在奥地利为期仅仅一年,我们就会看到这个奄奄一息的病夫立即活跃起来,会神宇焕发,力量倍增!如果——这是势所必然的——这 1 000 万盾,哪怕在目前这样不利的情况下,就让它供作一般性使用,在市面上流通,就像人体中血液的循环一样,从而以和缓、平静的方式,川流不息地在国库进进出出,则德奥联邦中的组成分子,获得此新血液的灌注,将感到何等的欢欣鼓舞。如果这种情况可以持续十年或二十年,或更久些,如果在这四类制造业以及尽可能多的其他行业中可以推行尽利,从而使外国人对我国原料和制造品的消费随着时间的推移而不断增长。这个时候,就全欧洲说,在经济上将有谁能与我奥地利相抗衡呢？那么，应当摒除哪一类外产制造品才会使我们繁盛呢？的确，这是需要作一些仔细的观察和推敲的，但是，就这一点而言，再没有比奥地利更容易着手的，我将在下面说明。例如，对法国制造的那些华而不实的东西，我们尽可以弃而不顾，这不会引起什么特殊困难，而且在数年之间，我们就可以在比别人更加轻而易举的情况下进行仿制。这一点，我也将在适当的场合加以解释。

（四）为什么要全面禁止外国制造品而不采取比较温和的手段？

现在我们要谈到的是，关于上面一再提到的那四类制造品，怎样才能使奥地利甘愿摒弃外国产品而满足于使用本国产品这一真正最难解决的问题。按照历来所惯于采取的行动方针来看，人们会立即提出，开始应让这些制造品输入奥地利，给予一切便利，把商号设立起来，进口时应课以重税，使其价格不能与国内所产同样的低廉，这就会把它们拦在大门之外；或者把仓库建立起来，对国外和国内的产品一并加以贮存，但作出指示，商人应待本国产品全部售出以后方能出售外国产品，最后，为了使本国产品有发展前途，应通过银行对外国产品加以制约。但是，依我看来，这些措施能否奏效是完全没有把握的，由于我们所具有的日耳曼气质，结果肯定会一无所成。第一点是缺乏资本，由于富人对这个计划缺乏信心，就不肯从他们的钱柜里拿出钱来。第二，同样由于缺乏信心，就不会有勇往直前的那股劲头和决心，这是在意料之中的。第三，由于这类输入的过程比较缓慢，对此计划无好感的商人和别的

人士，特别是国外因素，就会有充分机会，用许多阴谋诡计进行破坏。第四，谋求迅速致富这一愿望是普遍存在的，而在这一计划下，要博得利润就得耐心等待，对这类商品的消费既无把握，因此利润也无把握，这一点本身就是个不利因素。第五，因此久而久之将使商人意兴索然，不想从事于这类交易。第六，在这样轻率和松弛的管理制度下，将使走私之风变本加厉。第七，这个时候，本国产品将受到这样那样的指责而处于代人受过的地位，使它声名狼藉，信誉沦丧。第八，侈靡之风，就像一头难以制服的野兽一样，不会因外国产品价格高昂而退缩，价愈高而热爱之情愈切。第九，只要对外国产品存有爱慕之心，以求得外国产品的使用为荣，本国产品就绝不会有全面发展的机会。总之，要想用这个方法来排除外国产品，予以彻底禁绝，必然事与愿违。我们病根太深，沉疴不是用轻剂所能奏效的。

因此，我处理这个问题时用的是完全不同的方式。别人的主张是，先发展本国产品，以后再用以排除外国产品。我主张先禁止外国产品输入，使本国产品有发展余地。这是个大问题！差不多在我的计划还没有完全拟就之前，无疑就已经提出了那么多反对这个计划的意见！我不会因此畏缩，使自己迷失方向，我仍然坚信，要发展本国产品就必须先禁止输入外国产品。我所要避免的只是，在为我的建议说明理由、作出分析，并解决对这个建议可能有的反对意见之前，过早地作出决定。我向来喜欢用最简单、有效和明确，虽然表面上看起来有些猛烈的方法，而不喜欢用那些过于精雕细琢、不冷不热，因此容易受到种种抨击的方法，结果与严峻的方法相比，反而会带来更多的麻烦。倘使完全禁止输入上述四类外国产制造品，于实施时，那就没有比此更简单明了的了。只要有关禁止输入这方面的管理人员，在赏罚分明、恩威并用的制度下是忠于职守的，同时对本国产品严加保护，对从中进行破坏行动者从重处罚，走私活动就不会发生。只要通过一纸法令，把它张贴在税关，对有关的工作人员严加训练，对税款的缴纳和审查作出安排，对违反法令的初犯或惯犯、主犯或从犯，以及走私品收买者，量刑轻重，分别论处，而条例要订得周密，务必做到使犯者难逃法网（要使这样的情况成为现实并不困难），这样就可以使诸事就绪。事情要发动起来是很快的，可以这么说，在二十四小时以内就可以开始动作，在一年之内就可以在奥地利境内初见成效，在主政者的国库以及老百姓铁柜中的丰裕程度，就会觉得与前不同。要实现这一情况并非难事，再没有比这更有把握的了。出于当前的需要以及由浪费而来的十拿九稳的利润，会促使国内居民全力以赴，从事于生产他们自己的制造品。当资金不再外流时，国家一年至少可以因此保留1 000万盾，由此可以增加我们的商业资本。并且，上述有把握的消费和由此而来的有把握的利润，会对资本家投放其资金起鼓励作用。到那时，外国的手艺人为环境所迫，就不得不来到奥地利寻求工作和生计。此外还会带来无数其他利益，这些利益也许一时还想不起，在实施过程中自会陆续涌现。

（五）对反对禁止输入外国产品者的答复

现在对一些反对意见得作出答复。答复时当力求简要，以免这篇文章在内容的布置上失去平衡。首先一个问题是，如果外国产品被突然禁绝，全部改用本国产品，叫我们怎么过活，拿什么来代替外国产品？答复：说实话，我们完全不需要那些所谓的法国货。那些东西在这个国家会逐渐生产出来的，有许多已经开始在生产，其余的不久也必然会在国内获得解决，解决的时期甚至比其他三类更加重要的商品还要快得多，因此，在没有这些东西的情况下，我们在短时期也尽可以过活。就丝织品说，情况也有些类似。对这类商品，大致只是在两三年内会感到短缺，五六年后供额就会大大增加。就麻织品说，单论数量，奥地利所生产的已经很多，只要使一些勤劳的人们能够找到充分就业机会，以此为专业，问题即可完全解决。至于质量和多样化方面，要加以逐步改进，所需的时间大概也不会过久。单是靠西里西亚一个地方就够了，在那里的麻织业务几乎是不存在行会的，家家户户，不论贵贱，不论是有声望的还是庄稼人，家里都有织机，每个人都学习这个工作，都从事于这一工作。就织布业的情况说，跟这里所说的并没有多大不同，就我所知，有许多除纺织以外默默无闻的小镇市，就这样获得了几乎令人难以置信的进展。如果这些小镇市开头所能应付的只是国内消费，然后，比方说，羊毛有了半年的储备，不久由于在布织和毛织这两个行业上有了进一步发展——这两个行业实际上是密切关联的——而以其产品不断地向国外推销，这样就会使它们在业务规模上扩大五倍或六倍。就麻织业说，由于原料不足，在不得已的情况下，也许不得不忍受与丝织业同样的经历，即在短期内把脚步放慢下来，暂时用另外一些东西来代替所需要的麻织品，直到国内已有充分供应的时候。总之，最需要的无非是麻与布，这些东西我们会立即得到充分供应，间或有不足之处，可用别的来代替。至于

重要性较差的呢绒和丝绸以及所谓法国货，在必要的情况下可以完全置之度外，我们的祖先就是这样的，因此，我们用自己的力量，一旦向自己的市场提供这些事物时，我们将感到何等欢欣鼓舞。

有些商人以进口为专业，到那时这些人将怎么办？他们将遭到灭顶之灾。这是件好事嘛！使国家陷于困境的正是这些人。与其让全体国民奄奄不振，不如让这些人垮台。但是，他们会找到出路的，他们可以从批发商或金融业者那里赚取佣金或获得赊销便利，或者是为制造商办理会计或其他业务（这些人与遭到不幸的进口商相比，为数超过百倍以上），或者是，假使他们手里还有资金的话，可以投放于国内制造业，使自己成为制造商。如果他们手里既无资金可以投放，又不愿受国内厂家雇用，只愿为外国人谋利益，以本国人为牺牲，像这样卑鄙的贱民，让他们能勉强生活下去就算很好了，是不值得予以同情的。

我们奥地利制造品不能与外国产品媲美。这种说法，在许多情况下是不愿意看到奥地利繁荣起来的那些人的恶意中伤。即使认为这是不可避免的一个缺点，这也不是什么难以忍受的事。这里可以举禁止匈牙利葡萄酒运入施蒂里亚[①]和一些别的地区为例。如果要问，这种酒与国产者相比，质量既好，价也低廉，为什么要禁止入境，答复是，这样就可以利用我们自己的资源，由我们自己进行消费，使大好资源不致被白白地扔掉，任其毁灭，况且葡萄园的经营是国家岁入的一项重要来源，这样就可以保持这一来源，从而使我们的袋里可以有更多资金。就匈牙利的食盐说，情况也

① 施蒂里亚（Styria），奥地利城市。——译者

是这样,奥地利所产质量较差,然而前者被排除在外,占有这一领域的是后者。这是个正当办法,就本国产品说,正可以照样奉行。我们对少数事物所遵行的既是这样的原则,为什么就不能把它扩大到多数事物?既然对生活中的两项必需品——酒和盐可以用这个原则,对容易引起不必要的浪费的衣着事项,为什么就不能更加积极地加以援用?如果这里所建议的目的是在于限制奥地利人民的生活资料,在于用禁止输入商品的办法来削减他们的饮料或食料,那么也许有理由可以认为这样做未免太粗暴,认为突然中断人们已经惯于食用的一些滋养品,未免要碍及健康。但这里并不涉及饮食习惯或健康长寿或某项饮食的禁止或戒绝的问题,问题只是在服装上应当用西里西亚的还是别的地区的呢绒,用奥地利麻布还是印度邦巴辛毛葛,用国产还是外国的绸服或丝袜,用奥产还是用法产的缎带,这些都与健康或肠胃或味觉没有关系,涉及的只是人们在衣着上的爱好问题,甚至跟人们喜欢夸耀的虚荣心理也没有多大关系。至于怎样使本国产品在质量上,即耐久性和外表的美观上做到与外国产品不相上下,在下面将提出我的比较详尽的见解。

我们既没有提供上品衣料时所必不可少的丝绸或西班牙羊毛,这就无法使我们的产品与外国产品媲美。关于这一点,人们大可以向英国人或荷兰人请教一下,他们不仅国内不产丝,甚至永不会有实现这一目的的希望,而且跟我们一样,不但没有西班牙羊毛,供织造用的长梳毛也极少。他们的这类原料是打哪里来的,我们也得查问查问。实际上我们要取得米兰的丝绸和西班牙的羊毛并不难,西班牙人是宁愿把它转让给至亲好友和最忠实的同盟者而不转让给别人的。至于长梳毛，不仅很容易在波希米亚开辟一个广大来源，而且我们的邻邦以及别的地区也都欢迎我们用现金或其他商品向它们购买。

关于衣着问题的唯一公断人——时新式样的主宰者，会怎么说呢，他会说，我们必须穿得同别国人民一样漂亮。这样的主宰者还是请他入地狱的好。世上绝大多数国家的人民是保持着一定的服装式样的，只有绝少数在服装式样上经常翻新。我们为什么要学少数人而不学多数人？如果觉得在式样上不断翻新这一愚昧行动实在可取之至，非学他们不可的话，我们也尽可以学法国人那样的愚昧方式，像他们那样凭自己的爱好和自己的想象力，由我们自己在式样上不时地有所创造，有所发明，从而使我们在衣着上不必亦步亦趋而自做主人。如果这样做还是不行，那么不妨把法国的服装新样带到这里来，在这里制作，这也不失为一种避免进口的补救办法。这对商人说来实际是一种有利的改变。因为，当一种新式样出现时，现在的办法是，这种时新服装必须从远处订购，而货尚未到，式样往往又已换新，这时商人将蒙受损失。如果改为就地制作，则所制的新衣但求能适应当前需要即可，此外即无须多备，这就可以说，供应者是随时按需备货的。

我们日耳曼民族哪有这份聪明和智慧，去发明巧妙的服装式样或精致的珠宝镶嵌设计，就是依样仿制也有困难，他们没有这样的脑力。这种含讥带讽之词是不应出口的。大量事实足以证明，我们的人民并无在才智上落后于人的迹象，不过第一流手艺人在这里不能受到重视，于是他们离乡背井，前往法国和荷兰。这些手艺人在我们这里得不到鼓励，他们知道，即使作出一些成绩，人们成见已深，也认为不能与外国产品相提并论。这里且举一二事例。有人在奥格斯堡[1]向国王展示一条缎带，自认为无此能力仿制，我对此人的自卑感不得不给以蔑视。另外，我在德累斯顿[2]认识一个青年，他的本行是制作缎带，由于难以维持生计，改行为贵人的扈从，后又转业为皇家丝织厂丝织工。当他有意从事于任何手艺时，他所制作的即使不能胜过外国人，也至少可与他们媲美，据他说他的习惯做法是，托付给他的任何新样，都由他负责仿制，至于别人无法仿制的新样则由他负责指导，他的这种说法已经获得充分证明，不能认为是夸诞之词。

供作国内投资的资本又打哪里来呢？如果作出的答复是，这是主政者自会照管的事，这样说在我也没有错，但是未免有些不切实际，这要等到哪一天才会实现呢？如果说，这应由各地区来处理，这么说大概也不会错到哪里，但是各地区对这件事的观感也许不同，这样，事情就会发生变化。因此，仍然以遵守前面的说法为是，如果每年能留下 1 000 万盾在国内，对本国产品的消费是满有把握的，那将有充裕的资本。我还听到一个新奇的建议，主张空着一双手，用信用贷款的办法筹集大量资本，此举的后果如何是不难想象的。

令人担心的是，国内手艺人和商人如果不再受到外国产品力量的制约，他们将任意抬高价格，到那时我们的生活将任凭他们摆布。如果政府是像它应当做的那样行事的，在适当的监督下就不

① 奥格斯堡(Augsburg)，德国一城市。——译者

② 德累斯顿(Dresden)，德国一城市。——译者

会允许发生这样的胡作非为，就不用担心到这一点。如果制造品终于越来越多，人们为了求生存，将努力降低他们的货价。如果像我们现在这样，粮食、房租、佣人的工资以及原料或一般商品价格都不怎么贵，而人们所要买进的那些国内制造品既非从远地运来，是不需要担负重大运费、捐税或风险的，因此是不可能高于外国产品价格的（特别是，如果市场是稳固的，商人所重视的就会是薄利多卖这一原则）。还有一说，要从陌生人处得到些便宜是妄想，所以求人不如求己，如果说做件事就得有所牺牲的话，那么，与其要陌生人有所牺牲，还不如让我们自己作出牺牲，像前已提及足以使我们内心获得安慰的那个例子一样，为一件本国产品付出代价 2 元钱，这 2 元钱还在国内，为一件外国产品付出 1 元钱，这 1 元就流到国外去了，虽然要使每一个农民都懂得这个道理是不大容易的。东西一经流出去，就不会再回来，而仍在国内流通的东西，对公众来说是一无所损的，而且从好几个方面来说这却是个优点，投放这一资金的商人，就可以从中再度得利。可以用一个富人的处境来说明这种情况，他把钱放在许多钱包里，如果他从这一包里取出一些放在另一包里，对他并无所损，因为这个包虽轻些，那个包却重些了，而这个包和那个包的主人都是他。这一点是国民经济的主要原则，没有这一原则，事情就不能顺利演进。

但是，其制造品被我们禁止进口的那些国家对我们将发生反感，对于我们仍然需要的那些东西，它们将中止供给，对于我们所惯于提供的那些本国产品，它们将中止接受，总之，彼此之间将失去患难相助之谊。如果对方因此不悦，我们可以不动声色。如果对方是敌人，我们就没有必要顾到它们的感情；如果是友人，那么，我们在经济上一旦有所发展，不仅将改善自己的处境，而且于必要时将对它们作出更加有力的贡献，到那时，它们所显示的将是一片谅解心情。当英国人把查获的法国货付之一炬时，法国人对此是何等愤懑。往往有这样一种人，他们表面上满口友情，但居心叵测，有机会就要从中捞一把，对这些人还是以大度包涵为是。我们还认识到，有些人平时假扮知己，而一旦有急，即掉头不顾，像这样的人比比皆是。另一方面，别的国家也不一定会那样头脑简单，在我们禁止输入其部分产品后，对未被禁止的部分就会拒绝给予，以示报复，因而这一主动措施将使其受到的损失更严重。有许多地区，如汉堡、阿姆斯特丹等等，对贸易是自由开放的，不排除任何购户。即使所有其他国家到那时都用严峻的态度对待我们，至少西班牙是不会这样的，其理由上面已经指出。它对我们前途的顺利，几乎抱着同样程度的关切心情，对于我们仍然需要进口的两个项目——优质西班牙羊毛和意大利丝绸，是绝不会在我们困难时舍弃不顾的。况且，我们毕竟还可以从土耳其得到丝绸。至于可以向我们供给长梳毛的那些国家，是不会因我们禁止进口某些制造品而受到任何损失的，因此，是没有理由禁止我们去向它们进行采购的，例如波希米亚，前已指出，将进一步致力于生产这种长梳毛。由此可见，我们原来打算输出的那些东西将找不到出路的那种情况是不会发生的。我们所惯于出口的东西指的是酒、牛、谷物、铜、铁、水银、皮革、亚麻布以及各种矿石等等。向我们采购这些东西的国家，如果不是在我们的禁运中受到影响的，就是对我们这些东西非此不可的。当我们的国民经济有所改善，使我们在财务上力量有所加强时，我们一方面不需要与外国联盟和它们的帮助，另一

方面，它们自会主动地来向我们联系。法国就是个榜样，它财源既丰足，友朋即不召而至。有了钱还怕没人来攀援吗？那些惯于混水摸鱼的人，只想使尽阴谋诡计，把我们引入歧途，这样的人，看到我们在经济上有条不紊地逐步改进，无疑是不合他们的心意的。让他们自生自灭，对这些又何值一顾呢！

（六）怎样提高本国产品质量，使之与外国产品并驾齐驱

这里我们得扼要地考虑一下，怎样提高本国产品的质量，使之与外国产品不相上下。谈到这一点，使我想起了带些幽默感的一句谚语：我们同别人相比，同样有个脑袋，有两只手，同样有工作中需要的材料和工具，我们一样也不少。这么说，如果所生产的没有能产生跟别人一样的效果，那就肯定是由于人们的任性胡为或是在技术上不求进步，政府如果认识到它的责任，就应当懂得怎样才能制止这种情况。前已指出，外国人把我们织成的毛料和麻布拿到他们那里进行加工，这就把它们转变成外国产品。这样的加工，如果情况许可的话，我们自己也可以照样进行。他们还把我们的西里西亚麻线拿去，用以制成亚麻布，把我们的亚麻拿去，重行梳理，用他们的特有方式进行加工之后，加以纺绩。这里值得注意的是，他们所制作的有两种亚麻布，优级的留给他们自己，较差的则供应我们和其他外人，据说是由于他们认为我们不能按值付价。优级者以西里西亚麻线为纬，以荷兰麻线，或以西里西亚或高地德国所制的相似的麻线为经；较差者则经与纬用的都是高地德国的

和西里西亚的麻线。我还听到,他们用酸乳浆洗我们所织的麻布,大家听了不用惊讶,因为莱比锡也懂得使用这个方法。这样就把高地德国的产品变成上好的外国产品。所有这些,我们奥地利人没有不能仿效的。假使认为我们的头脑太迟钝,自己不能解决,那也不妨把别处的手艺人请到这里来,这方面不可惜费,花再大的代价也值得。如果觉得这个办法不够好,那就把我们这里的人派到那里去就地学习。德国人到了法国或荷兰之后,跟当地居民混在一起朝夕观摩,在技术上不难达到同样水平,甚至凌驾其上,那时他们还可以把学得的手艺带回祖国,为祖国作出贡献,不管怎样,祖国对他们的恩惠是报答不尽的。至于在法国或荷兰所使用的工具能否带回祖国是无关紧要的,即使无论整个地或分件地带出来都办不到,对一个头脑灵活的人来说,要掌握这方面的技巧,要把全套工具在这里建设起来也非难事,虽然这不是可以一蹴即至的。我还听到瑞士人说,他们现已懂得怎样把大麻制得跟荷兰人用亚麻所制的一样好。我对此表示欣赏,这不仅是由于他们勤奋、努力,而且是由于他们坚持在自己的土地上种植高大的大麻而不种小型的亚麻,却取得了与种植后者时同样的成绩。瑞士人既能这样做,为什么奥地利人就不能?就是这些瑞士人,还给我们提供了一个努力发展羊毛制造业的值得注意的榜样。不久以前,关于作筛眼用的麻布,任何地区都取自法国,认为这在别处是永远做不成的。但现在是瑞士所制的也不亚于法国、德国所使用的,大部分就是从那里来的。况且,瑞士的丝织业已经发展到什么程度是人所共知的。我们有时偏会妄加指责,说他们过于偏重实利主义,而我们自己却胆虚心怯,总认为这是别人所擅长之事,我们是没有这份聪明才智的。

还有不可忽视的一点是，为了保证本国产品质量，一切用棉、毛、丝、麻等制成的织物，概须由专设机构进行检查，经检查合格，方能进入信实可靠的商店，那些不合格的不能与合格品混在一起，只能由沿街叫卖的小贩经售。商品经检查合格即发给凭证，如果发生伪造或移用凭证的事，即认为是破坏社会信用而加以惩罚，其受罚的严重程度将不亚于伪造货币和伪造政府公文和印信，在某种情况下，甚至可以与重大盗窃案同科而处以极刑。这就不仅可以使奥地利商品在质量上保持一定的水平，而且很快就会在国内外博得广大信誉，从而迅速扩大销路，因为到那时每个买主都会感到放心，感到他是不会受骗的。

而且到那时在奥地利前进的道路上会展开广泛的竞争，无论是雇主还是雇工，是本地人还是外地移居来的，只要能干出成绩来，就一定能获得金钱或其他形式的报酬，而要实现这样一个大好形势是不须公家花费分文的。由此不但在本国居民之间在技术上起了推动作用，而且还会从国外把第一流的工匠吸引进来。

十一　理查德·坎蒂隆

商业性质概论

坎蒂隆生平简介

理查德·坎蒂隆(Richard Cantilion,1680—1734年)是一位英国富商,祖籍爱尔兰,在欧洲各大都市大都有房产。关于他的身世所知不多。就我们所了解的,1716年他定居于巴黎,三年后因与约翰·劳[①]发生龃龉,不得不迁离而回到伦敦。据传他写了大量著作,但是流传下来的只有《商业性质概论》这篇杰出的文章,这是在《国民财富的性质和原因的研究》问世以前在经济学方面最重要的著作。这似乎是在1730年与1734年间写的,曾由作者自己译成法文。它的未刊稿本曾经广泛流传,但是直至1755年方始正式出版。虽然由于它内容推理缜密,不易理解,因此没有十分广大的号召力,但是赢得了许多才智之士的赞许,曾经被两次翻印。特别是重农主义者,受到了坎蒂隆相当大的影响,他是被亚当·斯密提到的少数作家之一。

① 约翰·劳(John Law,1671—1729年),曾在法国工作的苏格兰金融家。——译者

商业性质概论

（一）国内有许多劳动者、手工业者和其他的人在干活，他们自然会使自己适应需要

如果农村里的劳动者[①]都让他们的儿子长大后做跟他们同样的工作，那么，在这个村子的土地上从事耕作的劳动者人数就太多了，多余的成年人将不得不到别处（通常是城市）去谋生。如果有些人由于找不到工作而仍然跟他们的父亲待在一起，那就要过着非常穷苦的生活，他们不能结婚，因为无法抚养孩子，否则于结婚之后将像我们在法国日常所看到的那样，孩子将随着他们的父母同归于尽，饥饿而死。

这样看来，如果农村里的工作情况不变，一代接一代，总是在等量的土地上劳动，那么即使经过一千年，人口也不会增加。

诚然，村子里作为人们的妻子和女儿的那些人，尽管她们不在田间干活，却可以从事纺织或以其针线活向城市出售为业，但一般说来，这些方面的收入是不够用以抚育将来准备离开农村，到别处去谋生的那部分过剩的孩子们的。

① 这个词在这篇文章里，指的始终是农业劳动者。——编者

同样的道理可应用于农村的手工业者。假定全村所有服装都由一个成衣工缝制，他有三个儿子学的都是这一行，由于这里在这一行业上所需要的只是一个人的工作，只有一个儿子可以在这里继承父业，其余两个必须到别处去谋生，如果他们不能在附近的村子里谋得工作，就得往远处跑，或者是为了谋生，就得改就别的行业，如军人、海员、侍从等。

这就很容易看出，无论是劳动者、手工业者还是其他类型的人，凡是靠劳动谋生的，必须使他们的人数与就业机会，也就是城市对他们的需要相适应。

如果为了适应某一市镇做衣服的需要，有四个成衣工就够了，而中途又来了一个，他也许在损及原来四个人的情况下，抢到一点生意，结果工作将由五个成衣工共同承担，而没有一个人会有足够的工作，每个人的生活情况都将恶化。

常会发生的情况是，当参加工作的人为数过多时，一般劳动者和手工业者就会找不到足够的工作。有的时候由于发生了意外之事，或消费倾向有了变化，也会使他们失去工作；有的时候由于环境改变，却会发生工作过多，人手不足的现象。总之，当缺乏工作时，他们将离开所居住的农村、镇市或城市，直至离去的人数足以使留居者与工作量相适应，足以维持他们的生活为止。当工作的增加持续发展时，对他们显然有利，并且外面的人将纷至沓来，分担他们的工作。

根据这一推论不难看出，英国的慈善学校和法国增加手工业者人数的方案都是无济于事的。如果由法国国王自己承担费用，派遣 10 万人到荷兰去学习航运业，而海运船舶并没有比前增加，那么，这些人学成回国后有什么用。教导人民去制造惯于从国外输入的那些制造品以及惯于从国外购买的那些产品，对国家说来确是件好事，但这里所考虑的只是国家本身。

由于手工业者的收入优于劳动者的，因此，让他们的后代学习一种行业时，其处境就会有所改善。再者，当国内有足够的工作，可以使手工业者获得稳定的职业时，国内就绝不会感到手工业者人手不足。

（二）一件事物的价格和它的内在价值是衡量投入其生产的土地和劳动的尺度

这一英亩所生产的小麦或者是所饲养的羊群会比那一英亩的多；由于技术和环境的不同，这个人劳动的代价会高于另一人。如果两亩土地质量相同，所接受的劳动相同，则这一亩和那一亩所饲养的将是同样多的羊，所生产的将是同样多的羊毛，这一亩所产羊毛的售价，将跟那一亩所产的售价相同。

如果在一种情况下把羊毛整理成粗料，在另一种情况下把它整理成细料，由于后者与前者相比需要较多的和代价较高的劳动，尽管两者所使用的羊毛数量相同，而后者的价格有时会十倍于前者。这就表明，土地产物的量和劳动的量及其质量，必然会成为价格的一个组成部分。

从附录[①]中对各项工作计算的结果可以看出，把一磅大麻加

① 这个附录没能保存下来。——编者

工成高级布鲁塞尔枕结花边需要 14 人一年的劳动，或一个人 14 年的劳动。从其中所列统计数字中还可以看出，为花边所付出的代价，除供作一切有关的商人和中间商的利润外，足以供应工作者一个人 14 年的生活。

英国制的表使用纯钢制的发条，按照其售价，钢的代价与发条的代价似乎无大差别，但是实际上为制作发条所使用的劳动几乎体现了发条的全部价值，见附录中列示的计算。

另一方面，市场上从牧草地取得的干草，或者是准备当柴烧的杂木，按照其质量的好坏，其价格的高低完全取决于材料本身，即来自土地的产品。

塞纳河里一瓮水是一文不值的，因为在那里水是取之不尽、用之不竭的，但是在巴黎街头情况就不同了，人们为此是愿意付出一文钱的，这一文钱就是运水者劳动的代价。

从这些论证和事例可以看出，一件事物的价格或内在价值是衡量投入生产的土地和劳动的量的尺度，同时要考虑到的是土地的质量或产量和劳动的质量。

但是往往会看到，有些事物是具有某一内在价值的，而在市场上并非按这一价值出售，这时决定市场价格的是人们一时的意兴和想象以及他们所消费的数量。

如果一位贵族在他的园子里掘沟筑台，加以整理，这个园子的内在价值将与园地所占面积和所使用的劳动成比例，但是这个园子的价格却不一定以其内在价值为依据。如果他要出售这个园子，愿意收买的人所出价格也许还不到他原来所花费的半数以上；如果愿意买进的不止一户，他所获得的购价也许倍于其内在价值，即土地价值与他所花费之数的价值。

如果农民今年所播种的小麦比往年多,超出了一年消费之所需,这时小麦的内在价值和真正价值,仍然是与生产中投入的土地和劳动的价值相一致的,但是由于产量过剩,卖户多于买户,市场上的小麦价格势必下降到内在价值之下。反之,如果农民所播种的小麦少于消费者所需之数,则买户将多于卖户,小麦的市场价格将超过其内在价值。

事物的内在价值是绝不会变动的,但是就全国说,制造品和农产品的生产,是不可能随时与消费的一息不停的变化和市场的不断消长相适应的。然而,在秩序井然的社会中,消费既相当稳定,制造品和农产品的价格就不会与内在价值相差过远。当农业情况比较正常,不大会发生过度丰收或歉收现象,城市的行政官就能为许多东西如面包、肉类等等规定价格,而不会引起任何不满情绪。

对一切制造品和农产品来说,土地所提供的是材料,劳动所提供的是形态。由于从事于劳动的人必然靠土地的产品生活,因此,在劳动的价值与土地产品的价值之间似乎可以发现某种关系,这一点是下一节要讨论的主题。

(三)土地价值与劳动价值之间的比率或等价关系

天意所在似乎不是要把土地的所有权给予某一个人,也不是别一个人。最初的所有权依据的是暴力和征服。墨西哥的土地现在属于西班牙人,耶路撒冷的土地属于土耳其人。但是,土地所有权不管是怎样得来的，我们已经注意到，土地与全体居民对比，最终必然落入少数人之手。

如果某人拥有大片地产预备自己来经营，他就得雇用奴隶或自由民为他进行耕作。如果雇用奴隶，就需要有监工者来强迫他们工作，还得备有由奴隶担任的手工业者，为他提供一切生活上的享用品，并提供为他所雇用的那些人在这方面的用品，还得有人在技术上从旁指导或传授，使工作得以顺利进行。

在这个制度下，他不但必须为他的奴隶劳动者提供简单的生活资料，而且须使之有必要的资力以抚养他们的孩子。他对监工者得给以与他们所得到的信任和拥有的权力相称的优遇。奴隶在学徒期间是没有报酬的，但总得维持他们的生活，对奴隶身份的手工业者总得给以报酬，对于工作有相当经验的监工者，与奴隶劳动者对照，总得给以比较富于营养的食物，如此等等。要晓得，丧失一个手工业者，其损失大于丧失一个劳动者，要训练成另一个新手来代替是花费很大的，因此对他们要加意照顾。

根据这个说法，一个低级成年奴隶的工作，其价值至少相等于其业主为了供给他的粮食和其他必需品所不得不使用的那块土地的价值，为了使他得以抚育一个孩子长大成人，从事工作，所须使用的土地还得加上一倍。根据著名的哈利医师的观察和计算，出生的孩子有半数在17岁以前死亡，因此要使做父母的能够有一个孩子长大成人达到工作年龄，就得生两个孩子。按照这样的计算，似乎上面所说，还不足以使劳动得到长期供应而无劳动人数趋于减退之虞，因为成年人也可能在任何年龄死亡。

的确，孩子在出生以后，其中的半数是要在17岁以前死亡的，但多数是在出生后的最初几年而不是在17岁的最后几年死亡，因为在出世后第一年死亡的整整占了出生总数的三分之一。这么说，把孩子带大到足以从事工作时所花的费用将有所减少。但是做母亲的为了照顾有病的孩子须耗费许多时间，并且，即使一个成年的女儿，其工作也不能与成年的男子相比。由此可见，把两个孩子中的一个带大成人，或使他达到工作年龄，所需要使用的土地的产品，当与一个成年奴隶所需要的相等，不管这些孩子是由业主在他自己家里养大的，还是由奴隶的父亲在另一个屋里或村庄里养大的。这就可以断言，一个低级奴隶的日常工作在价值上相等于足以使他维持生活的那块土地的产品价值的一倍，不管这些产品是由业主给他自己和他的家属供作生活资料的，还是把这份产品划归给他和他的家属，由他自己进行分配的。在这个问题上是无法作出精密计算的，事实上也没有这样做的必要，只要这里所提供的情况不致离事实过远就行了。

如果业主所雇用的是自由农民，对他们的供应也许比对待奴隶的要好些，这要看当地的习惯而定，然而这里所依据的仍然是上面的假设：自由劳动者所完成的工作的价值，应当相等于为维持他的生活的那些土地产品的价值的一倍。但是，就业主方面说，雇用奴隶必然比雇用自由农民有利，当他感到为他工作的奴隶为数过多时，他可以把过剩的部分像牲口一样转让给别人，所得的价款当与把他们培养到成年期或工作年龄所花的代价相称，至于老年和病弱者自当别论。

对于作为手工业者的奴隶，就所消费的土地产品说，当比照一般的奴隶加倍估值，至于这项工作的监工者，当视主人所给予的、与在其管理下的那些人有所不同的恩宠和优遇程度，来估计其所作出的贡献的价值。

劳动者和手工业者，当他有了比通常情况加一倍的待遇，如果是已婚的，就以一部分供作经常开支，以其余的一部分抚养子女。如果是单身汉，就把这双份待遇中的一小部分储存起来，以备结婚时的用场，并供作将来家用的贴补之需，但多数人不会这样做，将把这双份收入全部用以自奉。

举例说，作为一个已婚农民，所食的无非是面包、乳酪、蔬菜，等等，很少食肉，也很少喝葡萄酒或啤酒，穿的是旧的粗布之衣，只要还能应付，就这么一直穿着，他会利用他的双份待遇的剩余部分来抚养他的孩子。至于独身农民，只要力量达得到，就会多食肉，就会为自己置备新衣等等，结果，他们的双份收入将全部用以供养自己，与已婚农民相比，他用于自己的土地产品将是加倍的那么多。

这里没有考虑到作为妻子的费用，假定的是她的工作收入是可以勉强够她自己的所需的。有时会看到，在这样的穷苦家庭中会有一大群小孩，这里的假定是，会有些好心肠的人们从旁资助，如果没有这方面的接济，做丈夫的和做母亲的就不得不节衣缩食来养活他们的孩子。

为了在这个方面能够获得进一步了解，需要说明的是，就欧洲大部分的土地而论，一个农民，按最低生活水平计算，吃的是面包和蔬菜，穿的是用大麻制的衣服和木制的鞋，那么，靠了一英亩半土地的产品是能够养活他自己的；如果他要使自己享用一些酒和肉，穿上一身呢制衣服，而不贪食，不狂饮，在用度上勿过于放纵，那么，有四英亩到十英亩地的产品，对他来说也就够了。我在附录里列入了一些我所编制的统计，说明在欧洲各国农民的生活方式是往往有些大同小异的，在那里按照欧洲各地不同的生活方式，分别列示了一人一年在食物、衣着和其他生活必需品方面的消费所需要的是多少亩地的产量。

这就是为什么当我说某一最低等级农民或劳动者工作的价值相等于用以养活他的那块地的产值的一倍时，没有具体说明那是多少地，因为这是随着各国生活水平的高低而变化的。在法国南部地区，农民靠着一英亩半土地的产物生活，因此他的劳动可以估作相等于三英亩地的产值。但是在米德尔塞克斯郡[①]，农民所花费的相等于五英亩到八英亩地的产值，这就是说，他们工作的价值，可照此加一倍估计。

在易洛魁人[②]的故乡，其居民不懂得耕种土地，只是随意摘取果实充饥，一个最低等级的捕猎者可以消费 50 英亩土地的产物。因为，要养活这样一个捕猎者，在一年期间就大约需要这么多土地，尤其是作为一个未开化的人，他不懂得种植技术，一切只是听其自然，所耗费的土地就格外多。

因此我们可以把这个捕猎者的“工作”估作相等于 100 英亩土地产物的价值。在中国南部各省，由于人们努力进行精耕细作，加上土质肥沃，结果，其地的水稻一年可以三熟，一次所产百倍于播种量。其地的农民于劳动时几乎是裸体的，生活所赖在于大米，喝

① 米德尔塞克斯(Middlesex)，英格兰东南部一郡。——译者

② 易洛魁人(the Iroquois)，北美印第安人之一族。——译者

的是米酒，看来一英亩所产足以养活十个以上的农民，这就难怪那里的人口多得出奇了。我们从这些例子可以看出，土地所生产的，不管是树木、花草还是谷物，它所供养的不管是为数较多还是较少的植物、动物或人，对大自然说来是没有什么差别的。

欧洲的农场主似乎相当于别的国家的奴隶劳动者的监工者，而手下有几个帮手的手工业师傅则相当于奴隶手工业者的监工者。

作为一个手工业师傅，对他手下的手工业者在每一手工艺方面一天能做多少工作，他是知道的，通常是按照其能力给以报酬的，因此，这些雇工为了他们自己的利益，不须从旁监督，自会全力以赴。

由于在欧洲的农场主和手工业师傅都是所谓冒险家（企业主），在工作中是要承担风险的，有些人的所得在双份给养以上，从而发财致富，有些人则遭到失败，以致破产，这在我们讨论经营企业的问题时，将加以进一步详细的说明。但是就多数情况来说，这些人的所得，也仅够自己和一家人糊口而已，这里我们不妨把他们工作的价值估作用以养活他们的土地的产值的三倍。

用白银或硬币来衡量价值之间的比率，是决定土地与劳动之间的等价关系的最可靠的尺度，当国与国之间互相对照，认为应归属于劳动的那份土地产值彼此大小不一时，这一等价关系就会发生变动。

例如，假定某人靠劳动每天挣得白银 1 盎司，另一人在同一地区每天所得只半盎司，这就可以断定，前者所消耗的土地产值比后者多一倍。

威廉·配第爵士在他的1685年手稿中，认为土地与劳动之间的这种等价关系是政治算术中应加以考虑的最重要的问题，但是他随后作出的分析有些不合常情，是不符合自然规律的，这只是由于他所注意的只是后果而不是其前因和原理。从此以后，洛克先生和达文南特[①]先生在其著作中谈到这个问题时也就跟着这样做了。

（四）在欧洲，商品的流通和交换以及其生产是由冒险家来经营的，是要冒风险的

农场主是个冒险家，他向农场或土地所有人约定支付一笔固定金额（其数通常约相等于土地产值的三分之一），他是否能从这一冒险事业获得利润，却没有任何保证。他按照自己的主张，利用这块土地来从事畜牧，生产粮食、酒、干草等等，其中究竟哪一项获利最大，他是无法预知的。商品的价格部分取决于气候，部分取决于消费，如果小麦的收获量与消费量相对感到过多，其价将下降，如果过少，其价将上升。谁能预见到在一年期间居民出生与死亡之数呢？谁能预见到各家各户在支出上的或增或减呢？然而，决定农场主的商品价格的却是这些无法预见的因素，因此，他是在变化多端的情况下经营他的农场业务的。

农场主的商品由城市消费的占半数以上。他把商品运到市

① 洛克（Locke，1632—1704年），英国哲学家；达文南特（D'Avenant，1606—1668年），英国诗人，剧作家。——译者

场，或最靠近的市镇的市场上去出售，有时候还有人专门从事于这类转运业务。后者按当时的市价，买进农场主的商品，然后把它贩到城市转售，售价高低是难以预定的，但总得使他除运费以外还有得益。然而，由于城市中这类商品的价格是起伏无常的，虽然变动不大，也会使他的利润多寡不定。

把商品从乡村运到城市的这类商人，是不能待在城市里等买主上门从事零售业务的，城市里的家家户户，也不会有人愿意一下子大量买进以待日后慢慢消费。而且各户的人数及其消费量会增加或减少，至少对于所消费的商品的类型会有变化。作为一个家庭，成批贮存着的只有酒一种。城市中的居民多数是做一天吃一天，没有多大积蓄的，然而这类人合起来看，却是最大的消费者，尽管他们是无力把乡村来的商品趸批买进，把它贮存起来的。

于是城市里就会有人以商人身份，向由乡村到城市来的那些贩子收买他们所运来的商品，或同他们联系，约定按期收货，其价格则以贩进的当地价格为准，经协商后确定，商人按大小不定的数额转售时，其价格则须看市面情况随时酌定。

这些商人包括羊毛和谷物批发商、面包师傅、屠宰商、制造商以及各类商人，他们从乡村买进商品和原料，进行加工，转售给城市居民。

这些商人对城市中的消费量既茫无头绪，又不知道其顾客同他们的买卖关系能维持多久，而同行中则虎视眈眈，千方百计地想把他们排挤出去，所有这些因素使他们的处境很不安定，我们每天都能见到以倒闭告终者。

那些羊毛制造商向商人或直接向农场主买进羊毛以后，把它制成毛织品，卖给服装商，他们从事这一业务究竟能获利多少是没有把握的。如果服装商的生意不很好，他是不会向制造商不断地买进毛织品把它囤积起来的，当织物式样过时时，就更加不会这样做。

服装商也是个冒险家，他向制造商按定价买进织物或衣料，然后按不一定的价格转售出去，因为他无法预知消费量究竟是多少。不错，他可以规定一个价格，如果达不到这个价格他可以拒绝出售，但是如果顾客改向价格较低的别处去买，他在待价而沽的期间成本将增加，结果这与在无利可图的情况下出售时相比，同样地会使他陷入困境，甚至还更差。

一切设店营业者和零售商都是冒险家，他们按定价买进，在商店或街区按不定价卖出。这类冒险家一般之所以得以维持并受到鼓励，是由于这一点：有些主顾是“他们的主顾”，这些人所需不多，由于地点近便，宁可按较高的价格向他们去买，而不愿向远处以较低之价大量买进存在家里，而且他们大都无此财力以较低价格直接大量买进存在手里备用。

所有这些冒险家相互间都是消费者和顾客。服装商是酒商的消费者和顾客，反过来也是这样。他们会使自己人数的多少与其顾客或其市场相适应。如果在一个城市里或一条街上，制帽商对买帽子的人来说为数过多，其中主顾最少的制帽商就不得不歇业；如果为数过少，那制帽就成为一个有利的行业，就会吸引某些新手出来开店经营。这就是说，各式各样的冒险家都是自负风险的，都是要适应环境的需要的。

一切其他的冒险家，如从事采矿业务者、建筑业者和经营眼镜业者,如陆上商人、海上商人,如经营饭店的、开设酒菜馆的和制造并出售糕饼的,还有开业后不需下本钱单凭自己的劳动的,如熟练工、手工业者、修补工、铜匠、扫烟囱工人和运水夫,这些人过的是非固定收入的生活,其人数多少,须看顾客的需要而定。那些手工业师傅,如制鞋工、成衣商、木匠和理发师,他们按照所承揽的工作的多寡,雇用若干人,他们的生活也同样是不稳定的,因为他们的顾客随时可以转就别人。那些在艺术或科学上有专长的人,如画家、医生和律师,也同样处于不稳定状态。如果一位律师为其顾客或当事人服务,一年收入 5 000 镑,而另一个他的同业的收入只500 镑,我们可以说,两者的收入跟他们的顾客的人数一样,都是不稳定的。

也许可以说,一切冒险家都是在竭力争取收益,多多益善,都是在诱骗他们的顾客,但这已在我们主题之外。

我们可以从这里提出来的所有这些论证,从在可能涉及全民的一个问题上提出来的无限的其他论证中得出结论:除了君主和土地拥有者以外,国内所有居民都是相互依存的。可以把他们分成两类:冒险家和靠工资度日者。可以这么说,冒险家所拿的是不确定的工资,所有其他的人,当他有工资时,其工资数额是确定的,虽然按他们的职能和社会地位说是很不相称的。将军领薪水,朝臣享俸给,家仆拿工资,这些人都属于上述后一类。所有其他的人,不管是备了资本,从事于经营业务,将本求利的,还是不备资本,凭自己的贡献赚取收益的,可以认为都是在收入不确定的情况下过日子的,都是冒险家,哪怕是乞丐和强盗,也是属于这一类的冒险家。总之,国内所有居民,凡是从土地汲取其生活资料,受惠于土地所有人的资源的，都是相互依存的。

如果某一领高工资者或某一显要的冒险家，积蓄了一宗资产或财富，比方说，贮存了一批小麦、羊毛、丝绸、黄金、白银，或者是一批具有广泛用途、稳定销路或真正的内在价值的商品，那么，就这一资源本身而言，可以把它看作是独立的。他可以卖掉这项财富，用以经营抵押放款，用以买进地产，收取地租，他的生活甚至比小型的地产所有人的生活还要优裕。

但是商品，即使是黄金和白银，总比地产容易遭受意外事故和损失，而且这些财物不管是赚来的还是节省下来的，总是从现今所有人的储备项下汲取得来的，其方式或者是利润，或者是原来准备供作生活费的工资项下的贮存。

在一个大国中，手头拥有大量现金的人为数往往相当多。虽然目前在一国之内流通的货币价值，并起来还不到由土地而来的商品价值的九分之一或十分之一，可是由现金拥有者出借的资金数量很可观，借以博取利息，其方式是或者用土地或者用商品作为抵押，综计其借出之数超过了国内实际存在的货币数，这些人往往会成为这样强有力的分子，在某些情况下简直足以与土地所有人相匹敌，假如土地所有人往往不是现金拥有者，并且大量现金的拥有者也不想成为土地所有人的话。

出于必然的事理，他们的资金，不管是赚来的还是省下来的，总是从现在的土地所有人的资源中汲取的。但是，由于这些所有人以种种原因而在经济上陷于崩溃者，每天总有几起，也总会由别的人来起而代之，上面所说的土地所有权所具有的独立性指的只是现在还保有着土地的那些人。由于一切土地必然有个现在的主人或所有人，因此，这里说一切居民的生活资料和他们所拥有的一切财富都是从土地所有人那里汲取的，指的就是这里所说的这样一些所有人。如果这些人过活时所依靠的都以他们的地租收入为限，其他人要取而代之，占有他们的地位，那就要困难得多。

因此，这里要制定的一个原则是，在一国之内，只有土地所有人生来是独立的，一切其他阶层，无论是冒险家还是靠工资为生者，都是相互依存的，国内的一切交换和流通，都是在这些冒险家的介入下进行的。

（五）市场价格

假定一方是卖肉者，另一方是买主。经过一番争论之后，决定了肉的价格，一磅牛肉相等于一枚钱币之值，在市场上提供出售的全部牛肉，和带到这里来买牛肉的全部资金，就在这一比率下进行交换。

这个比率是通过争论决定的。卖肉者根据他所看到的买方人数提出一个价格，而买主站在他们的立场上，认为市场没有卖肉者所估计的那么大，从而提出较低的价格，其终于达成的价格，通常是由大家一致遵循的。有些人为他们的商品争取适当的价格比较精明，有些人则于折服对方时比较机敏。尽管市场上的这种定价方式往往取决于买方或卖方中少数人的热情或灵敏态度，是没有公平而明确的基础的，但是除此以外，似乎不可能得出比此更适当的方式。然而有一点仍然是颠扑不破的，这就是，提供出售的商品的数量，与买方的需求或人数对照，是(或人们始终认为是)决定当前的市场价格的基础。一般说来，这些价格是不会与商品的内在价值相差过远的。

再提出一个假设。有几个伙食采购员分别接受任务，要他们于青豆上市时采购青豆。第一个采购员接到的任务是按 60 利佛尔采购 10 夸特，第二个的任务是按 50 利佛尔采购 10 夸特，第三个和第四个的任务是分别按 40 利佛尔和 30 利佛尔采购 10 夸特。为了供应这些需要，市场就得备有 40 夸特。假定那里只有 20 夸特。卖方见有许多买主，他将坚持其价格，不允下降，而买方将把出价提高到他们所受到的指示的那样高度。结果出价 60 利佛尔的那个买户将首先得到满足。售方看到不再有人愿出价 50 利佛尔以上，就将又一批 10 夸特青豆按此价售出。至于得到的指示是其采购价格不容许超过 40 和 30 利佛尔的那些人将空手而归。

如果市场上青豆的存量不是 40 而是 400 夸特，则不但这些采购员所出的价格将远在各自的限价以下，而且售方鉴于买主较少，将把售价降低到大体上与其内在价值相等的程度，在这种情况下，那些偶然在场的旁观者也会酌购若干。

常常会见到的是，由于卖方贪得无厌，一心想把价格抬得高而又高，以致失去将其商品及时脱手的大好时机，结果反遭损耗。也未尝不会发生这样的情况，卖方坚持不屈，言不二价，而异日反得善价而沽。

远地市场上的动静，往往会对市场的价格发生影响，如果法国小麦价格极端高昂，英国和其他邻近国家的价格也将上升。

（六）论一个国家货币量的增减

如果在一个国家发现了金矿或银矿，开采量很大，矿山所有人（冒险家）和一切有关工作人员，就不会不按照他们所获得的财富和利润，相应地增加其支出，他们还会把花费之外多余的资金出借给别人以赚取利息。所有这些资金，不管是出借的还是花费了的，将投入流通，从而在一切流通领域内起着提高商品价格的作用。货币增加会使支出增加，支出增加造成的结果是在商业最活跃的时候使市场价格显著提高，在商业最呆滞的时候使市场价格逐渐提高。

大家都同意，货币充裕，或是在商业范围内增加货币量，会提高一切事物的价格。在最近两个世纪，大量资金从美洲流入欧洲，这一经验证实了这个实际情况。

洛克先生把商品量与货币量的比率决定市场价格，作为一个基本准则。在前几节里，我曾力图说明他的观点，他充分认识到货币量增加会使一切事物的价格提高，但是他没有说明这是怎样发生的。在这一分析中主要是要说清楚货币增加使物价提高是通过什么途径、在什么程度上实现的。

我已注意到，在商业范围内货币流通的加速，在一定程度上相等于货币量的增加。我还注意到，不论在国内市场或国外的远地市场上价格的增减，都会对当地市场价格发生影响。另一方面，货币流通时实际上是无孔不入的，进行观察时要一无遗漏是不可能的，货币这种东西于积成巨数以后，就分散到商业的无数细小渠道中，然后又积成整数。在这一运转过程中，按照商业的活跃程度，必须将货币兑成金币、银币或铜币。因此，在通常情况下，人们无法觉察国内货币究竟是在增加还是在减少，它会悄悄地溜到国外，也会悄悄地溜进来，其出入的渠道和数目的大小既无从深究，要确定其国外流入量和国内流出量，事实上是不可能的。

然而所有这些活动都是发生在我们眼底下的，每个人都是直接参与的一分子。因此，我认为在这个问题上不妨大胆提出我的一些想法，虽然探讨时要求其明确、精密是不可能的。

总的说来，我认为一国的货币量增加会使消费量作相应的增加，会逐渐地促使价格上升。

如果货币量的增加系来自国内的金矿或银矿，则矿山所有人、冒险家、熔铸者、精炼者，总之一切有关的工作人员，就不会不按其收益的增加程度，相应地增加其支出。他们全家比过去将多吃些肉，多喝些葡萄酒或啤酒，将染上考究衣着的习惯，用更细的麻布制衣，把房间布置得漂漂亮亮，以及进行其他种种排场。他们将使一部分手工业者增加工作，这些人以前是没有那么多工作的，于是出于同样理由，这些人也将增加其支出。所有对酒、肉、羊毛等等支出的增加，对起初没有分享到从矿区得来的财富的其他居民说来必然要减少其原来享有的份额。市场上对酒、肉、羊毛等等的需求的争先恐后，既比平时加剧，就不会不使价格提高。价格提高将使农场主在下一年用更多的土地从事于生产这些东西，从而增加其利润，他们以及其家族，将同别人一样增加其支出。这就表明，因物价高昂和消费品增加而受到损害的，首先是租约尚未满期的土地所有人，然后是他们的仆役，和一切工人或拿固定工资并以此

来赡养其家族的那些人。所有这些人，将在别人增加消费的那个程度上减低其支出，其中有很多人将离乡背井，到别处去寻出路。为土地所有人服务的那些人，有很多将被解雇，还有一些人最后将要求增加工资，以便按照他们所惯于享有的常规过活。大致说来，这就是因采矿而使货币大量增加时怎样会使消费增加的情况；当居民人数减少时，却会使留在国内的那部分人的支出增加。

如果因采矿而使货币持续增加，将使一切事物的价格提高到这样的程度，以致不仅土地所有人在租约期满后将显著提高其地租，从而恢复其以前的生活水平，相应地增加为他服务的那些人的工资，而且手工业者和工人对其产品讨价将这样高，以致使成本较低的国外商品运到这里来销售，也会十分合算。这就自然会诱使人们去输入外国制造的大量制造品，这在无形之中将使国内的手工业者和制造商陷于崩溃，这些人在物价高而工资低的情况下，将无法生存。

由于采矿得来的资金数量过大，使国内人口减少，使留下来的那些人惯于作过度的享用，造成农产品和手工业者的产品价格飞涨，这就使国内的制造商破产，因为土地所有人和从事于采矿工作的那些人已经习惯于使用国外产品，由采矿而来的资金势必转运给外国人，以偿付从他们那里进口的东西，这将使国家陷于贫困，无形之中使之在某一程度上对外国居于依附地位。国内货币的流通起先是很正常的，现在不是这样了，接踵而至的是贫困和痛苦，这时因采矿而受益的似乎只是从事于这一采矿工作的那些人和因此而获利的外国人。

这里所说的，大体上就是西印度群岛发现以后西班牙所发生的情况。至于葡萄牙人，自从发现巴西的金矿以后，他们所使用的几乎始终是国外的产品和制造品，就好像他们从事采矿完全是为了那些外国人的利益。这两个国家所有从采矿得来的黄金和白银，主要是在别的国家而不是在他们本国供流通中使用的，其中为英国和法国所吸收的最多。

如果一个国家货币的增加是由对外贸易的差额而来(就是说，输出的产品和制造品的价值和数量大于从对方输入的，结果其应收的差额用货币结算)，这项每年的货币增额，将使国内的许多商人和冒险家富裕起来，将使提供那些产品和制造品用以运销国外，从而取得这项货币的许许多多手工业者和工人获得工作机会。这会使这些勤劳的人们的消费逐渐增加，会提高土地和劳动的价格。这些人既赋性勤劳，他们所渴望的首先是积累财产而不是增加消费，他们所期待的是有一项相当大的财产，可以滋生利息，这样就可以不必靠劳动的所得度日。当这样得来的资金由国外源源而来时，会有许多人由此积成相当大的财产，这不会不使他们增加消费，从而使百物昂贵。虽然这将使他们的支出比他们原来所打算支出的更多，但是对多数人说来，只要手头还存有资本，他们的支出就不会因物价高而受到制约。因为没有什么比增加家庭的这类开支更容易或更使人愉快了，也没有什么能比缩减这类开支更困难或更令人不快了。

如果这种贸易出超的情况长年不断，使国内资金大量增加，就不会不促进消费，提高百物的价格，甚至减少居民人数，除非另有商品从国外输入，其输入量与消费量的增加足以相抵。凡是取得了大量资金的国家，一般总是要从资金不足，因而百物比较便宜的

邻近国家进口许多东西，这就要把资金运转给那些国家，从而使贸易差额缩小。外国既缺乏资金，其土地和劳动的价格又低廉，在那里制造业和其他行业就自然会逐步建立起来，但初建时一定比较简陋，不会像人们所希望的那样完美。

在这种情况下，这个国家就可以在资金丰饶之中安然地屹立着，不仅可以尽量消费它自己所生产的一切，甚至还可以大量消费外国所生产的，而在对外贸易中仍然可以略有顺差，或者至少可以长期保持国与国之间的收付平衡。具体地说，这就是一方面将它的产品和制造品运销某些国家，另一方面从这些国家输入其农产品和商品，输出时所获得的资金与输入时所需支付的资金，力求相抵于平。如果这个国家是个沿海国家，那么把它的产品和制造品运送到外国时，装运就比较便利，代价也比较低廉，这对由货币供应丰足造成的劳动价格高昂这一不利因素会起到一些抵消作用。结果，这个国家的产品和制造品尽管价格很高，仍然可以不断地向远地区运销，其价与另一工资较低的国家的制造品价格相比，有时还是比较低廉的。

由于运费的关系，运赴远地区货物的价格因此会大大提高。但是在沿海国家，这项费用是相当公道的，在那里对国外几个重要港市都有定期运输关系，因此，准备起航的船舶总是一呼即应的，它们接受委托，可以代运一切商品，使对外贸易得以推行尽利。

在航海业务不发达的国家情况就不同了。在那里为运输货物须特地造起船来，对运费索价之高，有时会把商人预期的利润全部勾销，总之，其经营费用必然是高的，这就使经商者的信心受到严重打击。

英国现在所消费的，不仅是它自己有限的一点产品的大部分，还有大量外国的产品，如丝绸、葡萄酒、水果、亚麻布等等，它输出的只是它矿山的产品和制造品，虽然由于资本充沛，使那里的工资高昂，但是由于它在航运方面的有利条件，没有能阻止它把产品运销遥远地区，其价与法国的一样公道，但是同样货物，后者的制造成本要低得多。

由外邦人士对某一国家作出的、其性质与商业无关的支付，也可以使这个国家的货币量增加。例如驻外国的使节或旅游者，因政治上的原因或出于好奇心或由于寻欢作乐，会作出数量很大的支付；有些人出于信教自由的动机或其他原因，会舍弃故乡，到这个国家来安家落户，由此会涉及财产的转移。在所有这些情况下，移入这个国家的财富，必然会增加那里的支出和消费，结果资金必然会流入商业领域，从而使物价提高。

假定一个国家人口的四分之一，在货币没有增加之前，每天要消耗一些牛肉、葡萄酒等等，经常要购置一些衣着、亚麻布等等，但是在货币增加以后，有着这样的消费习惯的，要占到人口中的三分之一或一半，这时这些商品的价格就必然要提高，于是原来占四分之一的那些人中的一部分，一般说来，就会消费得少些。一个每天食肉三磅的人，不得不改为两磅，使他感觉到他是在挣扎着过日子，还有些人原来就几乎吃不起肉，这时也就不觉得什么。我曾屡次指出，因消费增加而使物价提高，其提高是有个过程的，这时粮价也会提高，但这是逐渐而来的，而且不会像肉类那样贵得厉害。肉价的提高只会使人口中的一小部分缩减其食肉量，这样的缩减是显而易见的；但是受到粮价提高影响的是全体居民，这种影响就不那么容易察觉。如果有 1 000 万人口的一个国家，增加了外来人口 10 万，其由此引起的对面包的额外消费，也就是原来居民对面包消费量的缩减，平均说来每百人不过一磅。即使就一个人的给养说，如果由 100 磅面包减为 99 磅，他也是不会感觉到的。

由于肉类的消费增加，农场主为增加肉类供应将扩大牧场，这将使适于耕种的土地减少，使小麦减产。但是，相对地说，为什么肉价上涨会高于粮价的上涨程度呢？这是由于，一般说来，小麦是允许从国外自由进口的，而牲畜的进口在英国受到严格禁止，在其他国家，则进口时须缴纳很大的进口税。这就是在英国为什么当货币充沛时，牧场租金的提高会三倍于可耕土地租金的提高。

（七）续论一国货币量的增减问题

金、银、铜是各有它的内在价值的，就其开采所在之地来说，这个价值是与所涉及的土地和生产时花费的劳动力成比例的，就没有这类矿山的那些国家来说，这个价值是与由国外输入的费用成比例的，因此，货币的数量跟一切其他商品的数量一样，在市场的讨价还价中，决定着货币与一切其他事物相对的价值。

如果英国第一次在物物交换中用金、银、铜为货币，则其价值将以其在流通中的数量为依据，以它与一切其他商品之间的比例来加以估计，这个粗略的估值，将通过市场中的讨价还价达成。土地所有人和冒险家将以这一估值为依据，来确定他们所雇用的仆役和工人以日计或以年计的工资，使这些人及其家族可以靠这项工资过活。

假定现在由于有一批大使和外国旅游者旅居英国，他们带来的钱财与这个国家原有的通货量相等。这些钱财首先将流到为这些外国人的生活排场和娱乐活动服务的手工业者、冒险家和仆役那些人的手里。这时一些制造业者、农场主和别的一些冒险家意识到社会上相当一部分人的收入增加以后，其影响所及，会使许多人改变作风，大手大脚，增加支出，结果将使市场上价格上升。甚至这些冒险家和这些手工业者的孩子们的支出情况也会与前不同，做父亲的既收入增加，对待他们的孩子手头就会放宽些，多给零钱，用以买糖果饼饵之类。总之，在货币流通中这一新血液的注入，在分配中会发生这样的情况，会使一些从来没有银钱过手的人，也会有几个钱在手里锵锵作声。有很多银钱的兑换，以前是通过物物交换方式进行的，现在也得借助于现钱以供零找之需，这就使英国的货币比它处于早期时流通得更快。

由此得出的结论是，一个国家的货币量增加了一倍以后，物价并不一定会提高一倍。一条迂回曲折的河流，其水量增加一倍以后，其流动的速度是不会增加一倍的。

一国的货币量增加以后，物价的提高程度取决于这项货币对消费和流通产生的影响。货币由国外流入一个国家时，不管最初是通过哪一些人之手，结果总会增加消费，但增加得是多些还是少些要看情况而定，随着取得这项资金的人的爱好不同，有些商品受到的影响会大些，有些会少些。不管资金怎样充裕，市场上各种商品价格的上涨程度总是参差不齐的，有些涨得多些，有些少些。在英国，肉价上涨三倍，而小麦价格上涨还不到四分之一。

英国一直允许从国外输入谷物，但输入牲畜则被严格禁止。

结果，不管其地的货币量增加多少，其小麦价格绝不会高于货币短缺的国家的小麦价格，除了由这些国家输入时的费用和所涉及的风险那一应有的差距。

牲畜价格的情况就不同，它必然取决于供买肉用的货币量与国内所能提供的肉食量之间的比例。

现在，在波兰或匈牙利，重 800 磅的一头牛售价是白银 2 或 3 盎司，而在伦敦的一般售价是在 40 盎司以上。但是一夸特小麦在伦敦的售价不过比在波兰与匈牙利的售价高一倍。

货币量增加使物价所增加的不过是它的运输费，如果运输是准许的话。但是在许多情况下，运输费比一件物品本身的价值还要高，这就使许多地区的大片森林成为无用之物。在距离首都较远的乡间，为什么那些牛奶、鲜黄油、野味等等，几乎贱得一文不值，原因就在运输的关系。

得出的结论是，一个国家的货币增加必然会使那里的消费增加，养成扩大支出的习惯。但是，由此引起的价格提高，不会按货币量增加的比例，均等地影响到一切种类的商品，除非引进的货币所遵循的流通渠道与原有货币的流通渠道完全相同，就是说，原来在市场上提供 1 盎司白银的那些人，现在仍然是同样的那些人，不过所提供的是 2 盎司白银，像这样的情况是绝不会碰到的。我认为，当一国的货币有了显著增加，将使消费发生新的倾向，即货币的流通速度也会改观，但是要在变动程度上作出明确的论断是不可能的。

（八）关于货币的利息及其成因

事物的价格是根据卖方提供出售事物的数量和买方提供货币的数量的比例，在双方讨价还价的方式下决定的，就是说，这是由双方之间数值上的比率决定的。同样情况，决定货币利息的是贷出者与借入者之间的数值的比率。

虽然货币作为一种信物在交换中流通，然而，单是流通并不会使它增值，不会产生利息。所以会发生计收利息这个做法，似乎是出于人们的需要。凭信实可靠的担保或以土地为抵押而出借资金的那个人，他所冒的风险至少是，借入者会因故发生敌意或涉讼时负担诉讼费而遭受损失；如果提供的是信用贷款，没有抵押品，那就要冒丧失全部资金的危险。出于这些原因，当人们需要款项时，对出借者就得使他有所贪图，让他有一项利润可得，这项利润的厚薄，必然与借入者需要的迫切程度和贷出者的担心和贪得的心情成比例。在我看来，这就是利息的起源。由于收取利息之风行之已久，看来就好像它所根据的是，冒险家可以从一笔贷款取得一项利润这一事实。

以小麦而言，土地借助于人力，按照其质量的高低和劳动者不同的勤劳程度，其收获可以四倍、十倍、二十倍、五十倍、一百倍以至一百五十倍于播下的种子。土地可以繁殖果品和牲畜，作为一个农场主，通常可以取得产物的三分之二，以其中的三分之一作为他的费用和供养，余者即归他所有，作为他的冒险事业的利润。

如果一个农场主备有足够的资金来经营他的冒险事业，所有必要的工具和设备，如耕种用的马，开垦土地用的牛等等，他一应俱全，那么，于支付一切费用以后，余下的农产品的三分之一将归他所有。但是，如果一个有经验的劳动者，只是靠他劳动所得的工资为生，并无土地，这时如果有人愿意借给他些土地，或借钱给他买进些土地，他就能够成为一个农场主或冒险家，他将把这些土地的产品的三分之一付给这个贷款人，作为他出借土地或资金的报酬。这个时候他会看到，他所处地位已较胜于前，他已经是个主人而不是个受雇者，他如果能厉行节约，就能逐渐集成一笔小小的资本，就能够逐年地少借一些，再少借一些，总有一天会将那三分之一的产值全归己有。

如果这个新起的冒险家有机会可以用赊购办法买进小麦种子或牲畜，待相当时期以后，再用售出田间收获所得的价款进行付偿，那他宁可按较高的价格用现款买进。赊购这个方式，就同他向人借钱，按现购与赊购之间的差价照计利息，而用现金买进小麦种子的方式一样。但是，不管他用的是借入现金还是借入商品的办法，他总得留下些什么，才能靠他的冒险事业过活，否则他就要垮台。这对贷出者方面说来是一种风险，这就会使他们按照所贷出的货币数量或商品价值向他要求20%或30%的利润或利息。

再举个例子，一个帽商，他准备了些资本用以经营制帽业务，他租了间屋子，购置了海狸皮、羊毛、染料等等，对他所雇用的工人每月给以生活费，他不但借此谋生，而且要像一个农场主将农产物的一部分留给自己一样，也得博取一项利润。这种谋生之计同这种利润一样，必须从帽子的售款中得来，这项售款所偿付的不仅是原料的代价，还有帽商和他的工人的给养，还有上面所说的利润。

但是一个没有资本的制帽工人，用借入资金或借入材料的办法，也未尝不可成为一个冒险家或帽商，他可以把利润让给愿意借钱给他的任何人，或者是让给愿意把海狸皮、羊毛等等付托给他的任何人，这项利润在相当时期，即售出了他的帽子以后，再进行偿付。如果借款到期，出借者要求收回资金，或者是，羊毛商或其他物料出借者不愿意继续赊销，他就只好放弃他的冒险事业，在这种情况下，也许他宁愿宣告闭歇。他如果是一个作风踏实的、勤劳的人，就应当能使债权人看到，他手里存着的资金和帽子，与他所借入的资本价值大体上相当，从而使债权人愿意继续给予信任，和他共处下去，能暂时得到一笔利息或利润就算了。这样他的冒险事业就能继续进行，通过厉行节约，他也许能积累一些资本。在这样的艰苦经营中，他所借入的会逐年减少，当他积累了足够的资本，能独立经营他的制造业时（那是始终与他所具有的市场密不可分的），他的利润就能全部归他享有，这时他如果不扩大开支，就可以富裕起来。

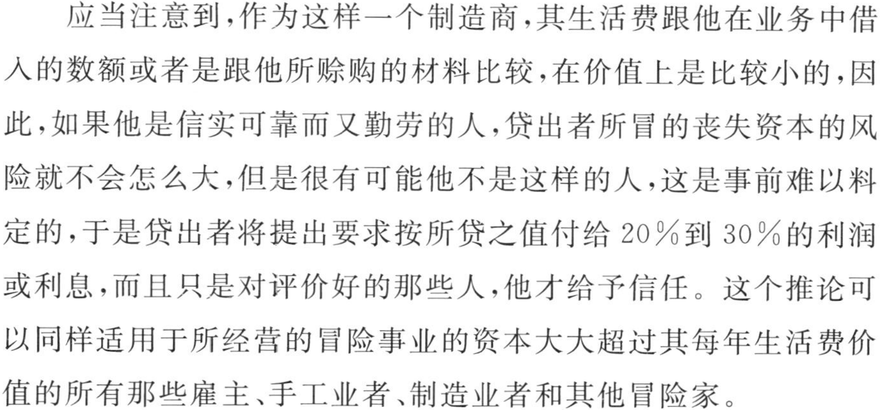

应当注意到，作为这样一个制造商，其生活费跟他在业务中借入的数额或者是跟他所赊购的材料比较，在价值上是比较小的，因此，如果他是信实可靠而又勤劳的人，贷出者所冒的丧失资本的风险就不会怎么大，但是很有可能他不是这样的人，这是事前难以料定的，于是贷出者将提出要求按所贷之值付给 20%到 30%的利润或利息，而且只是对评价好的那些人，他才给予信任。这个推论可以同样适用于所经营的冒险事业的资本大大超过其每年生活费价值的所有那些雇主、手工业者、制造业者和其他冒险家。

但是，如果在巴黎的一个挑水的人，要作为一个冒险家经营他自己的业务，他所需要的资本只是两只吊桶的代价，这是他用 1 盎司白银就可以买到的，除此以外，他所挣得的就都是利润。如果凭他的劳动一年可以挣得白银 50 盎司，那么他的资本或贷款金额将是他的利润的五十分之一。这就是说，他将获利 5 000%，而一个帽商所获得的却不到 50%，还得把其中的 20% 到 30% 付给贷出者。

然而，作为一个资金贷出者，他宁可按 20% 的利率向一个帽商贷出白银 5 000 盎司，却不愿向 1 000 个挑水者按 5 000% 的利率贷出白银 1 000 盎司。挑水者不仅会把他每天所挣得的，还会把他借入的全部，很快就花费在他的生活资料上。这些借给他们的资本与他们所需要的生活费对照，为数是很小的，他们所获得的工作无论是很多还是很少，很容易把他们的所得全部花掉。因此，这些低级冒险家的收益是无法确定的。人们有理由可以说，一个挑水者，以构成他的冒险事业的资本，即两个吊桶的价值为依据，挣得了 5 000% 的利润，如果尽全力工作，他一年可以赚得白银 100 盎司。但是，由于在他的生活费用上，他可以像花掉 50 盎司一样地花掉 100 盎司，因而只有知道了他在生活上究竟花费了多少，才能知道他的净利是多少。

要确定一个冒险家的利润，必须先将他生活上的费用除去。我们在农场主和帽商的例子中就是这样做的。就那些低级冒险家来说，这是无法确定的，因此，他们如果有任何债务，一般说来，将无法清偿。

伦敦酿酒商的惯例是，先将若干桶啤酒借给经营酒菜馆的冒险家，待后者将第一批偿付以后，再续借给第二批。如果酒菜馆对啤酒的销售量很大,这些酿酒商所获得的利润有时一年达 500%。我听说,只要这些酒菜馆在一年期间只有半数破产闭歇,大酿酒商还是有利可图。

商人们一个经常的经营方式是,把商品用赊销办法付托给零售商,按照他所冒的风险程度规定其利润率或利息率。由于借入者的生活费占其所借入之数的比例很大,风险必然是大的。如果作为一个借入者或零售商在其零星买卖中不能速进速销,不久他的商店便会陷于崩溃处境,把借来的钱都花在生活费上,不得不把铺子收歇。伦敦的鱼贩在比林兹盖特[①]贩进鲜鱼,然后在城市中别的地区转卖,通常是由一个公证人居间,收费每个畿尼 1 先令,或每周利息 21 先令,这要合到一年 260%。在巴黎市场上的鱼贩,其业务范围较小,每周付息 5 苏,每 3 利佛尔付息 1 埃居[②],一年的利率合到 430%以上。但是贷出者能够靠这样的高利率起家的却很少。

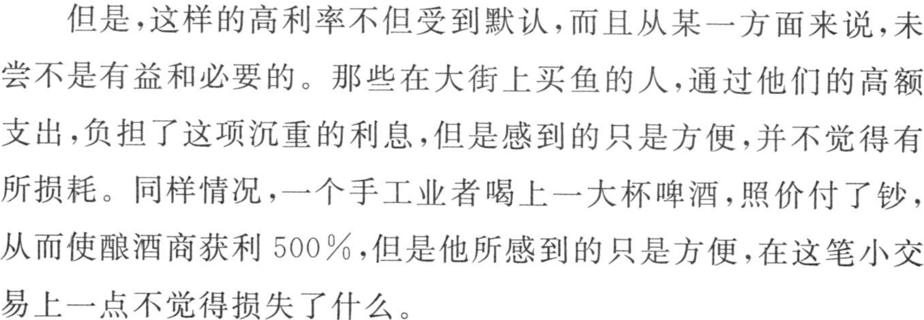

但是,这样的高利率不但受到默认,而且从某一方面来说,未尝不是有益和必要的。那些在大街上买鱼的人,通过他们的高额支出,负担了这项沉重的利息,但是感到的只是方便,并不觉得有所损耗。同样情况,一个手工业者喝上一大杯啤酒,照价付了钞,从而使酿酒商获利 500%,但是他所感到的只是方便,在这笔小交易上一点不觉得损失了什么。

① 比林兹盖特(Billingsgate),伦敦鱼市场。——译者

② 埃居(ecu),十七和十八世纪时的法国银币。——译者

十二 费迪南多·加利亚尼

货　币　论

加利亚尼生平简介

费迪南多·加利亚尼(Ferdinando Galiani,1728—1787 年)出生于意大利的基耶蒂。他接受的教育原来是准备为教会服务的,并且取得了阁下(monsignore)的尊称,但是他一生的大部分时间都是为政府服务。1751 年,他匿名发表了才华横溢的著作《货币论》,直到三十年后才公开承认是他的作品。这个时候他还出版了种种别的刊物,以才能出众驰名当世,并作为那不勒斯公使馆秘书,被派到巴黎,不久成为这个机构的首脑人物。他在伦敦也曾度过很长时间,在那里他发表了《小麦贸易对活》(1770 年)。在这一富有卓识的作品中,他对重农主义理论进行抨击,反对按照这一理论原则建设经济事项,从而引起了人们很大的注意。他之所以被委任为那不勒斯最高贸易委员会委员,后来又成为皇室所有地代理人,大概与这一著作的出版颇有关系。他的文章雄辩滔滔,具有非常的分析能力,但他并不是个一贯公正的批评家。

货　币　论

（一）对决定一切事物价值的原则的说明；事物的效用和稀少性；价值的基本规律；对许多反对意见的回答

对于最受到重视的货币所由制成的黄金和白银的取得，过去一向是、现在仍然是大众愿望的最终目的，同时它们也是被少数自诩为“哲人”的那些人所轻蔑、鄙弃的东西。就见解对立的这两方而论，一方往往是卑鄙的，缺乏教养的，而另一方则大都是不公正的，或者是不够真诚的。结果是，有些人对它们所作出的评价过高，有些人则又过低，对于这两种金属的价值，竟没有一个人通过公平合理地进行思考来给以评价。我相信，有许多人认为这些金属的价格是完全出于幻想、出于武断的，这种想法的根源是由于我们所受的教育造成的众所共有的错误，因此，这些人谈到价格这个问题时所使用的往往是一些有贬义的措词，如“疯狂”、“昏聩”、“愚昧”、“错误”等等。有些比较具有独立思考能力的人则认为，人们在决定使用货币时，以为用以铸造货币的那些金属是具有某些优点的，后来才发现，就其自身说，这些优点并不存在。只有很少的人会认识到，那些具有不变的、公平的价格和价值的东西，是它们自身天然存在着的，同时也是人的意向所构成的。读者会看到，在开展论证之前，得先将这一真理加以证实是何等重要，在论证过程中的每一步骤，所讨论的无论是货币的外在价值、利息、兑换，还是各种货币之间的比率，和我们打交道的始终是一个明确的内在价值和自然价值。

亚里士多德是个具有大智大慧的人，他在《伦理学》第五卷第七章里发挥了许多高明的见解，关于货币的性质，他发表了如下的意见：货币起源于常规，因此被称作硬币，就是说，它所根据的是法律，因为它的价值不是由自然而是由法律决定的，因为我们有权可以改变它的价值，甚至可以使之一文不值。[①] 他在《政治学》第一卷第六章说的与这里的相同。这位伟大哲学家的学说有时受到人们的信奉未免到了过当的地步，下面是一个再好没有的例子。主教科瓦罗维艾斯信守着他师傅的论点，一步不离，他说：如果货币的价值不是出于自然而是出于主政者所给予，后者就可以通过变更法律的手段使货币成为无用之物，那么铸币所用的材料，即黄金或白银，其价值就肯定不会像货币本身那样高，因为，假使是那样高的话，它的价值就必然是出于自然所赋予而不是法律所赋予。这就是亚里士多德学派的推理方式，而构成伦理学家和法理学家的骨干的可以说也就是这些人。假定这里的前提无误，这样的推论是否正确是可以一望而知的。这样的推理方式对人们造成的危害是严重的，这里将试图加以剖析。但是，不摧毁其基础，就无法驳倒这些意见。约翰·洛克、达万扎蒂、布罗吉阿，还有些别的人，

① 加利亚尼引用的是拉丁文，经我逐字照译。参阅原著第 27 页。——编者

他们不否认最初提出的基本原理，却在这个错误的基础上构成相反的意见，没有认识到在不可靠的基础上是不会得到正确意见的，我对他们这种处理方式感到大惑不解。因此，我首先要做的是，竭力说明我久已怀有的信念：不仅是货币所由制成的那些金属，所有世上的一切事物，无一例外，都有它的自然价值，这个说法的渊源是明确的、不变的和普遍存在的规律。无论什么奇思幻想，还是当权主政者制定的法律或任何别的什么，都无法违反这个规律及其作用。最后，诚如某些学者们所说，在事物的评价中，人是被动因素。在这里所说的这个基础上建立起来的高楼大厦，总是持久的、永存的。鉴于这个问题的重要性，话说得多了些，请读者原谅。读者如果见怪的话，还是去怪那些为数众多的作家们，他们要么是没有认识到这一重要的真理，要么是不愿意像他们应该做的那样承认这个真理。

许多人把事物的价值（这里我是在笼统地进行推论）解释为人们对它们的评价，看来这个说法所表达的概念，没有上面所引述的清楚。人们这就可以说，这个评价或价值是，在一个人的意念中拥有这一事物和拥有那一事物之间的对比观念。例如，当我们说十蒲式耳谷物值一桶酒时，所表达的是在这一物与那一物之间的均等关系；人们以这一物交换那一物时，始终要留意的是不要受骗，而在均等关系中是既无所得也无所失的。

前已提及，很明显，由于人们的想法不同，需要不同，因此事物的价值也会有变化。有些事物，比较广泛地被人们所爱好，所追求，于是具有一种价值，谓之市价；还有一些事物，其价值只是由愿意取得的那一方和愿意放弃的另一方之间形成的。

由此可见，价值是一种比率，实际上这是用“效用”和“稀少”这两个名称来表达的两个比率配合而成的。这里要表明的是，我的意思只是在于举例，因此在用词上可以不发生争执。很明显，空气和水是人生活中极其有用的要素，但是由于缺乏稀少性，所以没有价值；另一方面，从日本海岸上运来的一袋沙子是个稀罕物儿，但是看来它既没有特殊效用，所以没有价值可言。

我知道有人会问：有许多东西售价昂贵，它们究竟有多大的效用？由于这种自然存在和经常发生的困难，人类就好像被说成是极其愚昧和不讲情理的，这就从根本上破坏了货币科学，因此对事物的效用和效用的衡量，有加以进一步讨论的必要。如果价格不以明确的原则为依据，就根本谈不上事物的价格，也就不再有货币学，因为既没有证据又没有确定性的科学是不存在的。

我说效用，指的是一件事物导致幸福的能力。人是有欲望的动物，欲望是在不同的力量下对他起作用的。欲望的满足产生快乐，获得快乐就是幸福。我既不是个享乐主义者，甚至也不愿成为近似于这类人物的一个人，这里暂离开本题，请容我对这一问题略抒所怀。应当注意到，为满足某一欲望而损及别人欲望的满足，所得到的就不是完满的幸福；如果由此引起的烦恼超过了所得到的快乐，那就成为真正的祸害和痛苦，应当力求避免。如果痛苦没有所得到的快乐那样大，这好是好，但这样的快乐是不完满的、有缺陷的。这个说法对绝对说来的今世的快乐以及对来世的快乐都适用。对我们说来是明显的，今世之后我们还有来世（多亏上帝），来世的快乐或痛苦和今世的行为是密切地结合在一起的。因此，我在前面所说的无须改动，不损害别人的快乐的今世的快乐，才是真正的、完满的快乐；那种在来世将引起痛苦的快乐（今世和来世的快乐和痛苦这两者之间的差别是无限大的），不管在一方面快乐怎样大，在另一方面的痛苦怎样小，这样的快乐总是虚伪的、骗人的。这里的说辞不过占了数行地位，如果人人都这样说，我们就不会听到在享乐主义者和禁欲主义者之间、在耽于声色者和洁身自好者之间多年存在的争论，结果是，若不是禁欲主义者的论调是错误的，就是他们只是在言辞上作无谓争执。下面再言归正传。

任何事物，凡是能导致真正的快乐，即能够满足由欲望引起的愿望的，都是有效用的。我们的欲望不仅仅是吃、喝、睡方面的愿望。这只是一些基本的愿望，这些愿望一经满足以后，别的愿望又会同样坚强地产生。人的性格就是这样，一个愿望刚刚满足，又出现另一个愿望，作为一个刺激因素，其强有力程度必然不亚于前者，这样他就不断地在活动，永远不会使他自己在愿望的满足上处于一劳永逸的境地。因此，认为在生活中的第一级需要只是那些有用的事物的说法是不对的。什么是生活中所必要的，什么是非必要的，是找不到其间任何明确的分界线的。应该说，由于某一事物已经得到因此不再需要时，我们已开始感到对另一事物的需要了。

在人的意念中出现的某一欲望是关系到保持个人或其种族的，这种欲望系一切动物所共有。除此以外，最强有力的愿望是出人头地，在侪辈中保持优越地位。这是利己之心的产物，是我们行动中的主要推动力，凌驾于一切其他欲望之上，使得足以有助于满足这一欲望的事物具有莫大的价值，一切其他快乐，有时甚至生命的安全这一事实本身，对这一欲望说来也处于从属地位。像这样的想法,这样的决定,从而采取这样的行动,是否合理,是否正确,应由每个人自己来评定。一个人因腹内空空而购买粮食,和因摆架子、讲排场而备足食品,是同样合情合理的举动,因为他如果在挨饿,生活当然是痛苦的、不愉快的,如果由于生活中露出一股寒酸相而不能受到周围人士的尊敬,也同样是不愉快的,后者的不愉快感觉有时还会比前者严重得多,以致使他感到宁可一死,或使自己面临九死一生的绝境,而不愿受到别人的蔑视。那么,有些人认为,为了取得一种可以由此产生多种快感,因此是极其有用的事物而不惜花费长期而艰苦的辛劳是很值得的,其间的理由又何在呢?我认为,任何人如果对于从赢得别人的尊敬而来的快乐加以嘲笑,是对人类性格的吹毛求疵,这是共有的精神上的禀赋,是摆脱不了的,这就同饥渴和睡眠的感觉一样,既无必要也不可能向别人进行解释。假使某些"贤达之士",对别人对他们表示的尊敬不屑一顾,假使他们说,这是因为别人对他们的尊敬没有使他们感到任何快乐,这就表明他们是在说谎。他们为什么要说这样的谎,除了他们感到人们对这样的信念和行动肯定会无保留地抱赞许态度外,还会有什么别的动机?

由此可见,凡是可以博得别人尊敬的那些事物,总是具有莫大价值的,例如身份、地位、头衔、权力、门阀、名誉等,大都是一些无形的事物。其次是某些物品,由于其外表美好,总是为人们所热烈追求的,其偶然有机会求得者,则用以为装饰物,从而受到人们的尊重和艳羡,例如珠宝、宝石、某种罕贵的皮革、某些贵金属(如黄金和白银)、某些体现了大量劳动和高度美感的艺术品等等。由于人人都重视外表的装饰,这些华贵的装饰物,就可以给予拥有者一种优越感，从而成为人们获得快乐的根源。因此，它们的价值极高，这是必然之理。无可否认，国王之所以能博得其臣民的尊崇，大部分是由于他所必不可少的敷衍外表的丽服和装饰，他懂得，假使没有这些饰物，即使他具有跟以前一样的智能和权力，人们对他的崇敬之心将大大降低。这就表明，不是基于实在的力量和威信得来的权力，就不得不乞助于外观上的炫耀，对这些人说来，一切威严、壮丽、豪华，不过是虚张声势，除形式上作一番表演外，实际空无所有。有句老话，引用在这里颇为得当：凡是不存在的东西，既非绝无作用，也非实有之物。

但是，如果男子为了保持体面这一愿望，引起了对那些比较稀少而优美的自然产物的爱好，那么，妇女和儿童所渴望的是把自己打扮得漂漂亮亮，这就使那些物品具有莫大的价值。人类中半数是妇女，所有这些人或其中的极大部分的唯一任务，看来注定是对人类进行繁殖和教育，她们的贡献是唤起男性的爱情，此外再没有别的，而爱情几乎完全是美感的结果，因此她们所最最关心的莫过于使她们在男子的心目中显得可爱。装饰在这个方面会起莫大的作用，这是没有人会持异议的。因此，如果作为一个女子的价值是由爱情而来，爱情导源于其人的美丽，而装饰足以增进美感，这就难怪装饰物为什么会受到这样的重视了。

至于儿童，是受到父母最亲切的爱护的。而做父亲的，除了提供在儿童眼里显得美妙动人的那些物品之外，就再也不知道怎样表示这种亲切之爱。当一个男子要使妇女满意，要把他孩子打扮得漂漂亮亮，他在这一愿望的驱使之下，什么事干不出来？于是把最美丽的金属搜集起来，起先是在河床的沙里淘，然后在地壳底下挖。例如墨西哥人和秘鲁人就被认为是以多备这类金属为贵的，于是黄金和白银的价值之高仅次于宝石。他们对于我们的一些无价值的琐物，如玻璃制品和钢制品，倍加重视，然而这正好证实了而不是破坏了我在上面提出的论点：他们所心醉的是我们在工艺上的神工鬼斧。这些制造品是技术的产物而不是自然的产物，但是这一事实并不会根本改变其价格，除非在稀少性上有了变化，而稀少性之所以会发生变化是由于美洲土人不懂得有关的技术，所以视为罕贵之物，因此不能利用这一现象来反对我的论点。

但是多数人（其中包括达万扎蒂）的推论是这样：一头真牛比一头金制的牛要有用得多，但在价值上相差何止霄壤。我的回答是，假使一头真牛跟一头金制的牛具有同样的稀少性，则前者由于它的效用和人们对它的需要远过于后者，其价格将在这一超过后者的程度上高于后者。按照这些人的设想，价值只取决于单独一个因素，不是取决于许多因素，但事实上这些因素会混合起来形成一个复比。我相信，还有些人会说，一磅面包比一磅黄金有用。我认为这是个不值一驳的谬论，由于他们不懂得所谓“有用”和“不大有用”是相对名词，是按照各个人的不同处境来衡量的。如果我们说某人既缺少面包又缺少黄金，这个时候对那个人来说，更加有用的当然是粮食，这一事实是跟我的论点相一致而不是对立的，因为没有人当他饿得仅存一息时，会宁可取得黄金而舍弃粮食。那些在矿山掘金子的人，并没有忘记吃和睡。但是对一个衣食丰足的人来说，世间还有什么比粮食更“无用”的？这个时候他要满足的是其他欲望，这是不足为奇的。因此，金银是奢侈的伙伴，是首要需求已经得到满足以后所要追求的东西。达万扎蒂说，值半个

“谷”的黄金的一个鸡蛋，可以使在土牢中的乌戈利诺伯爵多维持十天生命，这里他把买不到鸡蛋并不会发生死亡的危险的那只鸡蛋的价格，跟乌戈利诺伯爵的需要错误地混为一谈。谁说这位伯爵不会付出甚至 1 000 谷的黄金来买个鸡蛋？随后乌戈利诺在自己没有认识到的情况下，提供了对这一错误认识的证明，他说，老鼠受到人人的厌嫌，但是在卡西利诺的围困中，由于被困者饥饿难当，一只鼠售价达 200 弗罗林，这个价钱不算贵，因为出售的一方也在挨饿，而买方则因此得救。他在这一次总算承认了贵和贱是相对名词。

如果有人感到惊讶，为什么恰恰是那些最有用的东西价值都是低的，而那些效用较少的东西却价值高昂，那他就要注意到，出于上帝的善意，这个世界是为我们的利益安排的，一般说来，凡是我们所需要的，绝不会使我们感到短缺，需要得越是迫切，存在那里的也越是丰富，因此其价值不会高。生命赖以维持的那些东西，到处总是充裕的，结果它的价值总是相当低，甚至无价值可言。因此，对于我们对价值作出的分析，不得以这里所考虑的一些事例据为口实而横加指责或蔑视。总之，我们要以谦卑的态度，对上帝的恩惠时刻存着感激的心情，而这一点却很少有人能做到。

所谓稀少性，我指的是事物的数量和对这一事物的使用之间的比率。所谓使用，我指的不仅是某一事物的消灭，还有对它的占有，由于某人在使用它，就不再能满足另一人使用的愿望。举个例子，假定有 100 张图片在市上出售，某人买去了其中的 50 张，图片的稀少性就提高了一倍，这不是由于其中的一半已被消耗，而是由于这一半已不在市上出售，在这种情况下也可以说有一半已退出市场。诚然,“消灭”与“退出市场”相比,前者更加足以提高事物的价值,因为前者断绝了可以使事物恢复的一切希望,后者则让人们可以按事物被占有和退出市场以后重新回到市场的或然性而作出对该事物的评价。对这一点值得加以思考。

接下去要讨论的是事物的数量,我认为事物有两类。一类的数量取决于大自然生产这些事物时不同的丰裕程度,另一类则只是取决于人们对这些事物所施加的艰辛和劳动。组成第一类的是,在短期内可以再生产的、在消费中要被消灭掉的那些事物,如大地的产物和动物。在这类事物中,随着季节的变化,大体上同样的劳动,这一年的收获量可以八倍或十倍于上一年的收获量。因此,产量的丰富并不取决于人力,而是取决于气候的是否适宜。另一类所包括的是这样一些物品,如矿物、大理石、宝石等等,那不是逐年按不同数量生产,而是散布在世界各地区的矿床中的,其产量取决于人的意愿,如果增加人力,就可以深入地层,取得较多的产量。因此,我们如果要预计这类物品的产量,只须计算所使用的劳动,物品的数量必然与劳动量相一致。这并不是说,我认为稀有金属和宝石不是在大自然的实验室里所生产,而是说这种生产需要的时间很久,是不应与消费相提并论的。

现在要谈到的是劳动问题,这是价值的唯一来源,不仅完全属于艺术品的那些事物如绘画、雕刻等是这样,而且如矿产、石块、森林中自然生长的树木等等,也是这样。材料在这些东西中所占的价值,要看它所需要的劳动的或多或少而定。如果有人问,为什么混合在河畔泥沙中的金子的所值高于泥沙,他应当注意到,如果要装满一袋沙,在一刻钟内即可了事,可是如果要装满一袋金子,那就得花许多年的辛勤劳动，要在大量泥沙中进行淘取，才能实现这一目的。

在计算劳动时得注意三件事：人数、时间和工人的不同的工资。先讨论人数问题。无疑的是，除非为了生活，没有人会愿意工作，但是，如果无法生活，他也就不能工作。假定要织成一匹呢绒，从剪羊毛算起，直到陈列在商店的橱窗中，需要50人的劳动，这匹呢绒的价值当然高于其中所含羊毛之值，其差额等于供养这50人在这一工作期间所需要的费用。假定在这一工作中，20个人是全天工作的，还有10个人只工作半天，还有20个人一天的工作要抵别人的三天，则这匹呢绒的价值相等于一个人85天的生活费。因为在这一工作期间，第一类的所得是20，第二类是5，第三类是60。很明显，这里假定每个人所得的是同样的工资。下面谈关于时间的问题。

谈到时间，所包含的不仅是实际上从事于工作的时间，还有休息中的时间，因为在休息期间也需要生活费。但是，休息是由于工作的性质和法律上的规定，而不是由于懒惰；除非这种懒惰现象在国内这样普遍，以致与风俗和法律有着同样强大的势力。有些民族庆祝节日的办法是停止工作，那里商品的售价就会比别处贵。假定一个人一年工作300天，可以制成100双鞋，则其价值必然相当于他一年的全部生活费。假定另一人一年工作360天，制成120双鞋，如果他从这120双鞋所得的利益同前者从他的100双鞋所得的相等，那他在出售自己制成的鞋时，就得少出售前者制成的鞋的五分之一。

此外，有些工作生来是不能无间断地进行的。例如艺术，我不相信任何雕塑家或音乐家一年能工作 100 天以上，单是在寻找资料、收取酬金、出外游历等方面就需要那么多时间，这就难怪他们的作品的售价要比较高了。最后还得注意，在不同行业中，一个人可以开始靠他的劳动赚取收入时的不同的年龄。有些技术和学科需要长时期的学习，其父母负担很大的费用，因此其作品的代价也较高，就同松木和榛木由于生长缓慢，其值高于杨木和榆木的情况一样。

时间的问题就讲到这里。这个问题比较简单，但是劳动的价格之所以高低不一，是由于人的才能不同，要对人的才能作出公平估计，却是比较玄妙、比较地不为人所知的问题。我准备提出我的见解，但是并无把握别人对此是否同意，因为我还没有发现别的作家讨论过这个问题。任何人对这个问题如果别有高见，在具有理智和诚意的情况下反驳我的见解，我极其欢迎。

那些无生命的事物的价值取决于稀少与效用这二者相结合的原则，我认为人的才能的价值也同样取决于这一原则。人类出于天赋，各自具有对不同行业的适应性，不同的适应性具有不同程度的稀少性，从而分别配合人类的需要。假定在 1 000 人中，600 人只宜于农业，300 人宜于各种手工业，50 人宜于大规模的商业，其余 50 人则在研究工作和教学中可以获得成就。根据这个假设，一个学者的报酬跟一个农民的相比，应与这里所举示的数字成反比，即 600 与 50 之比，也就是彼此相差十二倍。因此，决定价格的不单是效用一个因素。上帝使那些人（他们从事的那些行业具有最大的效用）大量出生，因此他们的价值不可能过大，这些具有最大效用的产品，就是人们的食料和饮料。至于一些学者和贤哲之士，可以说是人才中之精华，理应博得极高的价格。

然而要注意，不应把稀少性看作与天才的产生成比例，而应看作与天才达到成熟期的数字成比例，因此，使一位天才获得进展从而逐步提高其价值时的困难越大，其价值也越高。像欧仁诸侯或蒂雷纳元帅[①]这类人物与一个普通士兵比起来，代价是非常巨大的，这并不是由于天才人物生来会这样少，而是由于他们机会凑巧，获得了可以使他们充分发挥其天才的有利环境，成为伟大的、胜利的战略家。大自然在这方面的安排，就像对植物的种子一样，它好像预见到种子的绝大部分将沦为废物，因此产生的种子比落在地上终于能萌发长成植物的种子不知要多多少倍。我们认真地考虑一下就会看到，应用于人类的也是这个原则。对任何事物作出评价时总有一个原则。我们会认识到，一个人要取得财富，唯一方式是来自对他工作的合理估值的报酬，虽然他也未尝不可把这些财富给予没有资格享受的别一人。任何家庭或个人，假使其财富不是通过自己的努力得来，而是出于自食其力的别一人的馈赠，实际上就不能称为富裕。这项馈赠如果是由给予者生前所作出的，那是一种恩惠，如果是身后作出的，那是一项遗产。但是，如果探索一下这类非出于自力的所得的根源，就必然会发现，这最初总是出于全人类的努力而来的。诚然，当进行探索时，往往要追溯到百年以上或牵涉到百人以上，但最后总会达到我们所预期的目的。

然而，有人也许会说，有些人的优良业绩和惊人成就，根本就

① 欧仁(Eugene，1663—1736 年)，法国将军，萨瓦(Savoy)地方之诸侯；蒂雷纳(Turenne，1611—1675 年)，法国元帅。——译者

没有得到报酬，对这类不公平现象视而不见是何等愚昧。请容我在这里指出此说的似是而非。第一点，有些专业虽然不易学成，而且极其少见，但是并不能为广大群众提供效用或快乐，不宜加以美称或加以颂扬。第二点，我们应当想到，在人类性格的构成中是善恶兼备的，当报偿一个人的善行时，不可能不同时报偿其恶行，可是绝不会发生因其人的恶行而受到奖励之事。一个人的处境之所以能获得改善，是由于他有效的和优越的才能，只不过是其缺点有时未能掩盖其优点而已。但是，假使他不存在这些缺点，就会获得更大的成就，这个说法是颠扑不破的。第三点，应当牢牢记住，求取工作的技巧是一回事，如何把工作做好是另外一回事。前者仅仅是讨好雇主的一种技巧，所求的职位不论是当法官还是当军人，所需要的技巧总是一样的。在不同的职位上要求各自完成其任务时所需要的才能，却是不同的。很少见的是，某人有个职位可得，却不懂得取得这个职位时所需要的技巧；但是，常会碰到的是，某人既不懂得怎样谋取工作，又不懂得怎样完成其任务，于是他受到责备，认为他不能胜任。因为，只有他掌握了怎样做好手头工作的知识，才会受到赞扬。至于另一技巧——如何讨好雇主，是跟他无关的，好像这不是个优点，是不需要气力或技能的。因此，人们把某些现象看成不公道，而从别的角度来说却并不是这样。然而这里不应包括由于别人的恩惠而取得馈赠，或是由于血统关系而从上代取得遗产，使其人的处境得以改善的情况。我知道这里已越出了题材的范围，但是在我看来，这些都是很值得讨论的问题，因此我不能撇开不论。如果我的见解有幸能博得读者的同意，那么，无论我因此获得谅解还是受到责备，我都将感到满意。我担心的是，没有几个人会同意我的见解。人们为了保卫自己不受责难，就往往会以不公道责难别人。

关于决定价值的一些原则说得已够多了，我们已经看到，这些原则是确定的、不变的、普遍的，所依据的是世间事物的自然之理，其间并不搀入武断或偶然性成分，我们所见到的只是和谐、有条不紊的秩序和必然性。价值是有变化的，但不是变幻莫测的。变化本身所根据的准则就是有条理、精确无误和一成不变。这些准则是完美的，但是我们的意向本身所根据的是需要和快感，是人的内心活动，是变化多端的。

关于上面所说的似乎有一个例外，这就是价值和我们的意向，有时会受到当时流行的风尚的影响。经过长期考虑，我没有能为风尚这个词设定一个定义，我只能这样说：由于欧洲国民所特有的出自内心的感情作用，使许多事物只是由于欠新颖而价值降低。这是心理上的病态，有不少事物在这一病态心理的控制之下，如果要在这方面找出点儿合理依据，那就得说，爱好上的变化大部分是由于对比较先进的国家的习尚和作风的仿效。在进行讨论中，既已涉及对风尚这一问题的考虑，这就不得不对其控制力量的限度有所论列，我将在这里进行这方面的讨论，以免在别的不怎么适当的场合进行。风俗的力量是完全在美感方面而不是在效用方面发挥作用的。因为，时人所重视的如果是比前更加适用，使用时更加方便的事物，我就不把它叫作风尚，而叫作技术上或生活舒适方面的改进。美感有两个类型，一类以某些意象为依据，这一点是从一开始就得牢记在心的；另一类是感官上养成的习惯，由此使某人认为某一事物显得有美感。风尚主要在上述第二类范围内发挥其力

量，第二类范围比第一类的广阔。我们可以说，某些珠宝、黄金和白银的美感是普遍扎根在我们的意念中的，这一点无论在哪里也从来不成为一个风尚问题，风尚在这里是无用武之地的，因此，它们的价格高昂，是到处受到重视的。但是，这并不会改变我的关于风尚力量的意见，因为风尚只能改变从使用事物时得来的快感，从而使事物的效用有所改变，其他一切根本不变。

最后要考虑的是一些独一无二的、垄断的物品的价值，这些物品或者是世间只此一件，别无第二件，如美第奇家族的维纳斯雕像，或者是，由于卖方只此一家，因此无法从别处购得。我时常听到这样的说法——即使最高明的作家也是这么说——认为这类物品具有无限的价值，但是在我看来，当讨论世间一切事物时，说这样的话似乎太不合理了。也许他们的意思指的是“无定限”，这也不是个适当的措辞。我认为，世间一切事物的价值都有一个定则和限度，所谓“无定限”，跟“无限”一样，对一切价值观念来说，都是格格不入的。这些事物价值的限度表现在：它们的价格必然相当于买方的需求或愿望和卖方的评价相结合起来组成的复比。因此，那些独一无二的事物的价值有时会等于零，这些事物也同样要受到价值法则的控制，但受到控制的方式不一定相同。

许多读者听了这里的意见也许会认为，这么说，要决定一切事物的价值是很容易的；但是，倘若再读下去，仔细考虑一下我下面要说的话，他们将放弃这种信念。要晓得，要根据这里的一些原则来计算价值是极其困难的，有时简直是不可能的，或者是，如逻辑学家用演绎法所说：正像稀少性和价值取决于消费那样，消费也会依照价值而变动。由于这种相互关系的结果，这个问题成了不确定的，当我们有两个未知量时，情况就必然是这样。

我们想一想就会明白，除了供呼吸的空气和供立足的地面之外，人类别无绝对的和片刻不能离的需要，这就很明显，消费是会因价格的变动而变动的，食物是必不可少的，但并不一定非某一种食物不可，别的就不能替代。空气和地面是没有任何稀少性和价值的，对别的东西来说，人们在消费时就得或多或少地有所制约，人们对它们的消费量只与取得所消费的事物的困难程度和所花费的劳动成比例。因此，凡是其价比较低廉的事物，就比较容易地被接受，供作消费，也就是说，控制消费的是起因于稀少性的价格。

另一方面，价格是受到消费量的控制的。假定一个国家每年消费葡萄酒 5 万桶，所生产的也是这么些，却意外地有个军队来到这个国家，由于饮酒者增加，酒价将上涨。有人会感到这是个解不开的结，是个恶性循环。但是，问题是可以解决的，我在前面说过，有许多类型的事物，出于外因作用，不是由于人力而是由于季节关系，其产量会发生增加或减少的意外变动。就这类事物说，价格所服从的是事物的稀少性。人们对财富的占有是不均等的，因此对某些商品的购买，也将在一定程度上与所拥有的财富量相一致。如果这类事物价较低廉，拥有财富较少的人也将进行购买；如果价较高昂，则以前惯于购用的那些人将逐渐裹足不前。这里可以用一个恰当的例子来说明这一点。当年成好的时候，那不勒斯王国一年消费谷物约 1 500 万图莫利（tumoli）。经验证明，如果逢到大丰收，年产量超过通常水平 600 万或 700 万图莫利，其出口数量也从未超过 150 万，准备下一季节供应的贮存数也多不了多少。另一方面，遇到歉收年份，产量大致不会多于800 万，而输入之数也

从未超过 100 万,从上年滚存之数不逾 200 万,可是在此情况下却可以满足需要,不致使我们挨饿。原因是,在丰收时大量谷物被吃掉,并用于播种;在歉收时,则在各方面都比较紧缩。因此,消费的限度主要取决于价格,而不是收获量的大小,所以我们应当这样说,"这个王国一年消费值1 300 万杜卡特的谷物,"至于这一金额所购得的谷物是1 500 万还是只有1 000万图莫利,并没有多大关系。

有些产品是不大会受产量变动的影响的,除了风尚这一因素之外,任何外因不会改变其稀少性。但是贵金属和珠宝,由于具有高度的美感,是不会随着人们一时的好恶或产量通常的变化而受到影响的,因此其价值的稳定性超过其他任何事物。然而,当生产方面发生了非常的变动,例如发现了美洲非常丰饶的矿藏,其价值将低落。此时在其使用方面也将有所增加,使其价值不致低落到因产量增加,价值即相应低落的那个程度。这种生产与消费之间的相互关系,产生了伟大的、极其有益的使整个事态归于平衡的作用。这种平衡高度符合增进生活享受和人间乐趣的愿望,虽然这不是由于人的美德或善于高瞻远瞩,而是由于卑鄙的动机和贪婪的利得之心。上帝由于对人类无限的爱,把世间万事万物安排得停停当当,甚至我们自私的欲望,好像是不由自主地一样,也往往显得是为整体利益作准备的。

这里需要把我们的设想说明一下,这是怎样发生的。假定一个国家,就其宗教和风俗而论,通行的是伊斯兰教,而某一天,其人民在信仰上和实践中,突然成为基督教徒。那里葡萄树很少,因为伊斯兰教禁止教徒饮酒,这里假定他们是遵守这条禁令的。现在这条禁令已被一笔勾销，但是，由于其地向来不生产这种饮料，出于稀少性的作用，酒价异常高昂，于是商人从外地大批运入葡萄酒以应急需。这时由于大家都想分享高利润，于是不久就出现了许多新植的葡萄树，而外地制的酒则仍然源源不断地输入。由于大家都想博取厚利，结果是人人将获得相当的、过得去的利润。这就表明，事物的价值必然会达到它应有的水平，这是它的本性。并且，往往会发生的是，有些人为最初的情报所惑，纷纷投入某一行业，但是已迟了一步，由于这些后来者的盲目附和，会使价格跌到应有的水平之下。于是他们又纷纷退出，由于行动鲁莽而自食恶果，这就使价格得以恢复到应有的水平。

从上面所说可以得到两个要点。其一，对一种事态所需要考虑的，不是它的初期演变，而是它的持久的、固定的状态，在这一状态下所看到的，必然是正常情况和均等关系。就像一碗水一样，经搅动以后，经过一度混乱和无规律的起伏，必然会回到它应有的水平。其二，在大自然中，任何意外发生的事故都不会使事态演变到无限的极端；在一切事物中都存在着某种精神上的引力，它必然会使走向无限的一条曲线往回走，使之成为环状，这诚然是永恒的，但是有限度的。上面所说，在货币理论中我将一再引用，因此，要请读者把它牢牢记住，并且深信，再没有什么比商业规律更像万有引力定律了。物理学离不开地心引力，就像人类离不开求利得和求快乐的愿望一样。这一设想既经假定，对任何懂得对这个问题怎样进行思考的人来说，就完全可以用我们的生活规范来检验一切有关人身的自然法则。

(二)论利息和高利贷

自古以来,富人就用各种不同形式的契约从货币中取得收入,同时穷人对这类契约的大部分怨声不绝,骂它刻毒、不公平。这里的一个特点是,交运的一方总是默不作声,忍受着别人的抱怨,而受害的一方则叫嚷或悲戚之声不绝,历代以来直到十五世纪,总是充满了谴责和憎恶之声的大合唱,对于从货币中取得收入一致反对。到十六世纪,通过先后发生的一系列事件,如西印度群岛的发现,在艺术、工业、商业和货币方面的发展,法国国王弗朗西斯一世首先发行给息的公债(不久别的君主也继起效仿),最残酷的高利贷者犹太人的崩溃和贷款银行的建立,这时高利贷实际上已经不复存在,人民对它的不平之鸣已经镇静下来。于是出于奇迹般的巧合,一些敏锐的天才人物应运而生,高利贷这样东西,当它活着的时候没有人出来替它说句话,在它死亡以后,却有人出来替它撑腰,为它进行辩护。首先起来在高利贷这个问题上作全面讨论的是克洛德·萨尔梅休斯,他具有过人的才智(虽然使用得很少),他的学识和他的意向足以证明他说的是对的。继起从事这方面写作的有尼古拉斯·布罗德森,他是乌得勒支市大教堂的一位教士,还有些别的人,他们的作品受到各国许多作家的反对。近几年在意大利又引起了对这个问题的争论,一位在维罗纳的先生写了一本书《论投放货币》,他思想高洁,以品学兼优著称,人人相信他是公正的,写作时不存私心杂念,因此他的书问世后引起了很大轰动。后来一位多明我会的修道士达尼埃尔·孔奇纳写了一部书,计两

卷，第一卷在那不勒斯出版，对他进行抨击，其间充满了激情和怒火，尤其使人诧异的是，这两人是朋友，都是有学问的，是一殿之下的臣民。但是，这一争执被最高当局打断，这是个明智的措施，当局清楚地认识到，把高利贷的罪恶说得淋漓尽致的那些人，一般说来，上帝并没有赋予他们犯这种罪行的手段，而这样做了的那些人，由于教育方面的欠缺，并不了解这种论争。

无可否认，在这场辩论中，虽然大体上以孔奇纳为比较占优势，但是他的对手们，在他们的方面，也有许多似乎言之成理的论点。如果双方意见分歧，各执一词，互不相让，则第三者在不偏不倚的态度下应当看到，他们在表达意见的用词方面，大概发生了某些错误或混淆情况。因为真理根据它自己呈现出来的事实和观点以及它与其他真理的关系，很快会显露它的根源，从而必然会百不失一地摧毁一切虚妄不实之词。因此我对这个问题作了思考，观察了在我看来所以会导致这么大争执的那些事态，将尽我所能对此作出说明。

由于人类长期以来处于无知状态，对于由机运导致的灾祸深怀畏惧心情，就像一匹未驯服的马一样，一见人踪即心胆皆落，只想躲开得越远越好。靠了科学的真理，我们终于明白，世间再没有比机运更加缺乏偶然性的，它的变化有它一定的常规和起因，在确切无疑的现在和不能断定的将来之间，是可以获得一个真正的认识的。于是人们对于机运这一概念的畏惧心理逐渐消除，渐渐地要对它进行猜测，进而加以戏弄。然后我们开始听到了公正的讨论，“预测”这一技术原先是备受鄙视的，现在成了数学的产物，真理抓在伯努利[1]手里。在轻视机遇概念的前提下，从嘲弄态度逐渐演进到对比较重要事件的估计，诸如对航海、人的寿命以及农作物收成，都可以进行衡量和评价，而不再为变幻的机遇所摆布，人的机智为这些事件加上了约束。于是人们认识到，某一事物的内在价值，总是随着一个人可以指望从它得到或得不到享受乐趣的那一或然性的程度而变化的，这就是说，他们认识到，当前不在某人手里的那 100 杜卡特，预计有 90% 的把握可以到手，10% 不会到手，那么就应按 90 估值，写入不论是关于游戏或交易的任何契约。这样，通过数理观念，许多契约获得了纠正，被伪科学这一幽灵赶走的公正原则得以重见天日。当人们面对机遇这一现象勇气倍增时，他们作出的预测是限制在一定范围之内的。

于是发生了汇水和利息，两者是一对难兄难弟。汇水是现存货币和在空间上远离的货币，通过明显的升水（这项升水有时加在现存货币上，有时加在远离的货币上），使两者的内在价值归于均等的一种措施，这项汇水随着通汇时的便利程度和风险的大小而增减。利息是对待现存货币和在时间上远隔的货币，在性质上与汇水类似的措施，时间与空间对货币具有同样的作用。订立契约的基本精神也同样是使货币的真正内在价值归于均等。实际情况是，在汇兑中，现存货币的价值有时会低于远离货币，这时的汇水叫作低于平价的汇水，这时体现货币——实际所体现的是“远期货币”——的汇票的价值往往在现款价值之上，其间的超额量叫作贴水。

① 伯努利（Bernoulli），瑞士数学家。——译者

明显的是，尼古拉斯·布罗德森一切见解上的错误，都是起因于错误的概念和言词上错误的使用，一切可以察见的外表上的真实性都被难以辨认的真理所掩蔽。就货币说，把已经失去的那一些——包括为了达到均等这一愿望——回复原状这一动作叫作取得利益是错误的。货币天生是不生产的，由货币取得的利益，不论是多是少，都应受到责备，也不能把这项利益叫作劳动的产物，因为从事劳动的是借入者而不是借出者。但是，涉及的如果是均等关系，就谈不上利润，当货币的内在价值由于所负担的风险和麻烦而有所降低，须设法使它恢复到原有价值时，这不能叫作利润。因此，在布罗德森及其拥护者方面作出穷人与富人的区别，并且将公正原则和同情观念混合在一起的见解是错误的、庸俗的。不论是最富裕的还是最不幸的人都同样有理由得到公平待遇，关于不公不法之事，任何人也不得染指。任何明白事理的人绝不会妄图纠正上帝作出的安排，假使有人怀有这样的野心，在他脆弱的努力下，想把人世荣枯不同的遭遇重新分配，结果造成贫困的，主要将是人们的恶行而不是灾祸。

另一方面，许多神学研究者为高利贷和一般的出借下了很恰当的定义，却不能很好地理解他们自己的定义。高利贷就是在贷款契约上载明的本金之外收取利得。一个很好的定义，任何人如果要把它改变一下（如许多非天主教徒近来所做的那样），说贷款如果不是没有报酬的，那就不是贷款，因此其结果也不是高利贷，这是玩弄文字，实际并无意义，因为上帝是不会被欺骗的，也不需要对人行骗。我们已想出了这么多花招来躲避严峻的反对高利贷的法律，现在还要用尽心机去损害和搅乱我们对“怎样才是公正”

的主观认识，这样的行动就有些过火了。对贷款所下的定义也很正确——约定将某一事物交付与某人使用，将来应以等值物归还，此外别无增益。但是，我们需要对用拉丁文“tantundem”来表示的“等值物”这个词，有一个比较清楚的概念。价值所表示的是，事物和它对我们的需要这两者相比的结果。有些事物对某人所提供的是同等程度的满意，对他说来这些事物是等值的。任何人，如果用别的方式，遵循别的原则求均等，比如，希望在重量或外貌的相似这些方面求均等，那就表明，他对人类生活的真相一无所知。一张纸往往是一宗货币的等值物，但两者的重量和外貌都不同；反之，两种货币在重量和质量上都相同，外貌也相似，但往往不是相等的。因为某些外币，虽然是可靠的（比如对我们说来的罗马银币），在当地并不通用，与其拿着这么一块被人人拒绝的废金属，不如拿着在交易中有效、外形相似的另一块。因此，被禁用的货币所值较低，不得不按人们愿意接受的那一限度，即货币所含金属的内在价值，作为估值的基础，这是一种相当公平合理的交换。最后，我们还可以肯定，对购入者来说，除非所购事物可以产生快乐，否则这一事物就谈不上价格。同样的道理，没有别人的困难和苦恼，你就不会得到快乐，只是由于别人的快乐被剥夺，你才会愿意付出代价。使人处于焦虑状态，对那个人来说是痛苦的，因此必须加以报偿。所谓货币的产物（如果是合法的），无非是对焦虑所支付的代价。任何人如果别有想法，那都是出于误解。

现在可以看出，如果按照我所提出的一些原则来考虑教皇本尼迪克特十四世的教导，就会发现，这些教导惊人地充满了智慧和真理。如果认为人类的借贷活动是无可非议的，那就会看到，它是符合这个准则的。教皇训令中提到了四条。第一，贷款应用等值物归还，高利贷是在等值物之外谋取利得，由此得出的结论是，所有本金之外的这类利得都是违法的，都是高利剥削行为。这是个正确的教导。但是，我们对于金额表面和观念上的增长，不应称之为利得，看来这是由于对本金价值的估计存有误解。

第二，由于"一切契约是订立在平等的基础上的"，因此，对一切利得，不论数目大小，完全有理由把它看作罪孽深重，应加痛斥。

第三，认为本金之外的溢值，不是贷款所固有的。这句话说得再对没有了。并且这项溢值遭到损失的可能性有大有小，其变化之大简直可以说是无限的，有时遭受损失的可能性极大，有时会下降到零，有时甚至会低于零，成为一个负数。

第四，宣称我们没有理由对任何贷款在等量的金属之外要求溢值。这个意见的正确性也显而易见。因为，假若相反的情况是对的，银行将不能存在，那时在那里满眼所看到的将是不生产的货币，人们将不愿存款于无利可得的银行而宁愿交给计息的私人。荷兰和威尼斯的银行曾经从存款银行改为贷款银行，但是，到那时把银行称作存款银行已无甚意义，并且，贷款如果有极其可靠的担保，是理应不计利息的。

照这样推论下去，内容将离开本题。然而，如果这里所说的在任何人的意念中引起怀疑或异议，我们可以比较方便地在别的场合继续讨论。我所祈求的只是，那些对我的意见有反感的，请公开向我展开攻击，不要为了取乐，造出一个假想的敌人来故弄玄虚。为了紧扣论题中的要害，只要对下面几个问题作出答复就够了。在任何国家，对等值物的归还，如果始终要求用归还等量金属这个方式来进行，此外别无酬报，那就可以肯定，在那里贷款是不易取得的，是很少发生的。那么，如果为了鼓励人们出借资金，由一批富裕商人向出借人担保，由借入者付给他们一定的佣金，这种担保行为是不是合法的呢？答复了这一点之后，还有个问题得作出回答。如果出借人不要第三者方面的担保，由他自己来收取这笔担保的代价，会不会由此改变契约的性质，使它失去合法性呢？

现在要讨论的是利息与行政管理技术之间的关系问题。就这里的专题说，首先要说的是，利息不管是公平还是不公平的，在通常情况下总是对社会的一种勒索，那就应当尽可能地把它定得低些、公道些。这里我把正当的契约和有害的契约并为一谈。因为政治家要注意的，并非单是靠不断的惩罚和人们对上帝的敬畏心情来根绝罪恶，作为一个政治家完全依靠人民的恭顺和驯服是荒谬而可笑的。人们只是在品质上获得改进以后，道德观念才会起指导作用。从政治的角度看，这时仍然要把他们看作在一般欲望的掩盖下暗含着不够纯洁的成分。因此，主政者应该作出这样的安排：即使最恶毒的高利贷者，在这样的安排下，也无法按高利出借。作为一个主政者，对一切罪行，如果能够事前防止而不是事后惩罚，必然更加能博得赞扬。

按照上面所提出的论证，降低利率即足以防止对资金的垄断，保证资金的偿还。近两个世纪以来，利率降低，高利贷几尽绝迹，之所以会产生这样的情况，不单是由于贵金属充裕，主要是由于几乎一切国家都在良好政府的统治之下。诉讼案件少了，公平原则确立了，勤劳与节约蔚成风气了，到那时手里有钱的人，就会乐于出借资金。提供资金者有一大群，贷款的条件就不会苛刻，穷人就不会受到残酷的剥削。

根据同样的道理，可以断定，货币的利息，在一定限度内，不能永远由法律来规定。如果资本对利润的比率，与丧失资本的或然性对收回资本的或然性的比率是相同的，则所谓“货币的成果”——也许可以比较恰当地称之为“保险的代价”——必然取决于千变万化的当前环境。约翰·洛克在他的一篇论文中曾详细讨论了这一点。这篇论文现在虽然只存有原始的英文本，我相信，不久总会把它译成我们所比较熟悉的文字。

最后，看来利率是不能用法律任意改变的，变化必须出于形势的自然趋势，例如政局和风俗的改变。就像因违背契约而触犯刑法那样，如果与自然对抗，用不合时宜的法律来控制利息，就休想获得国家的兴旺和安全。

降低利息的最有效方法是尽可能降低国债的利息，关于这一点将在下一章讨论。

十三　大卫·休谟

政　治　论　文

休谟生平简介

大卫·休谟(1711—1776年),主要以哲学家的身份闻名于世,但在历史、政治学和经济学方面也有重要著述。他在爱丁堡大学完成学业后,做过一段时间律师,后来又经商,但这些都不合他的胃口,于是决心从事著述活动。同《道德和政治论文集》(1741年)一样,《人性论》(1739年)的效果很令人失望,但《政治论文》(1752年)却较为成功。在这些著作中,一些论文论述了商业、货币、利息、贸易差额、税收、公共信用等问题。1752年,他被任命为爱丁堡法学院的图书馆馆长,两年后出版了《英国史》的第一卷,该书现在主要是具有文学价值,因为它带有作者本人的明显的政治偏见。1763年,他被任命为驻法国大使馆的官员,1767年被任命为国务副大臣,1770年退休。他从未提出过完整的经济哲学,而且对某些经济问题也许没有什么兴趣,但其论文和信件表明,他在经济问题上具有卓越的见识和判断力。

政 治 论 文

论 利 息

如所周知，低利息是说明一个国家繁荣状态的最可靠的标志，这是完全正当的意见；不过，在我看来，其原因却与一般人所理解的有些不同。低利息一般都归因于货币量的增多。然而不论货币怎么增多，除了使劳动（产品）价格上升（如货币量一旦确定下来），绝不会产生别的影响。银币比金币价值低，所以出售同量的商品所获得的银币量要比金币多。但是付给借贷银币的利息是否就因此而稍低呢？利率在巴塔维亚和牙买加[①]为 10%，在葡萄牙则为 6%，虽然这些地方（正如我们可以根据物价而了解到的那样）富有金银，其数量超过了伦敦和阿姆斯特丹。

假如英国的全部黄金一下子消失，并用 21 先令来取代每个畿尼，那么货币是否会多些，或利息会低些呢？肯定不会，只是用白银来代替黄金而已。又假如金子和银子一样普通，而银子又和铜一样平常，那么货币是否会多些，或利息会低些？答复无疑还是上面那个。只是咱们的先令变成黄色的，半便士变成白色的，不再使

① 巴塔维亚（Batavia），今美国地名；牙买加（Jamaica），拉美地名。——译者

用鐖尼，如此而已。如果我们不把这种金属钱币颜色上的改变看作什么重大后果的话，那么就看不出有什么别的异样之处，而且也不会在商业、制造业、航海业或利息等方面引起什么变化。

在贵金属数量多寡方面所能明显见到的这些较大变化，都应该看作是次要的。如果金银增加十四五倍也没有什么影响的话，那么增加两三倍又何足道哉。因为无论怎么增加也只不过是使劳动和商品的价格上升，此外别无其他影响；何况就连这类变化也无非是一种名称上的改变罢了。在这些变化过程中，金银的增加虽然会有某种影响，可是当价格按照这种新的增加而相应固定之后，这种影响也就不成其为什么影响了。

结果总是同原因保持一致的。从发现西印度群岛以来，价格上升了将近三倍，而金银的增加可能要多得多；可是利息的下降还没有超过原来的一半。因此，利息率并不取决于贵金属数量之多寡。

货币的价值大体上是约定俗成的，所以，就一国本身而论，其数量之多寡是无关紧要的；货币量一旦固定下来，即便数量十分巨大，其结果也只是使每个人在购买正常生活所需的衣服、家具或其他用具时，付出更多铮亮的金银币而已。假设有人为盖房子借钱，他就得多借几个；因为石料、木料、铅皮、玻璃等，乃至瓦工木工的劳动，都要用更多的金银币来代表。既然这些金属货币基本上被当作代表物，那么不论其形状大小、数量多寡以及重量颜色如何，都不会使货币的真实价值或利息产生任何改变。同样的利息在任何情况下都保持着与本金相应的同样比例。假如你以5%的利率借给我那么些劳动和商品，你就会收回相应的劳动和商品，不论是以金币还是银币来代表，也不论是以磅或盎司来计算。所以，想从一国所有的金银量的多寡中寻找利息率涨落的原因，实在是徒劳的。

高利息有三方面的原因：一、借贷需求大；二、满足这种需求的财富少；三、经商的利润高。这三个方面，正是商业和工业不够发达，而不是缺乏金银的充分证明。反过来说，低利息则起因于三个相反的方面：一、借贷需求小；二、满足这种需求的财富多；三、经商的利润低。这几个方面的紧密相连，也是由于工商业的发展，而不是金银量的增加所促成的。我们将致力于证明这些论点，并从借贷需求大小的因果关系谈起。

一个民族一旦脱离了原始状态，其人口繁殖增多超出了原有数量，必然随即产生财产不均的现象；有的人占有大片的土地，有的人少得可怜，还有的人连一寸土地也没有。占有土地多、自己种不了的人，便雇用那些无地的人来种，讲好只收取出产的一部分。这样，就立刻形成了土地收益。那时候还没有任何确定的，哪怕是最简陋的管理方式，要是有了这种管理方式，事情就不会这样处理了。在这些土地所有者当中，禀性各异；有的乐于把自己土地的出产储存起来备将来之需，有的却情愿把可供若干年用的东西马上消费掉。由于有固定的收入可供花费，过着一种优游卒岁的生活方式，人们在百无聊赖之余，十分需要找点精神寄托，于是哪怕最低级拙劣的消遣，也就成了大多数土地所有者追求的目标；而在土地所有者当中，挥金如土的浪子总要比吝啬的守财奴多得多。因此，在只有土地收益而又不知节俭的情况下，借钱花的人必然多起来，利息率也必然有相应的变化。这种变化并不取决于货币的数量，而是取决于当时流行的生活习惯和风尚。借贷需求的升降起

伏也决定于此。如果货币多到连鸡蛋都卖 6 便士一个，要是社会上只有乡绅土财和农民这两种人，告贷者必然很多，利息亦随之上涨。地租会比原先加重增多，因为地主的游手好闲一如既往，百物昂贵，地租所得，转手之间就挥霍精光，同样也会产生借贷的必要和需求。

至于我们提出来研究的第二个方面，即满足这种需求的财富之多或少，情形亦复相同。这种结果也是取决于人们的生活习惯和方式，而不是金银的数量。任何国家，要想保持有较多的放贷者，拥有大量的金银是不够的，或者说不是必要条件。只有使财产或对国内金银（不论多寡）的支配权集中在某些人手里，以形成相当可观的金额，或组成一个强有力的金融界，才是不可或缺的必要条件。这样就产生了一批放贷者，从而使利率降低；而这，我敢断言，并不取决于钱币的数量，而是取决于某种风尚习俗，这种风尚习俗使钱币积聚成一笔笔零星金额或极为可观的大宗钱财。

假设由于奇迹使每个英国人在一夜之间都在衣袋里发现有五个金镑，这就会比全国现有的货币翻一番还多；然而绝不会就在第二天或过些天以后，放贷者便增多了，或利息就有了变动。又假设这个国家只有地主和农民两种人，那么这货币无论怎么多，也绝不会积聚成大笔的款项，只不过使样样东西都涨价，如此而已。挥霍成性的地主一拿到钱立刻就花光，而一贫如洗的农民，除了要求维持最起码的温饱外，别无奢望，他们既没有这般资财，也不存这种非分之想。借贷者多于放贷者的情况依然如旧，利息也就不会下降。上述情况还有赖于另一原理，而且必须在勤俭成风，技艺和贸易有所发展的条件下才会出现。

一切对人类生活有用的东西都产自大地，但在使这些东西显得有用的那种必要环境，简直就产不出任何东西。所以，除了农民和地主以外，还必须有另一种人，这种人从农民手里弄来原料毛坯，经过加工，制成各种成品，只留一部分供自用和养家活口。在人类社会的初期，工匠和农民之间、这一部分工匠和另一部分工匠之间的这种协作，是通过他们本身直接实现的；由于彼此是乡邻，很容易了解彼此的需要，就能互助合作、互通有无。但是随着人们勤劳精神的增长，人们的眼界也大为开阔，发现原来边陲之区也可像毗邻之乡一样互相协作，这种调剂交流可以无限扩展，日趋繁复。于是商人——一种最有用的人便应运而生，他们奔走于全国各地，在那些根本互不相识、互不了解彼此需要的人们之间充当经纪人。比方说，在某城市有50名生产丝绸麻布的工人，还有1 000名消费主顾，这两种人彼此十分需要，可就是无缘凑在一起，等到有人开设一家店铺，于是工人和所有的顾客就经常去光顾了。又如甲地牧草丰茂，当地居民在干酪、黄油和牲口方面绰绰有余，就感面包和谷物不足，可是在附近的乙地，那里的面包和谷物堆积如山，当地的人根本就用不了。有一个人发现了这个情况，于是在甲乙两地之间贩运谷物和牲口，满足了双方的需要，即此而论，他做了件造福于众的大好事。随着人口的增多和勤劳精神的发扬，人们之间交往的困难也增加：居间经纪或买卖的事务变得更加复杂，分工渐细，牵连益广，形成一种日益错综纷纭的局面。在所有这些交易事务中，会有相当一部分商品和劳动（农产品）归商人所有，这是他们的应得报酬，是必要而且合理的。至于这部分商品，商人有时保存实物，但更经常的做法是换成货币——通用的商品代表物。

如果一个国家的金银同勤劳一起有所增加，就要求这种金银的增加能代表商品和劳动（农产品）的增加。要是只有勤劳的增长，物价必然下降，少量的货币就足以充当代表物。

人类永远不知餍足的欲望或需求，莫过于施展才智发挥所长，这种欲望似乎是人类大部分爱好和追求的基础。让一个人无所用心，不务正业，成天游手好闲，他从这种赋闲中所感受到的精神压力无比沉重，于是寻求刺激，耽于逸乐，对于这种纵情声色、挥霍无度必然会使他倾家荡产的后果，完全置之脑后。假如让一个人以一种比较无害的方式来发挥自己的精力和才智，他就得到满足，不再有那种无休无止地追求娱乐的欲望。如果一个人所从事的工作能赚钱获利，特别是在每有所劳，利即随之的情况下，由于频频获利，在他的心中就渐渐对这个事业产生热爱，而把眼看自己的财产与日俱增当作人生最大的乐趣。这就是为什么商业扩大节约，为什么在商人中守财奴大大超过挥霍者，而在土地所有者中情况则相反的原因。

商业能促进勤劳，把这种精神带给每个社会成员，自然而然地流传开来，使人人不当无用废物与草木同腐。商业能发扬节俭，使人人安居乐业，发挥一技之长来求利；这种技艺很快就使人的精神有所寄托，转移奢侈逸乐的癖好。一切勤劳的行业使人节俭，同时也使爱利得之心胜过嗜逸乐之念，这一点是置之四海而皆准的。在开业的律师和医生中，大多数人都是量入为出，留有余地；入不敷出或挣多少花多少的人毕竟是少数。虽然如此，律师和医生不产生任何生产活动；而且他们的财富是靠牺牲别人得来的；这样，他们使自己的财富增加多少，就一定使某些同胞的财富减少多少。

相反地，商人促进勤劳，他们起着渠道的作用，把这种精神传输到全国各地；与此同时，由于节俭，他们获致了巨大的实力可以左右这种勤劳，他们积聚了以劳动和商品形式出现的大量财富。这些劳动和商品之所以能生产出来，主要靠商人的作用。因此，除了商业，再没有任何别的行业能增加货币所有者，或者换句话说，能够促进勤劳，并且通过发扬节俭，也使社会上的某些成员能够有力地主宰这种勤劳。一个国家，如果没有商业，就必然基本上只有地主和农民这两种人；地主的挥霍浪费产生着一种持久的借贷需求，农民是无钱来满足这种需求的。钱分散在许许多多人之手，不是花天酒地、滥用乱花，便是用于购买维持起码生活的必需品，永远无法积攒成大宗的库存或现金以供放贷生息。只有商业才能把钱币聚集成大宗的资金，而要产生这种效果，必须依靠它所促进发扬的勤劳与节俭，至于货币在国内的流通量，则与此无关。

因而，商业的增长造成放债人数目的增加，因此引起利息率的降低。我们现在必须进而考察，商业的这种发展究竟在多大程度上能够降低其利润，从而产生使利息下跌的**第三个**方面的情况。

关于这个问题，下列说法或许是恰当的：低利息和商业中的低利润，是彼此互相促进的两件事，两者都来源于商业的扩展，商业的扩展产生富商，使货币所有者增加。商人有了大笔的资本，不管这些资本是由少量的铸币还是由大量的铸币代表，都必然常常发生这种情况：当他们倦于经商，或者他们的后代不喜欢或没有才干经商的时候，有很大一部分资本就自然地寻求一个常年的可靠的收入。供应多了就使价格降低，使放债人接受低利息。这种考虑迫使许多人宁愿把他们的资本留在商业中，满足于低利润，而不愿把他们的货币按更低的利息贷放出去。另一方面,当商业有了很大的扩展并且运用大量资本的时候,必然产生商人之间的竞争,这种竞争使商业利润减少,同时也使商业本身规模扩大。商业中的利润降低,使商人宁肯在离开商业,开始过清闲日子时接受低利息。因此,研究低利息和低利润这两种情况中,究竟哪一个是原因,哪一个是结果,是没有用处的。两者都是从大大扩展了的商业中产生的,并且彼此促进。在可以得到高利息的地方,没有人会以低利润为满足,而在可以得到高利润的地方,也没有人会以低利息为满足。大大扩展了的商业产生大量资本,因此,它既降低利息又降低利润;每当它降低利息的时候,总有利润的相应降低来促进它,反之也是一样。我可以补充说一句,正如商业和工业的增长引起低利润一样,低利润反过来又促使商业进一步增长,因为低利润使商品便宜,鼓励消费,促进工业的发展。因此,如果我们从这种因果关系的整体来考察,那么利息就是国家状况的真正的晴雨表,低利息率就是人民兴旺的几乎屡试不爽的标志。低利息是工业发展的证明,它迅速传遍全国,简直就像一场示威一样。有时一场突如其来的商业上的大失败造成大量抛售货物,说不定也会临时引起同样的结果,这也不是没有可能的;不过这时一定伴随发生穷人失业、民生凋敝的严重现象,再加上短期性,所以不大可能把这两种情况混淆。

有鉴于使利息下跌的那种工业一般都带来大量的金银,就有人断言:货币多是利息低的原因;持这种见解的人看来是把伴随的结果当作原因了。有了五光十色、精美绝伦的工业品,加上雄心勃勃、善于钻营的商人,哪怕在天涯海角,也会很快把货币吸收到国内来。同样，由于生活日用品的增多和工业的发展，大量财富积聚在并非地主的人的手里，从而使利息下降。货币多和利息低，这两种结果自然都是商业和工业的产物，但是，它们却是彼此完全独立的。假设有一个国家迁进太平洋中，不和任何外国通商，也不懂得航海；又假设这个国家始终拥有同量的硬币库存，可是人口和工业却不断增长；那么这个国家的一切商品的价格必然下跌：因为确定其相互价值的是货币与各种商品之间的比例；还是按照上述假设，生活日用品一天天多起来，而流通中的货币并无变化。那么，在这个民族中，少量的货币就能使人变成富翁，当然是在安居乐业的时代，而不是愚昧懒惰的时代。无论修建住宅，陪嫁女儿，购置地产，开设工场，乃至养家活口，添置家具，都只要少量的货币就能办到。以上都是人们借钱的用途，所以说，一个国家的货币量的多寡对利息没有影响。然而由于人们出利息借货币，借的实际上就是劳动和商品，所以劳动储备和商品储备的多少，对于利息必定有重大影响。要是商业扩展到全球，那么工业最发达的国家的确总是金山银海，所以说，低利息和货币多事实上几乎是不可须臾分离的。虽然如此，了解这两种现象各自产生的原理，以及区分哪是原因、哪是伴随的结果，却至关紧要。不但如此，这种推测尽管有点离奇，但在处理社会问题时却不免经常要用到，至少必须承认：除了通过实践来改进对这些问题的推理方法外，再没有别的方法可供使用。这种推理方法在研究一切其他问题上是最为重要的，不过通常总是以最灵活、最概括的方式来进行。

在有关低利息的原因问题上的这种错误见解之所以流行，看来还有另一点理由，即存在着某些国家的实例：在采取国外征服的

手段，突然掳掠到一批钱币或金银之后，只要这批钱币扩散并逐渐渗入每个角落，则不但在这些国家本身，而且还在其周围的各国里，利息都将下降。例如，根据威加（Garcilasso de la Vega）的记载，西班牙在发现西印度群岛后，国内的利息率几乎立即下降一半，从此以后，欧洲各国的利率也相继逐步下跌。又如狄奥尼修卷二所载，在征服埃及之后，罗马的利息从6%下降为4%。

面对着这样的史实，在征服国及其邻邦，利息下降的原因好像是不同的，但是对于这两个国家的实例，我们却不能把这种结果理所当然地只归之于金银的增加。

在征服国里，当然可以设想，这批新获得的钱币会落入少数人之手，并攒成大宗的现金，谋求有保障的收入，或者置地，或者生息，不久，与工商业大发展时相同的结果就接踵而至，放贷者的增加超过了借贷者，使利息下跌；如果那些获得大笔现款的人，在国内找不到工业或商业，除了放债生息，再找不到别的办法来使用自己的钱币的话，那利息的下跌就越发快了。但是，当这种新增加的大量金银被吸收流通到全国之后，地主和暴发户照常饱食终日，无所事事，超过收入大肆挥霍；地主一天天债台高筑，暴发户则坐吃山空、资囊告罄；这样，用不了多久，情况就又恢复原状；这全部货币可能仍在国内，并且通过物价的上涨让人感到它的存在；只是不再积聚成大宗金额或库存，借贷者与放贷者之间的比例失调还像先前一样，结果造成利息的回升。

因此我们看到，早在台比留时代[①]，利息又上升为6%（见科鲁

① 台比留（Tiberius），古罗马皇帝，在位期间为公元14—37年。——译者

迈拉卷三第三节)，尽管没有发生什么事件把这个帝国的钱币耗尽。在图拉真时代[①]，意大利的抵押借款的利息为6%(见普林尼书信集卷七第十八函)；在俾斯尼亚[②]普通抵押贷款的利息为12%(同上书卷十第六十二函)。如果说西班牙的利息没有回升到原先的高度，这只能归之于使利息下降的原因还在继续，即不断地在西印度群岛大发横财，不时地运回西班牙，从而满足了借贷者的需求。由于这一外来的偶然原因，更多的货币会在西班牙被贷出，也就是说，与商业和工业极不发达的国家的通常情况相比，积聚成大宗金额的货币更多一些。

至于嗣后在英法以及其他没有金银矿的欧洲国家里相继发生的利息下降，是平稳而逐步的，只就其本身来考察，它并非来自货币的增加，而是来自工业的发展；在货币的增加尚未引起劳动和粮食的价格上升的间歇期，这种工业发展倒是货币增加的正常结果。现在让我们回到前面的假设上来，如果英国的工业由于其他种种原因而大发展了(这种发展是极有可能发生的，虽然货币的库存量保持不变)，那么上文所提到的一切后果未必都会照样发生吧？在那种情形下将会看到：国内人口的数量、商品量、工业、手工制造业和商业都和原来一样，因而商人及其存货量也不变，也就是说，为商人所支配的、只用少量金银币所代表的劳动和商品量也不变；这只会对大车夫、搬运伕及皮箱匠等有影响，然而却不是一种十分重要的情况。所以很明显，尽管奢侈品、制造品、技艺等像目前一样

① 图拉真(Trajan)，古罗马皇帝，在位期间为公元98—117年。——译者

② 俾斯尼亚(Bithynia)，古国名，在今小亚细亚西北部。——译者

地繁荣兴旺，勤劳和节俭之风盛行不衰，还一定照常保持着低利息；因为，就所有这些情况决定着商业利润以及每个国家的借贷者和放贷者之间的比例而论，低利息是所有这些情况的必然结果。

论贸易平衡

在那些不了解商业的性质的国家里，禁止商品出口，把它们认为宝贵和有用的任何东西都保存在本国，是一种司空见惯的做法。这些国家并不认为这种禁运的做法会事与愿违，适得其反；也没有想到，任何一种商品，出口得越多，国内就生产得越多，而且本国总是近水楼台首先受惠的。

饱学之士无不知晓，古代的雅典法把出口任何物品，哪怕是不足挂齿的小东西，都定为罪行；比方说阿提喀[①]盛产的一种水果，雅典人认为它的味道真美，一定能合任何外国人的口味。这种荒唐透顶的禁运，在当时居然搞得那么雷厉风行，怪不得雅典人从此管告密者叫做“sycophants”，这是由两个希腊词合成的新词，这两个词的意思分别是鸡毛蒜皮和发现者（见普鲁塔克《异闻录》）。在英国议会的许多古老法案里，也能找出种种证据，说明当时的英国，特别是在爱德华三世统治时期，对商业的性质也同样是不理解的。时至今日，谷物的出口，在法国几乎始终被禁止，这样做据说是为了备荒；可是事实很明显，这种禁运并未起丝毫作用，在这个沃野千里的国土上，依然饥馑频仍，饿殍遍野。

① 希腊东部一地区。——译者

在好多国家里，对于货币，也同样流行着一种提心吊胆的恐惧；对于这些人，需要从道理和经验两个方面来加以说服，这类禁运只能起这样的作用：唤起被禁运物品的交易，从而促成更大的出口。

或许有人说，这类错误是一目了然、十分明显的；但是即使在对商业十分了解的国家里，也还流行着一种对贸易平衡的强烈戒惧，唯恐自己的金银全部外流。我以为，这种担心在任何情况下根本都是毫无根据的杞忧。担心钱币会离开一个有人力有工业的国家，就像担心所有的泉源和江河会干涸一样。只要我们谨慎地爱护人力和工业，就永远不愁会失去钱币。

不难发现，一切有关贸易平衡的估算都是以极不确切的事实和假想为基础的。无论是海关的账簿，也无论是汇兑率，都不能看作是论证的充分依据；除非我们对各国的情况加以通盘考虑，同时还对豁免税额的比例有某种了解。可以肯定，这是办不到的。所有探讨这个问题的人，总是用事实和估算，并通过列举运往外国的一切商品，来证明自己的理论——不管是什么样的理论，莫不如此。

吉先生(Mr. Gee)的大作曾在英国国内掀起过轩然大波，这些文章通过详细列举，明确昭示：贸易逆差数额巨大，迨五六年后，国人将不复存1先令。然而幸运的是，一晃二十年过去了，而且在这期间还连年对外用兵；可是如所公认，英国人手里的钱币却比先前任何时期都更多了。

在这方面，再没有比斯威夫特博士[①]的文章更能引人发笑的

① 斯威夫特(Swift，1667—1745年)，英国讽刺作家，《格利佛游记》的作者。——译者

了。这是一位才思敏捷的作者，善于洞察别人文章里的荒唐谬误。他在《爱尔兰现状之一瞥》中写道：先前这个国家的全部现金只有50万镑，爱尔兰人每年要从中提出整整100万镑给英格兰，而且他们几乎没有任何别的来源可以得到补偿，除了付现钱的法国葡萄酒进口外，简直就没有别的对外贸易。这种局面应该说是很不利的，其结果则是：三年之后，爱尔兰的现金已从50万镑下降为不足2镑。到如今，我猜想，又过了三十年，准是绝对等于零了。然而我无法理解，使这位博士如此愤慨的、关于爱尔兰财富发展的这种高见，又怎么能历久不衰，而且还发扬光大。

总之，对贸易逆差的这种忧虑具有这样一种性质：只要一个人在公事上心境不佳或情绪低落，它就出现，涌上心头；同时，由于无法开列一张足以抵消进口的全部出口货物的详尽清单来批驳这种忧虑，本文只提出一个一般性的论点，说明只要我们保持自己的人力和工业，这种事情就不可能发生；这样做也许是较为恰当的。

假设英国全部货币的五分之四在一夜之间消失了，就货币量的情况来看，就同倒退到哈里王朝和爱德华王朝时期一样，那么结果又会怎么样呢？一切劳动和商品的价格不见得不会相应下降吧？各种物品的售价未必不会像在那两个王朝时期一样便宜吧？那时候还有哪个国家能在国外市场上同我们争夺呢？或者胆敢以同样的价格（这种价格会给我们提供足够的利润）来从事海运和销售工业品呢？在这种情况下，弥补我们已失去的那些货币量并赶上所有毗邻国家的水平，准是用不了多久吧？一旦我们达到了这些目标，我们马上就丧失廉价劳动和商品的有利条件，我们的殷实富足使货币的进一步流入停顿下来。

又假设：英国的全部货币在一夜之间增加四倍，难道没有相反的结果接踵而至吗？难道我们的一切劳动和商品不会贵得出奇，让所有邻邦没有哪一个能买得起吗？在另一方面，难道别国的商品相形之下就不会变得那么便宜，以致不管我们制定什么样的法律都无法阻挡这些商品的走私入境，从而使我们的货币外流，直到我们的货币量下降到和别国相等，把那种曾使我们蒙受如此不利的巨大财富优势完全丧失为止——难道准不会这样吗？

现在，问题很清楚，要是这些过分的不均衡现象出人意外地发生，那么，使这些现象得以矫正的因素必然同样地会按事物的正常趋势来防止其发生，必然会在所有毗邻国家里，使货币与每个国家的技艺与工业始终大体相称。江河百川，不管流向何处，总是保持相同的水平。要是去问博物学家这是什么道理，他们就会告诉你：要是在任何一处水位升高，升高处的引力就会失去平衡，必须降低，直到取得平衡为止；同理，矫正已发生的不均衡现象的因素，也一定总是不依靠暴力和外部作用来防止其发生[①]。

能否设想：用大帆船从西印度群岛运回西班牙的全部货币，可以依靠某种法律，甚或凭借一切工业技艺，而统统保存在西班牙本国？或者西班牙人可以按比利牛斯山脉南麓的价格的十分之一，到法国销售其所有商品，既毋需到远处去找出路，又不会使其巨大的财富外流？现在，凡是同西班牙和葡萄牙做生意的国家都大得

① 对于每个同英国做生意的国家来说，还有一个因素，虽然作用比较有限，却可以控制贸易逆差。当我们的进口货物超过出口时，这种交易对我们不利，这就变成一种鼓励出口的新动力，使之同应该支付的货币运输和保管费用相当。因为交易总不可能不略高于成本。

其利，除了货币的积聚只要超过其应有的水平就不可能不流动这一原因外，到底还有没有什么别的原因呢？这些国家的君主已经表明，他们不想把金银都留在自己身边，只求保持适度实用的水平。

但是，正如任何量的水，只要不同其周围的分子交往，就可以高出于周围分子的水平一样，货币只要利用任何物质的或有形的障碍（单靠法律是无效的）来切断交往，在这种情况下，就可能出现货币的异常不均衡。例如，由于中国地处远方，加上我国东印度公司的垄断，构成了交往上的障碍，使得欧洲的金银，尤其是银子的贮存量大大超过了中国。然而，尽管有这种巨大的障碍，上面提到的那些因素的作用仍然是十分明显的。在手工业品和工业品方面，欧洲的技巧和构思一般地说或许要比中国高明，可是迄今为止，在这方面的贸易中，我们总是不能不蒙受巨大的不利。要不是我们从美洲获得源源不断的补给，欧洲的货币量就会迅速下降，中国的货币量却会上升，直到两地的贮存量大致拉平为止。任何一个有理智的人都不会怀疑：那勤劳的中国人要是像波兰或北非伊斯兰诸国那样和我们毗邻接近，就会把我们货币的超额部分完全吸引过去，而且也会把西印度群岛宝藏的一大部分汲取过去。为了说明这种作用的必然性，我们不必求助于物质的诱惑力，只要举出人们的兴趣和爱好所产生的那种精神上的吸引力，就足以充分说明问题，这种吸引力既强烈又确凿。

正是由于这一原理的作用，才使货币的分布保持均匀，亦即货币不能超出同各省的劳动和商品的比例而任意增减；否则，每个国家的各个省份之间又如何能保持这种货币的平衡呢？在这个问题

上，难道人们根据漫长的历史经验还不能了然于心：当一个心情忧郁的约克郡人把通过纳税、缴给不在地主（absentee）的租子以及购买商品等渠道流往伦敦的金额加以估算和扩大，发觉到相形之下这些同他作对的东西是多么卑劣时，他一定是百感交集、悲观失望？如果七国时代[①]在英国继续存在，那么每个国家的立法机构无疑始终会为货币的外流而忧心忡忡；而且这七国由于彼此接壤，看来相互敌视的程度异常激烈，它们出于猜忌和过分的戒心，就会对一切商业加重捐税，实行压迫。既然统一消除了苏格兰和英格兰之间的隔阂障碍，那么在这两个国家中，究竟哪个国家能从这种自由商业中在对方身上捞到好处呢？或者说，如果苏格兰的财富有了任何增加，是否有根据可以说，这种增加绝不是苏格兰的技艺和工业发展的结果呢？这正是在统一之前英格兰所普遍抱有的忧虑，正如杜·波瓦神父在《被误解的英国利益》中所说，一旦贸易开放，苏格兰很快就会把英格兰的宝库搜刮一空；在苏格兰方面却有一种相反的担心；对于这两种顾虑，时间的证明真是天公地道，分毫不爽啊。

在人类的一小部分中所发生的事情，必然在大部分人类中出现。罗马帝国的各省在彼此之间以及同意大利之间，无疑是不受立法机构的制约而保持了这种平衡的；大不列颠的各郡，或每个郡的各个教区，情形亦大抵相仿。今天，任何到欧洲去游历的人，都会根据商品的价格看到：尽管君主们和各国政府的戒备提防十分

① 指英国史上中世纪早期的七国，即诺森布里亚、墨西亚，东盎格里亚、东撒克斯、南撒克斯、西撒克斯、肯特。——译者

荒唐可笑，货币还是接近于均衡分布，在这方面，国与国之间的差别，比起一国之内的各省之间的差别，并不太悬殊。人口自然而然地向各个首府、港埠以及通航河流集中。在那些地方，我们会看到人烟辐辏，工业密布，商品充足，因而货币也就多起来了；虽然如此，货币量的差别还是同工业和商品量的差别保持一定的比例，从而使均衡得以维持①。

咱们英国对法国所抱的戒惧和敌意是极其深的，应该承认，英国的这种情绪至少是有其充分根据的。这种敌意给通商带来了无数阻碍和刁难，只要咱们总是让人指控为进行侵略的话。可是，这种交道究竟对我们有什么好处呢？我们失去了可以销售我们的毛织品的整个法国市场，转向西班牙和葡萄牙去购买酒类，这是在那儿做以高价进口劣质饮料的买卖。也有不少英国人认为，要是法国酒在英国廉价倾销，排挤掉一切淡啤酒和国产酒类，则英国就将绝对破产。然而，如果我们摒弃一切偏见，就不难证明：凡事有一弊必有一利。为了给英国提供酒类，在法国每增加一英亩葡萄园，法国人必然要从英国取走一英亩的小麦或大麦以维持自己的生活；这样，我们显然就掌握了主动，可以获得质量较好的商品。

① 必须郑重声明：本文所说的货币的均衡分布，始终是指在一些国家里货币同商品、劳动、工业和技巧之间所保持的相应的均衡。另外，我要强调指出：当这些有利因素较之各毗邻国家两倍、三倍、四倍地增长时，货币亦必然会两倍、三倍、四倍地增长。唯一能够妨碍这种比例的正确性的因素，是把商品从甲地运往乙地的运输费用；这种费用有时是不相等的。正因为如此，德比郡的谷物、牲畜、干酪、黄油不能赚取伦敦的货币，反之，伦敦的工业品也不能赚取德比郡的货币。不过，这种妨碍只是表面现象，因为只要货物运费昂贵，也就说明这两地之间的交通至今也是阻塞和不发达的。

法国国王颁发过不少诏书，三令五申严禁增辟葡萄种植面积，并勒令所有新种植者一律拔毁，这说明法国人充分认识到粮食的价值高于其他一切作物。

梅雷歇尔·伏本（Mareschal Vauban）时常抱怨说，对从朗格多克、吉安纳以及其他南部各省输入布列塔尼及诺曼底的酒类课税实在是荒谬之举，这种说法不无道理。他深信，尽管贸易像他所提倡的那样开放，布列塔尼及诺曼底诸省还是无法保持其贸易平衡。十分明显，对英国的联合海运再增加一些也不会有什么影响，假如有的话，也必定一视同仁地对两国的货物都有影响。

事实上确有两种权宜措施，可以使任何国家的货币超出其自然均衡状态而增减，然而这两种情况，细考起来，正好使我们的一般理论分外昭彰，增添了令人信服的证据。

除了现今盛行于我国的那些银行、基金和有价证券（纸币）组织机构（制度）外，我简直不知道还有什么别的办法可以使货币减少到它的均衡水平以下。这些机构发行钱币的纸质等价物，流通全国，替代金银，相应地提高了劳动和商品的价格；这样一来，或者把一大部分贵金属钱币排挤掉，或者防止了硬币的进一步增加。关于这一点，再没有比我们的这种论证更显而易见的了。我们设想，任何个人，假如他的货币贮存量增加一倍的话，就会富裕得多，因此，随之而来的有利结果，就是人人手里的货币都同样地有所增加；至于这会引起一切商品的相应涨价，从而使人人的实际境况最终又下降到同原先一样，这一点姑置勿论。只有在我们同外国人进行政府间的谈判和交易时，较大的货币储备才是一种有利条件；在这种场合，我们的纸币毫无价值，因此，我们单凭这种储备，而毋需具备任何优势，就能感受到货币充足的全部效力和作用[①]。

假设有1 200万镑纸币在国内流通（因为我们不必设想我们庞大的现款都采取这种形式），又假设国内的硬通货为1 800万镑，这样，就可以把国内的基金储备估计为3 000万镑。我以为，如果纸币能够保持有效，那它必定有金银可供兑现，只要我们不因这种纸币的新发明而阻碍金银进入的话。这宗金银是如何获得的呢？答曰：从世界各国。试问为什么是这样呢？因为，如果你把这个1 200万镑抽掉，那么国内的货币，同我们的邻国相比，就低于其均衡水平；我们就必须立即从所有的邻国吸收货币，直到充分饱和，换句话说，直到无法保持再多为止。按照我国的现行政治，我们是在小心翼翼地用银行汇票和花花绿绿的钞票这类商品来填喂国家和人民，仿佛害怕贵金属是一种不堪负荷的累赘似的。

毫无疑问，法国之所以存有大量金条和银锭，在很大程度上不能不是为了维持纸币信用的需要。法国人不开设银行钱庄，因为在法国，商人的期票并不像在我国那样可以流通；高利贷或放利生息，是不公开允许的；所以不少人在自己的保险柜里存放着大量现款，家家户户大量使用着金银餐具，所有的教堂更尽是金银器皿。正因为如此，法国的粮食和劳动，较之那些金银存量不及法国一半的国家，依然保持着比较低廉的价格。就贸易以及国家一旦发生紧急情况而论，这种局面的好处是一目了然，不言自明的。

---

① 在《论货币》中已经谈及：在货币增加同物价上涨的中间阶段，货币的增加可以刺激工业。有价证券（纸币）也同样可以产生这种有利影响，不过，草率行事，滥发纸币是危险的，有信用失败而丧失一切的风险，这种情形在社会发生剧烈动荡时是屡见不鲜的。

用中国瓷器来代替金银餐具，几年以前曾在热那亚风行一时，这种风气至今仍在英国和荷兰流行；然而，上议院预见到其后果，乃明令禁止，不准这种易碎器皿的使用超出某种范围，至于银质餐具的使用则不受限制。我以为，人们在日后的穷困之际，就会发现这一法令的好处。从这一角度出发，我们对金银餐具的课税，或许未免有点失策。

我们的各殖民地，在使用纸币以前，有充足的金银供流通。自从使用纸币以后，随之而来的起码的不便就是金银币的全部废除。在这些殖民地拥有在商业上唯一有价值的东西——工业品和商品以后，只因为人们向往硬币，难道硬币就不会随着纸币的取缔而卷土重来吗？

当年莱克尔加斯[①]想在斯巴达取缔金银而没有想到纸币，真是遗憾！纸币要比他用作货币的铁块更适合于实现他的意图，而且还能更有效地阻止同外国人的一切通商活动，因为纸币本身根本就很少有真正的内在价值。

然而，必须承认，由于贸易和货币方面的这一切具体问题都是极端复杂的，所以也存在某些情况使得这个命题可以成立，以至于纸币和银行之利显得大于其弊。取缔硬币和金银在国内的流通无疑是正确的，凡是目光短浅、只看到眼前的人，当然会反对这种做法；不过，金银和硬币倒是无足轻重的，重要的是不准从工业和信贷的发展中提取补偿，也不准其发展过头失去平衡，这样，就能通

① 莱克尔加斯（Lycurgus），公元前九世纪之斯巴达政治家，为斯巴达立法者。——译者

过正确使用纸币促进它们的发展。有时，要是期票能够贴现的话对商人是多么有利，这种情况是人所熟知的，因为凡是便利硬币流动的事情都对一个国家的普通商业有利。但私营的银号钱庄可以它们所收存的存款为担保开出这种期票，而英格兰银行同样地根据它所拥有的特许权，发行钞票作为支付物。好些年前，爱丁堡银行就已经实现过这项发明创造。这种发明一直是商业上使用的一项极其巧妙灵活的创见，所以苏格兰也一向认为它是大有好处的。于是这就被称为银行信贷，其性质是这样的：我们假设有一个人到银行去具保开户 1 000 镑的往来，这笔钱，或其中的任何部分，他有权随意提取，当他使用这钱时只付普通的利息；他可以随意偿还任何一笔微小的数目，比如说 20 镑吧，那么自偿还之日起，这部分贷款的利息就予免除。这种发明所产生的好处是多方面的。既然一个人的具保开户往来可以接近其全部财产，他的银行期票就等于现款，这样，商人在一定程度上就可把房产家具，堆栈里的货物，放在国外的欠账以及海上的船舶，都变为现款，有时还可以把它们作为支付物，好像这些东西就是这个国家流通的现金似的。假如一个人从私人手里借 1 000 镑(除了应急一般是不大发生的)，那么不问他是否使用，他都得付利息。至于银行信贷，只有他动用时才需付利息，这情形就像他以极低的利息借钱一样有利。同样地，商人从这一发明中获得了极大的方便，用以维护彼此的信用，也是避免破产的相当有力的保障。如果一个人自己的银行信贷用光了，可以去向没有用光的诸亲好友乞援；借到钱之后，可以在他方便的时候归还。

当这一实践若干年前首先在爱丁堡出现以后，格拉斯哥的好几家商人公司又把它向前推进了一步。他们组织了几家银行，发行了10先令的小额钞票，用以支付各种货物、制造品以及手艺人的劳动；这些钞票，随着这些公司的信誉的确立而流传全国，用作支付货币。依靠这个办法，5 000镑的本钱就能起到6 000、7 000镑的作用，从而使商人得以扩大经营，薄利多销。然而不论这种发明还有什么别的好处，还得承认，这种发明在为信贷提供了极大的、然而也有风险的便利的同时，排挤掉了贵金属；在这一点上，苏格兰的今昔情况对比，是一种最清楚不过的例证。在统一后的硬币回炉重铸时，人们发现苏格兰的硬币约有100万枚；尽管财富、商业以及各种制造业有了巨大的发展，人们还是认为，就是没有英格兰的刻意搜刮，其现今流通的硬币数也肯定不足当初的三分之一。

不过既然我们对发行纸币的设想几乎只是一种权宜措施，其目的在于把货币量压缩到均衡水准以下，那么，我以为，那种把大量现款集中到某个社会金库里，锁起来绝对不准流通的做法，乃是一种十分有害的权宜措施，它会使货币量积聚到高出均衡水准以上，这种毁灭性的做法，我们必须竭力加以反对。利用这种手段，与周围环境不相往来的流动资金可以积聚到任意的高度。要证明这一点，我们只需回到第一个假设上来，即把我们的现金消灭一半或任意一部分；那时我们就会发现：这种做法的直接后果是立竿见影地从所有邻国吸收与之相当的现金。看来这种囤积现金的做法必然不受任何限制的约束。像日内瓦这样一个小城市，如果长期奉行这种政策，就有可能把全欧洲货币的十分之九吸引集中到那里去。在人类的天性中似乎真有一种不可战胜的本能来阻止这种财富的巨大积聚。一个拥有无数财宝的弱国，很快就会成为某些比较贫困然而较为强大的邻邦的掠夺对象。一个大国会把自己的财富消耗于凶险而又不得人心的图谋方面，而且很可能因此而毁灭一切更有价值的东西——工业、道德乃至本国人口。在这种情况下，流动资金积聚到无以复加的程度，以致把盛钱的容器都胀破毁坏了；于是这些钱同周围环境发生混合，迅速下落到应有的均衡水准。

对于这一原理，我们一般简直就不了解，以致尽管所有的历史学家在叙述一个最近的史实时口径是如此一致，即哈里七世所积聚的大量财富高达 270 万镑，我们还是矢口否认史学家们众口一辞的证据，而宁愿承认一个极不可信地迎合我们根深蒂固的偏见的事实。实际上，这笔现款很可能相当于英国全部货币的四分之三。可是，对于一个狡诈贪婪、视钱如命、专制独裁的君主在二十年之间积聚起这么大一笔财产，又有什么难以设想之处呢？它也不可能使人们明显地觉察到在流通中的货币的减少，或者让人们蒙受某种不利。因为一切商品的跌价就会立即给予补偿，而且还为英国在同邻国通商时提供有利条件。

在历史上不是有一个小小的雅典城邦共和国的实例吗？雅典及其同盟各国不是在（希腊）中部及伯罗奔尼撒之间进行一场历时几达五十年之久的战争，而积聚了一笔不亚于哈里七世的财产的巨款吗？所有的希腊历史学家（修昔底德卷二及狄·西卡拉卷十二）和演说家（埃斯基奈斯和德谟斯梯尼书信）都说，雅典人在这场轻率鲁莽的冒险勾当中，在城堡里搜集了 1 万枚以上的塔兰特，后来，这笔钱财随着雅典的覆灭也就消散了。假如当初让这笔钱周转流动,同周围的流动资金有来往,结果又会怎么样呢？是否还会留在雅典呢？不会。因为根据德谟斯梯尼(Περι Σμμεριας)和波里比乌斯(卷二第六十二节)所提到的令人难忘的统计数字,我们发现,大约五十年后,整个雅典城邦,包括土地、房产、货物、奴隶及货币在内,其全部价值不足6 000塔兰特。

遥想当年,雅典人攻城略地,搜刮积聚了一笔巨款,保存在国库里,该是何等趾高气扬,不可一世啊！因为雅典平民天天大权在握,投票表决,只是一举手之劳,便可坐地分赃,使每个人的财产凭空翻上两番！我们必须看到:根据古代作者的记载,雅典的人口和财产,在伯罗奔尼撒战争开始时,并不比在马其顿战争开始时为多。

在菲利普和珀修斯时代,希腊的货币略多于英国哈里七世时代的货币,但是这两个希腊君主在三十年间(见李维卷四十五第四十节)从小小的马其顿王国所搜刮的财宝,超过了那个英国君主。保勒斯·伊米留斯(Paulus Emilius)带回罗马的钱大约有170万英镑(见凡列乌斯·柏特尔库罗斯卷一第九节)。据普林尼说,则是240万英镑(卷三十三第三节)。而这只不过是马其顿金银财宝的一部分,其余的部分因珀修斯的抵抗和逃跑而散失了(见李维卷四十五第四十节)。

根据斯坦尼恩(Stanian)的记载,我们可以了解到,在伯尔尼州放贷生息的钱有30万镑之多,相当于瑞士国库的六倍。至于当时囤积起来的现金则达180万英镑,起码相当于在那个小国家里自然流通的货币的四倍;按常理推测,在这样一个土壤贫瘠、情况欠佳的弹丸小邦,必然货币奇缺,然而,凡是到佩德沃(Pais de

Vaux)或该州任何地方去游历的人，都没有看到想象中的货币奇缺的现象。相反，在法国和德国本土上却很少见到有这样的内地省份，那里的居民如今也是那么富裕；可是伯尔尼州从1714年，即斯坦尼恩对瑞士作了颇具识见的描述之时以来，它的金银财宝已经极大地增加了。

阿庇安(Appian)[①]在《引言》中将托勒密迈伊(Ptolemies)的宝藏描写得天花乱坠，妙不可言，简直令人难以置信；其所以不可信，是因为这位历史学家说，亚历山大大帝的继任者们也都崇尚节俭，而如果他们多数人的财宝是毫不逊色的话，那就更不可信了。这若不是附近诸侯的想入非非，准是根据先前所述的理论，对这些埃及君主们的节俭作过调查核实。他所提到的数目为74万塔兰特，根据亚布斯诺特博士的计算，折合191 166 666镑又13先令4便士。然而阿庇安声称，他的材料均引自历史档案，他本人又是亚历山大里亚人。

根据这些原理，我们就能懂得，为什么所有的欧洲国家，都像英国一样，在贸易方面竞相设置那无数的障碍和关税；那是出于一种大量积聚货币的无底的欲望，因为货币一流通，就绝不能超出它的均衡水准而大量积聚；或者出于一种杞忧，唯恐丧失自己的货币，其实，它绝不会低于均衡水准。要是有什么东西会使我们的财富分散，那将是一种人为的大失策。这种倒行逆施所造成的普遍恶果，使得邻国之间丧失了自由往来和交换之利，实在有违造物主

① 古罗马历史学家，公元二世纪下半叶出生于亚历山大里亚，著有按地域或人种原则来叙述历史事件的罗马史，其主要内容为罗马的历次战争，关于“内战”的叙述，是现存最重要的部分。——译者

的本意，当初造物主赋予各民族以不同的土地、气候和才能，正是为了人们的这种交往。

我们的现行政治接受了废除硬币的唯一方法——使用纸币，拒绝了那积聚货币的唯一方法——大量囤积，同时采纳了五花八门的发明设计；所有这一切归根结底只会阻碍工业的发展，使我们自己以及我们的邻邦都失掉在技艺和自然方面的共同利益。

不过，除了上面所提到的那些出于戒备的做法以外，不能把对外国商品征收的各种关税一律看作偏见或无用之举。比方说，对德国亚麻织物征收关税，就能鼓励本国制造商，使从业人员和工业成倍地增加。对白兰地征收关税，就能增加朗姆酒的销路，对我国的南部殖民地是一种支持。由于征收关税必须依靠政府的支持，不妨认为，把关税加在外国商品上是比较方便的，在港口码头上是极容易拦截外国商品进行强制征课的。不过，我们应当时刻牢记斯威夫特的警句：海关上的算术，二加二不等于四，而往往等于一。假如酒类进口税降低三分之二，政府的收入无疑要比现在多得多，而我国人民也就普遍地都能喝上比较有益于健康的好酒，对于我们老是为之提心吊胆的贸易平衡问题，也就不会产生什么偏见了。这样，超出本国农业能力制造淡啤酒也就不值得大惊小怪，让少数人去经营就是了。酒类和谷物的运输也就不是一个十分次要的问题了。

你会说：有的国家先前繁荣富庶，如今却衰落贫困，不是常有这样的实例吗？这些国家原来拥有大量的货币，现在不是都流失了吗？我的答复是：如果这些国家失去了贸易、工业和人民，就不能指望保持其金银，因为这些贵金属总是要同前面这些有利条件保持一定的比例。里斯本和阿姆斯特丹从威尼斯和热那亚手里夺取了东印度贸易之后，也就取得了这种贸易所产生的利润和货币。只要政治中心有变动，只要在远方还维持着开支浩大的军队，只要巨额的资金还掌握在外国人手里，这些因素自然会造成硬币的减少。我们注意到，这都是些巧取豪夺的粗暴办法，生把硬币给运走了，一般说来，最终会伴随发生人口和工业的转移。不过即使这些情况依然如故，货币的外流却不会继续下去，它总要通过各种各样的渠道设法回流。对于这种现象，我们不太理解，却又无可怀疑。自从革命以来，在漫长的三年时间里，有多少国家在佛兰德[①]耗费了多少金银财宝啊！那笔钱说不定要超过目前全欧洲所有的一半呢。如今那笔钱又怎么样了呢？是否还存在于这些奥地利省份的狭小范围内呢？肯定不会，因此它大部分已经回到它原先所在的那几个国家去了，又去追随早先产生它的那种技艺和工业了。一千多年来，一直有一股公开而明显的潮流，使欧洲的货币流向罗马，可是这些钱又通过许多隐秘而看不见的渠道从罗马流走：由于缺乏工商业，罗马教皇领地如今已成为全意大利最穷的地方。

总之，一个国家的政府有充分的理由爱护其人民，保护其工业。那么它就用不着为货币而担惊受怕，人类事务的发展过程已经作出了可以信赖的证明。换言之，一个政府如果真想关心后者，它只要爱护前者就够了。

① 佛兰德(Flanders)，欧洲中世纪伯爵领地，包括现在比利时的东佛兰德省和西佛兰德省以及法国北部部分地区。——译者

十四　弗朗斯瓦·魁奈

经　济　表

魁奈生平简介

弗朗斯瓦·魁奈(1694—1774年),出身于著名的律师家庭,但其早年的教育似乎完全被忽视了。然而,他靠自己的努力,24岁时成了一名优秀的外科医生。1730年,他发表了一篇论述放血效果的卓越论文,因此被聘为巴黎外科医学会的常任秘书。随后他又发表了一些医学论文,1749年成为朋巴陀夫人的侍医。他后来的生活都是在凡尔赛度过的。直到晚年,他才开始对经济问题感兴趣,第一部经济著作是1757年为《百科全书》写的《租地农场主论》。在这篇论文和随后发表的《谷物论》中,他主张采用更为精细的耕作方法,废除名目繁多的捐税和各种限制。以上经济著作及《经济表》(该文于1758年在凡尔赛非正式地刊印),使魁奈周围聚集了一小批非常能干的信徒,他们极为崇敬他,热心地宣传他的理论。魁奈的名声主要是这些信徒——他们自称是"经济学家"——活动的结果,因为他没有发表什么其他经济论著。亚当·斯密在法国逗留期间同魁奈的信徒有所接触,他们的某些思想对他产生了很大影响。

经济表[①]的说明

生产的支出是为了不断地再生产谷物、饮料、木材、家畜、手工业品的原料等财富而用于农业、草地、牧场、森林、矿山、渔业等方面的支出。

不生产的支出是用于手工业品、住宅、衣服、利息、婢仆、商业的费用、外国商品等方面的支出。

把农民依靠租地农场主投在耕作方面的600利佛尔年预付在上年度所生产的纯产品卖出后，就能将600利佛尔的收入支付给土地所有者。

作为不生产支出的300利佛尔年预付，用作商业资本和商业经费，以购买手工业品的原料，以及用以供给手工工人粮食和其他必需品，直到他们制成和卖掉他们的产品的时候为止。

600利佛尔的收入，由土地所有者花费，一半作为向生产阶级购买面包、葡萄酒、牛肉等，一半用于向不生产阶级购买衣服、家具和家用杂物。

这些收入用于这方面或那方面，用于食物或用于家具设备，其

① 为了节省篇幅，下一页上的图表是稍微作了简化的，但这种简化不需要对魁奈的说明作任何改动。——编者

经济表

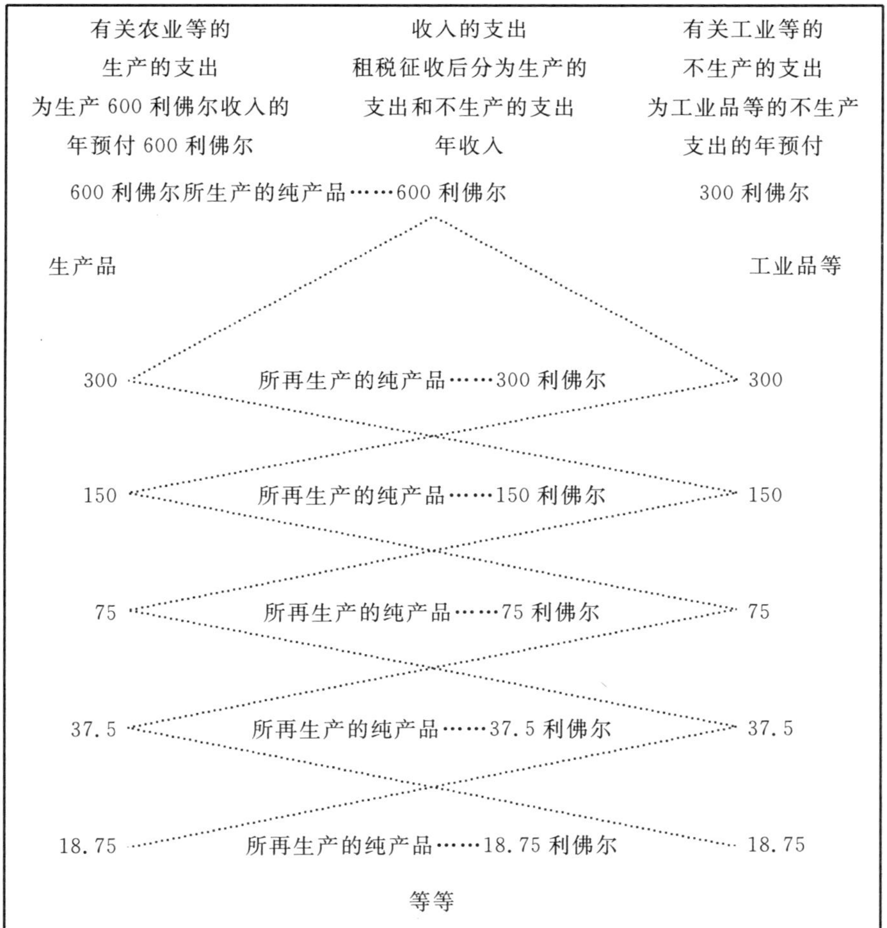

有关农业等的 生产的支出 为生产600利佛尔收入的 年预付600利佛尔	收入的支出 租税征收后分为生产的 支出和不生产的支出 年收入	有关工业等的 不生产的支出 为工业品等的不生产 支出的年预付
600利佛尔所生产的纯产品……	600利佛尔	300利佛尔

生产品		工业品等
300	所再生产的纯产品……300利佛尔	300
150	所再生产的纯产品……150利佛尔	150
75	所再生产的纯产品……75利佛尔	75
37.5	所再生产的纯产品……37.5利佛尔	37.5
18.75	所再生产的纯产品……18.75利佛尔	18.75
	等等	

再生产总额……收入600利佛尔，加上每年各项费用600利佛尔和农业者原预付利息300利佛尔，使土地恢复生产。这样进行的再生产，包括计算基础的600利佛尔收入，共计1 500利佛尔，但所征租税和再生产每年收入所需预付除外。

数量大小因各人爱好而极不相等。这里假定再生产的支出平均每年能带来同样的收入。但是由于生产支出和不生产支出彼此间所占的优势程度的不同,每年再生产的收入就可能发生变动,这是根据经济表图解中的变化而容易想象到的。因为,假定土地所有者、手工工人、农民用于装饰、家具的费用各增加了六分之一,则再生产收入就要从600利佛尔减少为500利佛尔。反之,如果用于本国所产食品的消费或者原料输出的支出增加了,那么,再生产收入也会相应地由600利佛尔增加为700利佛尔。由此可见,过度的奢侈能使一个非常富裕的国家很快地破产。

根据经济表的图解,把收入中的300利佛尔以货币形式投下去作为生产的支出,就会再生产300利佛尔纯产品,这300利佛尔纯产品,只是土地所有者再生产收入的一部分。因此,每年收入总额的再生产,就看回到生产阶级手中的分配额如何。租地农场主把产品出售给土地所有者,而重回到他们这个阶级手中的300利佛尔,一半用于他们自己所提供的产品的消费,另一半用于购买衣服,家用杂物和工具等;后者是交给不生产阶级的。这300利佛尔连同纯产品,再生产出来。

土地所有者收入中转移到不生产阶级的300利佛尔,由手工业工人花费:一半用于向生产阶级购买生活资料、产品的必要原料,以及用于维持对外贸易;另外一半用于维持和偿还不生产阶级的预付。这种相互的流通和分配,以相同的顺序和相同的比例继续进行,一直从一个阶级向另一个阶级相互转移到最后一分钱为止。

这样的流通,使不生产阶级得到600利佛尔,其中300利佛尔应作为年预付扣除下来，其余的 300 利佛尔则作为工资。这笔工资等于不生产阶级从生产阶级取得的 300 利佛尔，而其预付则等于收入中转移到该不生产阶级的 300 利佛尔。

为了使支出程序不致过于复杂，这里且把赋税、什一税和农民预付的利息等项目留待以后分别考察，这样，另一阶级（即生产阶级）的产品价值为 1 200 利佛尔。这些产品价值按下述程序支付：收入的所有者（即土地所有者）购进其中 300 利佛尔，另有 300 利佛尔为不生产阶级购买，其中的一半，即 150 利佛尔，用于该阶级的生活资料，其余的一半，也是 150 利佛尔，则用于和不生产阶级有关的对外贸易开支。最后，剩余产品的一半中，有价值 300 利佛尔由生产阶级、即生产该产品的人们所消费，另外的 300 利佛尔用于家畜的饲料。这样在全部产品价值 1 200 利佛尔中，这个（生产）阶级支出 600 利佛尔，而这笔 600 利佛尔预付，是由土地所有者和不生产阶级以货币形式购买农产品而回到生产阶级的。生产总额的八分之一，用于对外贸易，或者用于输出，或者替本国创造出口货物的劳动者购买原料和食品。商人的出售额，相当于向国外买进的货品和获得的金银材料。

市民各阶级间在本国产品消费方面的分配程序，就是这样，我们对于一个繁荣的农业国对外贸易的措施和范围，就是抱着这样的观念。

一个阶级和另一个阶级相互进行交换，把 600 利佛尔的收入分配给双方。结果，除了保存着预付之外，双方各得 300 利佛尔。土地所有者用 600 利佛尔维持他的生活。这两个阶级各自分配到的 300 利佛尔，连同充作赋税和什一税等的产品收入，在这两个阶级中都可以维持一个人的生活。因此，600 利佛尔的收入，加上额外的进款，就能维持一家三口人的生活。这样，6 亿〔利佛尔〕收入，就可以维持以每家老少四口计算的 300 万个家庭的生活。

生产阶级的年预付，也是每年被再生产着，其中将近半数用于饲养家畜，其他半数用于他们从事劳动者的工资。这项年预付的各种支出，能提供 3 亿〔利佛尔〕的费用，加上其他产品，又可以维持 100 万个家庭的生活。

这样，按照以上所分析的年收入的流通与分配程序，除了赋税、什一税、农民年预付和原预付的利息不计外，每年从土地财产所再生产出来的 9 亿〔利佛尔〕，足以养活老少 1 600 万人。

这里所说的流通，是指所有各阶级的人们用分配到的收入向原生产者进行购买，而没有把商业考虑在内，因为商业并没有增加物资，只增加买进和卖出的次数，只增加不生产支出。

如果一个国家土地所有者有 6 亿〔利佛尔〕的经常收入，它的生产阶级的财富可以按照以下的方法计算。

土地所有者得到 6 亿〔利佛尔〕收入，设想另外还有从年产品征课的税赋为 3 亿〔利佛尔〕，什一税为 1.5 亿〔利佛尔〕，加起来合计为 10.5 亿〔利佛尔〕；这里还应加上再生产的年预付 10.5 亿〔利佛尔〕和一成利息 1.1 亿〔利佛尔〕，因而全部合计为 22.1 亿利佛尔。

在有很多葡萄园、森林、牧场等等的王国里，用犁耕种土地，仅能得到上述 22.1 亿〔利佛尔〕的三分之二左右。要达到那个数目，就需要在一个有大规模耕作设备的国家里，用马力耕种，有犁 333 334架，每架犁可锄地 120 亚尔邦，由 333 334 人管理，并使用土地 4 000 万亚尔邦。

这样的耕作，在法国可以扩大到 6 000 万亚尔邦以上，因而需要 50 亿或 60 亿〔利佛尔〕的预付。

这里所说的并不是用牛耕的小规模的耕作。小规模耕作，需要犁 100 万架以上和约 200 万人来耕 4 000 万亚尔邦的土地，而且还只能得到大土地耕作五分之二的产品。农民因为缺乏供原预付的资财，不得不保持这种小规模的耕作制度。但小规模的耕作，在大多数场合下，对于土地本身是不利的，只能收回费用。维持从事这种劳动的人，耗费过大，几乎要耗去所得的全部产品。这种收益微少的耕作制度是国家贫困和衰落的标志。这种制度跟经济表秩序毫无关系；经济表是以下述耕作状态为前提，在这种耕种状态下，犁的使用只有一半〔在大规模耕作下有犁 33 万余架〕，在利用原预付的基础上，年预付每年却可以达到 100%的生产。

在大规模耕作下，原预付要足够用来购置一架犁，以及在第一次收获以前两年内用来购买家畜、器具、种子、食品、维修保管和支付工资等的基本支出，这笔预付约计 1 万利佛尔。因此，使用 333 334架犁所需的预付总额为 3 333 340 000 利佛尔。（请参阅《百科全书》中《农场论》、《租地农场主论》、《谷物论》等条目。）

这些预付至少应加上 10%的利息，因为农业的产品可能遭到各种偶然的灾害，在十年中至少要夺去一年的收获量。除此以外，还需要有很多的资金，以便使这些预付保持一定的数量，并且能够更新。因此，给农民创业用去的费用的利息总额，相当于 333 322 000利佛尔。

牧场、葡萄园、池塘、森林等，对租地农场主要求的原预付是不多的。这项原预付的价值，包括土地所有者负担的种植的用费和其他事业的原始支出，可以算作10亿利佛尔。

葡萄园和园艺需要巨额的年预付。这项年预付和其他耕作部分的年预付数额大小不一，可以一并包括在上面所说的年预付总额之内。

纯产品、年预付及其利息，以及原预付利息的年再生产总额，依据经济表，可以估计为……2 543 322 000利佛尔。

法兰西的领土，用上面的预付和进行产品的销售，生产的数额，可以和上述相同，或甚至更多。

在上列2 543 322 000利佛尔的数额中，包含着用于家畜饲料的再生产的预付的半数5.25亿〔利佛尔〕。因而（如果租税全部回到流通中去，并不课加在农民的预付上）所余的数额为2 018 322 000利佛尔。

就是在人的支出方面，估计每一百万家要用去大约504 580 500利佛尔，也就是每家为562利佛尔，由于各种灾害，可以使这个数目减少到530利佛尔。在这种情况下，国家可称为富裕，人们可以说过着安乐的生活。

我们在这里所谈的是富裕国家的情况，这种国家拥有足够的土地和生产预付，每年都能生产不少于10.5亿〔利佛尔〕的纯产品。但是一个走向衰落的农业国的情况，就不是这样。在这种国家里，靠每年生产勉强支持的一切财富，会由于生产费用预付的减少，而相应地遭到破坏或损失它的价值。而由于（下列的）八个主要原因，预付减退的情形日形显著。

（1）不良的课税，影响农民的预付。“不要触犯我”就是这种预付的箴言。

(2)征税费用过多,使租税负担加重。

(3)奢侈装饰过多。

(4)诉讼费用过大。

(5)缺乏对外贸易的土地产品。

(6)国内原料物资的交易和土地耕作缺乏自由。

(7)乡村居民受到人身困厄。

(8)每年的纯产品没有流回到担负生产支出的阶级的手中去。

十五　安·罗伯尔·雅克·杜尔哥

关于财富的形成和分配的考察

杜尔哥生平简介

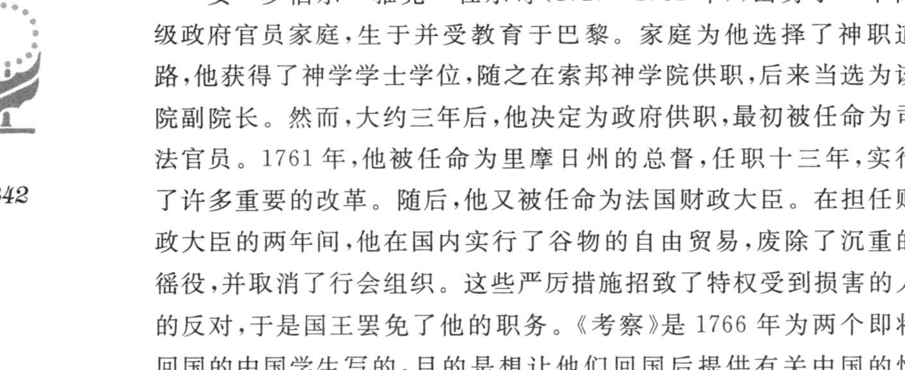

安·罗伯尔·雅克·杜尔哥(1727—1781年),出身于一个高级政府官员家庭,生于并受教育于巴黎。家庭为他选择了神职道路,他获得了神学学士学位,随之在索邦神学院供职,后来当选为该院副院长。然而,大约三年后,他决定为政府供职,最初被任命为司法官员。1761年,他被任命为里摩日州的总督,任职十三年,实行了许多重要的改革。随后,他又被任命为法国财政大臣。在担任财政大臣的两年间,他在国内实行了谷物的自由贸易,废除了沉重的徭役,并取消了行会组织。这些严厉措施招致了特权受到损害的人的反对,于是国王罢免了他的职务。《考察》是1766年为两个即将回国的中国学生写的,目的是想让他们回国后提供有关中国的情况。杜尔哥还为《百科全书》写了《集市与市场》和《基金》两篇论文,并写了大量精彩的书信和经济问题研究报告,其中大部分在他去世后才出版。

关于财富的形成和分配的考察

第四十九节　关于积累起来作为资本的年产品的储备

只要发现了这样一些人，他们的田产保证他们能够得到一笔多于足够满足他们全部需要的年收入，那么，我们也一定可以发现这样一些人，他们或者因为关心着他们的未来，或者只是由于审慎，从每年的收获中提出一部分作为储备，借以应付可能发生的意外事故，或者用来增加他们生活方面的舒适。如果他们所收获的产品不容易保存，他们就必须设法在交换中为他们自己取得比较耐久的、其价值不致因时间关系而受到损失的商品，或者可以被用来挣取利润的商品，这种利润将以更多的收入来补偿价值方面所受到的损失。

第五十节　可动的财富。货币的积累

这种由于把没有消费掉的年产品积累起来而保有的东西称为可动的财富。家具、房屋、餐具、库存商品、各种行业的工具和牲畜都属于这类财富。显然，在人们还没有熟知货币之前，他们总是努力工作，借以尽多地取得这类财富；可是同样明显，一旦人们发现了而且证实了货币在一切商品中最能经久不变、最易保存而不惹起麻烦之后，凡是想要积累财富的人便必然会尽先去寻求货币。采用这种方法来积累他们的剩余产品的不只是土地所有者。虽然工业利润与来自土地的收入有所不同，它不是自然界的赐予，同时从事工业的人从他的工作中所获得的，只不过是付给他工资的人为此而给予他的代价；虽然支付工资的人在支付工资时总是尽可能地少付，同时竞争也迫使工业的从业人员不得不满足于少于他本来想要挣得的劳动代价；尽管这样，还是可以肯定地说，在一切不同种类的劳动领域中，这种竞争却从来没有多到或者尖锐到这样一种程度，以致总是使一个比别人更内行、更积极，特别是在个人消费方面更节俭的人，不能挣得一笔比维持他本人和家属的生活所必需的稍微多一些的收入，并使他不能把这笔多余的收入储蓄起来，以创立一笔微小的储备。

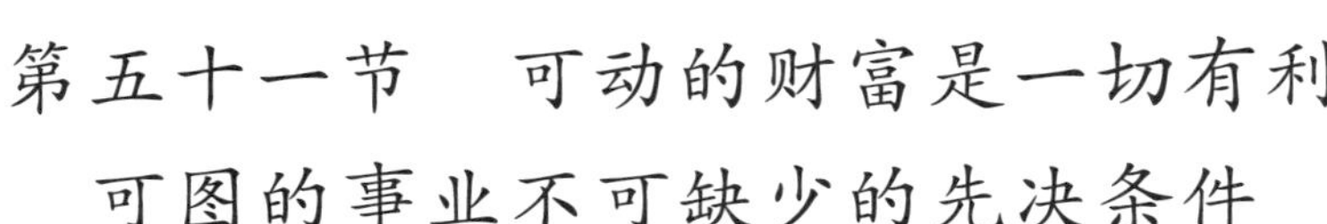

第五十一节　可动的财富是一切有利可图的事业不可缺少的先决条件

甚至在每种行业中，工人或雇用他们的企业家都必须有一笔事先积累的可动的财富。在这里，我们不得不再回过头去，回想几个问题，这些问题是我们在前面谈到几种职业的分工以及土地所有者所采用的各种使土地生产收入的方法时仅仅顺便提过的，因为那时我们对于这几个问题不能加以说明，以免打断我们当时的思路。

第五十二节　农业方面垫支的必要性

无论是在土地耕种、在工业或在商业方面，各种不同的劳动都需要垫支。即使是一个人用自己的双手来耕地，他在收获之前必须播种，在收获之前必须生活。土地的耕种越来越完善，越来越活跃，这些垫支也就越来越可观。耕种必须有牲畜、农具和安顿牲畜和储存产品的房屋；还必须支付其数目和事业规模成比例的人手的工资，使他们能够在收获以前维持生活。只有通过相当数目的垫支，我们才能得到大笔的报酬，土地才能生产更多的收入。在各种手工业方面，无论它是哪一种手工业，工人必须事先有各种工具，必须有足够数量的加工的原材料；当他等待着把他的成品出卖时，他还得维持生活。

第五十三节　土地在没有被耕种以前所提供的第一批垫支

土地永远是一切财富首要的、唯一的来源；作为耕种的结果而生产一切收入的就是土地；在完全未耕种以前，为人类提供第一批垫支基金的也是土地。第一个土地耕种者所播种的种子是从土地本身所生产的植物上取得的；在他等候收获的期间，他依靠猎兽、捕鱼、采集野生果实为生；他的工具是一些从森林中砍下来的树枝，通过石刀的修整加工而形成的，石刀则是通过石石相击而锐利的；他亲自追捕在森林中跑来跑去的野兽，或者设陷阱捉住它们；

他使它们驯服并训练它们；他最初利用它们作为食物，后来才利用它们帮助他劳动。这种最初的基金是点点滴滴积累起来的；特别是牲畜，是远古时代一切动产中最为人们所追求、最容易积累的动产。牲畜固然不免一死，可是它们能够繁殖；由它们构成的财富，简直是永远不会消灭的；而且，这种基金只需通过生育过程就可以成长，而且还能以乳，或者以毛、皮和其他原料的形式提供年产品，这种种年产品连同从森林里得来的木材便形成了供工业用的第一批基金。

第五十四节　牲畜甚至在土地尚未被耕种以前就早已成为可动的财富

在仍然存在着大量未经耕种的、不属于任何人的土地的时代里，一个人可能占有牲畜而无须是一个土地所有者。甚至人类在还没有从事较为辛劳的农业劳动以前，就有可能在各处开始捕养畜群而依靠它们的产品来维持生活。看来好像是这样，在太古时代耕种土地的民族就是那些在他们所住的地方发现了一些容易被驯服的野兽的民族；这使他们脱离以渔、猎为生的那种流荡而不安定的生活，进入比较安定的畜牧民族的生活。畜牧生活需要在同一块地方居留较久的时期；它使人们有较多的闲暇时间；它提供较多的机会，使他们能够研究各种土壤的区别，并在作为牲畜饲料的植物生产过程中能够观察到自然界的步调。也许就是由于这一原因，亚洲民族便成了第一批耕种土地的民族，而美洲民族则长期停滞在野蛮状态之中。

第五十五节　农业方面的另外一种可动的财富和垫支：奴隶

奴隶是另一种形式的可动的财富，最初是通过暴力，后来是通过贸易和交换而得来的。凡拥有许多奴隶的人不仅使用他们来耕种土地，而且还使用他们来从事各种不同的工业。由于这两种财富（牲畜和奴隶）具有差不多可以毫无限制地加以积累，而且甚至于脱离土地也可以加以利用的便利，因此就有可能来为土地本身评定价值，并且可以拿土地的价值来和各种可动的财富的价值作比较。

第五十六节　可动的财富像土地本身一样，有交换价值

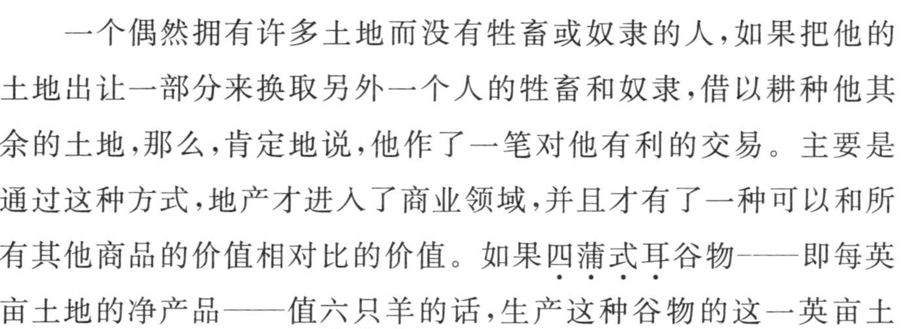

一个偶然拥有许多土地而没有牲畜或奴隶的人，如果把他的土地出让一部分来换取另外一个人的牲畜和奴隶，借以耕种他其余的土地，那么，肯定地说，他作了一笔对他有利的交易。主要是通过这种方式，地产才进入了商业领域，并且才有了一种可以和所有其他商品的价值相对比的价值。如果**四蒲式耳**谷物——即每英亩土地的净产品——值**六只羊**的话，生产这种谷物的这一英亩土地本身就可以按一定的价值转让出去；这种价值当然要高于四蒲式耳谷物，可是它总是像所有其他商品的价格那样容易被决定的；这就是说，首先是通过交易双方的讨价还价，然后是根据由于那些

想用土地来换取牲畜的人的竞争和那些想出让牲畜以取得土地的人的竞争而成立的现行价格。当一个债务人被债权人控告，并且被迫用田产来还债的时候，土地就是根据这种现行价格来评价的。

第五十七节　土地的价值是按照收入对其所交换的可动的财富的数量或价值的比例来评定的；这种比例就是所谓土地价格的比数

显然，如果一块土地所生产的收入等于六只羊，而这块土地可以出卖，换取一定的价值，同时这种价值总能够用与它相等的若干只羊来表达，那么，这个若干只羊的数目必然会与六这一数目构成一种明确的比例，而且必然会含有六这个数目的一定倍数。这样一来，一份田产的价格将只是它所生产的收入的若干倍数；假使价格是120只羊的话，那就是二十倍；假使是180只羊的话，那就是三十倍。因此，土地的现行价格是按照土地的价值与收入的价值两者之间的关系来规定的；而土地的价格所含有的它的收入的倍数就称为土地价格的比数。当人们为了取得土地而付出土地收入的二十倍、三十倍或四十倍的时候，土地就是按照二十分之一、三十分之一、四十分之一的比数出卖的。同样地明白，这种价格或这种比数，一定会随着愿意卖出或愿意买进土地的人数的多寡而变动，正如一切其他商品的价格随着供给和需求之间变动着的比例而变动一样。

第五十八节　每一笔货币资本，或每一笔价值的总数，无论它是什么，都是一块生产着等于这一总数若干分之一的收入的土地的等值物。资本的第一种运用方法。买进一份田产

现在让我们回到刚刚使用货币的那个时期。货币的便于积累，使它在各种可动的财富中很快地变成了人们最想要获得的东西，并且提供了一种手段，使人们只需通过节约就可以不断地增加它的数量。无论是谁，只要他每年能从他的土地收入，或从他的劳动或辛劳所挣得的工资，收到一些多于他必须花费的价值，他就可以把这笔多余的价值作为一种储蓄而积累起来；这种积累起来的价值就是所谓资本。只是由于担心在不能肯定的未来时期中缺乏生活必需品，因而蓄积货币来使他自己安心的胆小的守财奴，总是把他的货币窖藏起来。如果他所预料的危险果然发生，而且使他陷于贫困，以致不得不每年依靠窖藏来维持生活，或者，如果他有一个浪子，渐次把窖藏的货币随手乱花，那么，这笔窖藏不久就会花得一干二净，而这笔资本就会全部为所有者所有；后者可能用更好的办法来利用它。既然提供一定收入的一份田产只不过是价值等于这种收入的一定倍数的一个总值的等值物，我们就可以说，价值的任何一个总数都是一块生产着等于这一总数若干分之一的收入的土地的等值物；至于这一价值的总数，或这一笔资本，是由一

堆金属所构成，或是由其他任何物品所构成，都完全无关紧要；因为货币代表每一种价值，正如每一种价值都代表货币一样。所以，一笔资本的所有者首先可以利用资本来买进土地；可是他还有运用资本的其他办法。

第五十九节　货币的另一种运用方法，用作制造业和工业方面的垫支

我已经说过，一切劳动——无论是农业劳动或工业劳动——都需要垫支。同时我也指出，土地是怎样通过为了人类和兽类的营养而自行生产的果实和青草，通过人们用以制成第一批工具的树木，提供了土地耕作的第一批垫支，甚至是每个人为自己使用而造成的第一批手工制品的垫支。例如，提供用来修建第一批房屋的石头、粘土和木材的就是土地。在各种职业还没有分工以前，当土地耕种者用他自己的劳动来满足其他各种需要时，他并不需要其他垫支；但是，当社会中的大部分成员只能靠他们的双手来维持生活时，那些依靠工资为生的人就必须在事先拥有某些东西，借以取得他们加工的原材料，或在他们等待发放工资的时期内维持生活。

第六十节　进一步说明工业企业中各种资本垫支的运用，资本的收回及其应当产生的利润

在最早的时期，雇用别人做工的雇主本人既供给原材料，又按

日发放工人的工资。土地耕种者或土地所有者自己把他收获的大麻交给纺绩女工，并且在女工从事纺绩的时期内维持她的生活；接着，他把麻纱交给织工，并且按日付给他双方讲妥的工资；不过这种为数不多的每日垫支只够用于极简单、极粗陋的工作。在大多数手工业中，甚至在社会最穷苦的成员所从事的手工业中，同一件原材料必须经过许多不同的人手，而且还必须在一段很长的时期内经过极端困难的、各种各类的加工。我已经提到用来做皮鞋的皮革的加工过程。凡是看过一个硝皮匠工作场所的人都明白：一个穷人，甚至几个穷人，要想为他们自己提供兽皮、石灰、皮硝、工具等等，要想修建一间硝皮所必需的作坊，要想在皮革出卖之前的几个月之内维持生活，那是绝对不可能的。在这种手工业中，以及在许多别的手工业中，那些从业人员岂不是必须在大胆接触原材料之前，就学会这一行业的本领，以免一动手就把原材料糟蹋吗？因此，在这里又必须有另外一笔垫支。其次，谁来为这种工作搜集原材料、提供操作过程中所必需的各种要素和工具呢？谁来修建沟渠、市场以及各种不同的建筑物呢？谁来使这一大批工人能够在皮革出卖之前维持生活呢？这些人当中谁也不能独力地加工一块皮革，而且出卖一张硝鞣过的皮革所获得的利润也不足以维持他们中间任何一个人的生活。谁来支付训练学徒和艺徒的种种费用呢？在他们学会手艺之前，谁来为他们提供生活资料，使他们能够从容易的、与他们年龄相适应的劳动一步一步地过渡到最需要高度体力和技术的劳动呢？只有一个资本所有者或可动的积累起来的价值的所有者，才可以运用资本的一部分当作垫支，借以修建作坊和收购原材料；运用另一部分作为垫支，借以偿付制造（商品）

的工人的计日工资。就是他,可以等待在皮革出卖以后,不但能收回他的全部垫支,而且可以另外获得一笔利润,这笔利润除了足以为他提供如果他当初用他的货币买进一份田产因而能得到的那种报酬以外,还足以为他提供一笔对他的劳动、他的操心、他所担当的风险,甚至对他的技能应给的工资;因为,毫无疑问,假使这笔利润只是与田产的收入相等,那么,他就宁愿毋庸费力地依靠这笔资本可能买进的土地的收入来生活了。当这笔资本通过产品的出卖而收回的时候,他就立刻用它来买进新的设备和原料,以便通过这种反复不断的流通来供应和维持他的工厂;他靠利润过日子,同时他又把他所能节约的保留下来,增加他的资本,投入他的企业,加添垫支的总额,以获得更多的利润。

第六十一节　工业中的薪资阶级再划分为资本家性质的企业家和单纯的工人

这样,从事于以各种各样的工业品来供应社会各种不同需要的整个阶级,本身可以说是又划分为两个阶层:企业家、制造业主、雇主阶层,都是大量资本的所有者,他们依靠资本,使别人从事劳动,通过垫支而赚取利润;另一阶层则由单纯的工匠构成,他们除了双手以外,一无所有,他们的垫支只是他们每日的劳动,他们得不到利润,只能挣取工资。

第六十二节　另外一种运用资本的方法，用作农业企业的垫支。关于农业企业中资本的用途、资本的收回及其必不可少的利润的说明

我首先谈到制造业方面资本的运用，其目的是在于提出一种比较显著的例证来证明大量垫支的必要性和效果，及其流通过程；可是我却稍微颠倒了一下自然程序。按照这种程序，我应当先从农业企业谈起；这种企业除非通过大量垫支，同样是既无法经营，又不能扩充，且亦无利可图的。拥有大笔资本的人，为了在农业企业中运用资本来挣取利润，便以大量地租向土地所有者租用土地，并且担负耕种方面的全部垫支。他们的地位必然与制造业中的企业家相同；像后者一样，他们不得不付出企业的第一批垫支，为他们自己配备耕牛、马匹、农具，并购买第一批种籽；像后者一样，他们也不得不维持赶车者、收割者、打谷者、雇工以及其他各种工人的生活，因为这些人除了双手以外，便一无所有，他们所能垫支的只有他们的劳动，所获得的只有他们的工资；像后者一样，他们从收获中除了收回资本以外，也就是说，除了收回开办费和常年开支方面他们的全部垫支以外，还必须获得：(1)一笔等于他们可以用他们的资本不劳而得的收入的利润；(2)他们劳动的工资、他们承担风险和勤劳的代价；(3)一笔可以用来按年补偿他们企业中所使用的财产的损耗的钱，这种损耗包括耕牛的死亡和农具的损坏等。所有这一切都必须从土地产品的价格中先行扣除；剩下的部分产

品则由土地耕种者用来付给土地所有者，作为后者允许他利用其土地来开办企业的报酬。这就是租用土地的代价，土地所有者的收入，也就是净产品；因为在土地所生产的全部东西中，恰好等于各种垫支和垫支者应得的各种利润的数额的部分，都不能看作是一种收入，而只能看作是耕种方面各种费用的补偿；当人们考虑到如果土地耕种者没有收回这些费用，他就一定不会贸然用他的财富和勤劳来耕种别人的土地的时候，问题就是这样的。

第六十三节　农业方面资本家性质的企业家之间的竞争规定了地租的现行价格。大规模的农业经营

富裕的企业家之间在农业方面的竞争规定着地租的现行价格，这种价格一方面同土壤的肥沃程度及其产品的销售价格成适当的比例，另一方面却总是以农业经营者对他们的开支和他们应该从他们的垫支中取得的利润所作的打算为根据的；他们不能付给土地所有者以剩余产品以外的东西。但是，当他们之间的竞争十分尖锐的时候，他们往往会把这种剩余产品全部付给土地所有者；土地所有者只把他的土地租给出租最高的人。

第六十四节　资本家性质的企业家的缺少使农业局限于小农场经营

与此相反，如果没有拥有可以投入农业企业的大量资本的富

人；如果，由于土地产品的价格很低，或者由于任何其他原因，收成不足以保证企业家在收回他们的资金以外，还能获得一笔其数额至少同他们把同量资本用在性质完全不同的事业上所能获得的利润相等的利润；那么，我们就不能找到愿意租用土地的农业经营者了。这时，土地所有者就不能不让那些无力担负垫支或无力进行认真的耕种的“佃农”或对分佃农来耕种他们的土地。土地所有者本人提供很少的垫支，这些垫支为他生产很少的收入；假使土地是属于一个贫穷的、负债的或疏懒的人所有，或是属于一个寡妇或一个未成年的人所有，那么，这块土地就会因无人耕种而呈现荒芜的景象。这就是我已经提到的两种地区之间之所以存在着歧异的真正原因；一种地区，像诺曼底和法兰西岛，那边的土地是由富裕的农业经营者耕种的；另一种地区，像利木赞、昂古木瓦、布尔博内以及其他几处地方，那里的土地仅仅是由一些贫穷的对分佃农耕种的。

第六十五节　土地耕种者阶级再划分为企业家或农业经营者和单纯的工资劳动者，无论后者是雇工或是散工

因此，土地耕种者阶级，像制造业者阶级一样划分为两个阶层，即提供一切垫支的企业家或资本家阶层和单纯挣取工资的农业劳动者阶层。同时也很显然，只有资本才能创办和经营大规模的农业企业，才能赋予土地以一种不变的租金价值，如果我可以大胆使用这个名词的话，而且也才能保证土地所有者取得一笔经常

的、尽可能大的收入。

第六十六节　资本的第四种运用方法，用作商业企业的垫支。在商品生产者和消费者之间必须有真正所谓的商人居间贸易

企业家们——无论是土地耕种方面的或制造业方面的——都只能通过土地产品或制成的商品的销售来收回他们的垫支和利润。商品出卖时的价格总是决定于消费者的需要和他们的财力；可是消费者并非总是在收割时期或成品制成时期需要农产品或制成品的，然而企业家却觉得他们有必要及时地和按期地收回他们的资金，以便把它再投入他们的企业中去。收获以后必须随即耕地和播种；制造业的工人必须继续雇用下去；第一批物品一经制成，必须接着制造另一批物品；原材料必须边消耗边补充。一个企业的工作一经开始，如果让它们中途停顿，那是很危险的，这些工作绝不是我们什么时候想恢复就可以马上恢复过来的。因此，企业家所最关怀的事莫过于最迅速地出卖他们的农作物或制成品，以收回他们的资金；在另一方面，消费者所关心的则是在他们需要某种物品的时候，并且在需要它们的地方，买到那种物品；如果他们不得不在收获季节一次购备他们的全年口粮，对他们来说，那将是极不方便的。在日常的消费品中，有许多都需要长时间的和花费很大的劳动；这种劳动只有在使用大量原材料的条件下才有利可图——原材料的数量必须大得使少数人或一个范围有限的地区的消费不足以把一个制造厂的产品全部买完。因此，凡是和这类

产品有关的企业，数目必然不多，互相之间的距离必然较远，因而它们和大多数消费者的家庭便相隔很远了。除赤贫者以外，没有一个人是无力消费几样在离他家乡很远、彼此之间也相距很远的各地生产或制造的物品的。如果一个人只能直接从收获者或制造者手里买进他的消费品的话，他就会有许多东西买不到手，或者就得把他的全部时间花在旅行上面。

生产者和消费者双方的这种关切——前者关切不必浪费宝贵的时间来等待买主就可以得到卖出产品的机会，后者关心不必浪费宝贵的时间来寻找卖主就可以得到买进物品的机会——一定使第三者出来作为他们之间的居间人。这就是商人这个职业的目的之所在，他们从生产者手里买进商品，以便把它储存起来，或者设立大零售店，使消费者可以从那里得到他们所需要的东西。这样，企业家由于有了出卖产品和收回资金的把握，就可以毫无顾虑地、继续不断地致力于进一步生产，而消费者也就可以在他的左近随时找到他所需要的东西。

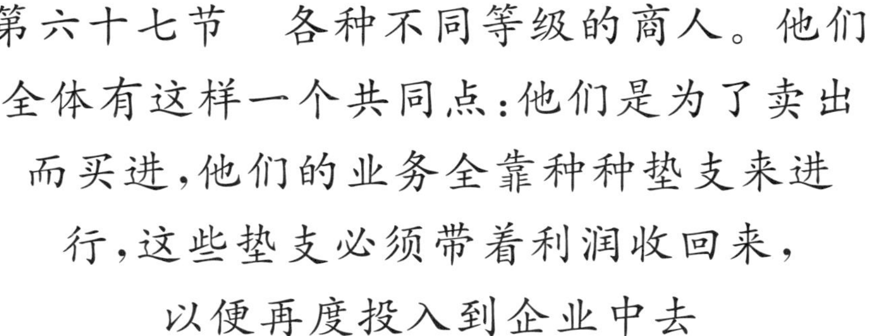

第六十七节　各种不同等级的商人。他们全体有这样一个共同点：他们是为了卖出而买进，他们的业务全靠种种垫支来进行，这些垫支必须带着利润收回来，以便再度投入到企业中去

从在市场上陈列菜蔬的菜贩起，直到南特或卡迪斯的在印度或美洲那样远的地方从事买卖的船主为止，商人的职业，或一般所

谓商业，分成无数的部门和仿佛是无限的等级。这一个商人专门买进一种或几种商品，在自己的铺子里出售给来买货的顾客。另一个商人则把某些商品带到需要它们的地方去销售，以便通过交换把那里生产的并为他本地所需要的商品带回来。这一个商人在自己的邻近地方亲自进行买卖；另一个商人则依靠他雇用的联络员和运输人员进行买卖，他派遣他们从这一省到另一省，从这一王国到另一王国，从欧洲到亚洲，从亚洲到欧洲。这一个商人把商品零售给几个个别的消费者；另一个商人则只把商品批发给其他的商人，而由后者再零售给消费者。但是他们的共同之点是，他们都是为了卖出而买进，同时他们第一批买进的货物都是一种需要相当时间才可以收回的垫支；这种垫支正像农业和制造业中企业家的垫支一样，不但必须在一定时期以内毫无减损地收回到他们的手里，用来再进新货，而且还得使他们获得：(1)一笔在数额上和他们用同量资本不经劳动而获得的收入相等的利润，(2)他们的劳动的工资以及担当风险和勤劳的代价。如果没有把握收回这种垫支和取得这种不可缺少的利润，任何商人都不会经营商业，而且任何商人都不会继续经营商业。当他们估计他们在一定时间以内可望卖出的商品的数量和价格的时候，他们正是根据这种观点来指导他们的买进的。零售商凭着经验，凭着他们从小心谨慎地作出的有限尝试中获得的成就，了解在消费者的需求量中他们所能供应的大概是多少。贸易商通过他们的联络员，了解他们的商业活动所伸展到的各国中商品丰缺和价格的情况，据以指导他们的投机事业；他们把商品从价格低廉的地方运到那些可以高价出卖的地方；当然，不言而喻，这笔运费是计算在他们必须收回的垫支之

内的。

因为商业是必要的，同时如无与其规模成比例的垫支便不可能经营任何商业，我们就发现了另一种运用可动的财富的方法，这种新用法是：一个人拥有大量储蓄和积累起来的价值，一大笔货币，干脆说是一大笔资本，就可使用这种资本来赚取利润，获得生活资料，而且，如果可能的话，增加他的财富。

第六十八节　货币流通的真正意义

从上面所讲的，我们就可以明白，土地的耕种、各种制造工业以及一切商业部门是怎样地依靠着大量的资本或大量可动的积累起来的财富；这种资本或可动的财富先由这些不同劳动部门中任何一部门的企业家垫支出来以后，每年必须加上一笔稳定的利润而由他们收回；这就是说，这笔资本要作为继续经营同一企业的再度投资和新的垫支，而利润则为企业家提供或多或少的舒适的生活资料。正是这种资本的垫支和这种资本的不断收回，构成人们必须称之为货币流通的东西。这种有益而效果好的流通，为社会的一切劳动提供生机；它维持政治机构的活动和元气；有充分的理由可以把它和动物躯体内的血液循环相比拟。因为，如果由于社会中各个不同阶级在支出程序上发生了紊乱，不管它是什么紊乱，以致企业家无法收回他们的垫支和他们有权利希望从垫支上获得的利润，那么，很显然，他们将不得不缩小他们的企业；这样一来，劳动的数量、土地产品的消费量、生产量以及收入总额，都将按同等幅度缩减；贫穷将代替富庶，而一般工人由于不能找到职业将沦

于极端困乏的境地。

第六十九节　在黄金和白银没有进入商业领域之前，一切经济事业，特别是制造业和商业，不会不受到极端的限制

几乎不消说：在黄金和白银进入商业领域之前，一切企业，特别是制造业，尤其是商业，必曾大大地受到限制；因为当时要想积累相当数量的资本，几乎是不可能的；而要想倍增和剖分各种付款，使能满足为把交易促进和增加到繁荣的商业和流通所要求的程度的需要，那就更为困难了。只有农业能够勉强维持，因为它所需要的垫支的主要对象是牲畜；而且，也许当时除了土地所有者以外，还没有其他农业企业家。至于各种手工业，在没有使用货币以前，必然不能获得发展。它们只局限于那些由业主提供垫支，一方面养活工人，另一方面供给原材料的最粗笨的行业；或者是由业主让他们的家属在家里从事的那些行业。

第七十节　由于资本也像劳动和辛勤一样，对于一切经济事业都是必要的，所以勤劳的人乐于同那为他提供所需资金的资本家共同享受他的企业利润

因为资本是各种企业必不可少的基础，因为货币是节约小额收益、积累利润和发财致富的主要手段，所以，那些虽然勤劳和热

爱劳动，但是没有资本或所有资本不足以经营他们想要兴办的那种企业的人，就毫无困难地下定决心，把他们所希望获得的那笔在各项垫支归垫后余下的利润，提出一部分来，让给那些愿意把资本托交他们运用的资本家或货币所有者。

第七十一节　资本的第五种运用方法：放债取息。贷款的性质

货币所有者总是把他们的资本可能由于企业的失败而遭遇的风险，拿来同不必从事劳动就可以享受一笔确切的利润这种好处，相互较量；他们据此决定为他们的货币要求多大的利润或利息，或是否同意按借款人提出的利息把货币借出去。因此，这里在货币所有者面前有着另外一条出路，即有息借贷或货币交易。千万不可误解；有息借贷并不是别的，只是一种商业交易，在这种交易中，贷款人是出卖货币使用权的人，借款人则是买进这种使用权的人；这正如一份地产的所有者和一个农业经营者分别地卖出和买进一块出租的土地的使用权一样。罗马人给贷款的利息所定的"usura pecuniœ"这个名称，完全表达了这种含义；可是这个词的法文译名，由于人们对于货币利息有了不正确的观念，却已成为一个讨厌的词了。

第八十节　利息率直接取决于借款人的需求与贷款人的供给二者之间的关系；这种关系主要取决于通过收入和年产品的储蓄而积累起来作为资本的可动的财富的数量，不论这些资本是以货币形式，还是以任何其他在商业中具有价值的动产的形式存在的

与市场上白银的价格有关的只是在当时交换中使用的白银的数量；但是与利率有关的却是积累起来形成资本的价值的数量。不论这些价值是金属还是其他动产都没有关系，只要这些动产易于换成货币。如果认为一个国家中现有的金属的数量，与一年中为取息而贷出的价值的总额完全相等，那完全不是那么一回事；恰恰相反，各种以家具、商品、工具、牲畜等为形式的资本往往取得白银的地位，并且代表着白银。一个拥有价值等于10万法郎的为人们所熟知的动产，并答应在某天付出10万法郎的人所签署的票据，在尚未到期之前，被人们当作10万法郎用来用去。签署这张票据的人的全部资本就保证着这张票据的到期兑现，不管他所拥有的动产属于何种性质，只要它们具有10万法郎的价值。由此可见，使货币利息上涨或下跌的，或者使更多的准备贷出的货币投入商业中来的，并不是作为金属而存在的白银的数量，而只是商业中可以

找到的各种资本的总额，也就是说，积累起来的、点点滴滴从收入和利润中储蓄起来的、准备用来为它们的所有者挣取新的收入和新的利润的各种可动的价值的实际总额。贷给借款人的就是这种积累起来的储蓄；这种储蓄的数额越大，利率就越低，至少在借款人的数目没有相应地增加的情形下是如此。

第八十一节　一个民族的节约精神可以不断地增加各种资本的总额；奢侈浪费则不断地倾向于消灭它们

一个民族的节约精神有助于不断地增加它的各种资本的总额，增加贷款人的数目而减少借款人的数目。浪费的习惯所造成的后果则恰恰与此相反；根据前面说过的关于资本在农业、工业或商业中的用途的那些论点，我们就可以判断浪费到底是使一个民族富裕起来，还是使它贫困。

第八十二节　利率的下跌证明，一般说来，在欧洲节约比奢侈占优势

由于好几个世纪以来，在欧洲货币的利息一直是在下跌，我们就必须作出这样的结论：节约的精神一向比浪费的精神更为普遍。过奢侈生活的人只是那些已经富裕的人；甚至在富人中间，所有脑筋清醒的人也是把开支限制在他们的收入范围以内，而小心翼翼地不肯动用他们的资本。在一个国家里，想变得富裕的人总比已

经富裕的人多得多;但是,在现存情况下,全部土地都已被人占有,要变得富裕,就只有一种方法;那就是,通过这种或另一种方法来占有或获得一笔数量超过绝对必需的生活费用的收入或年利润,并且每年把这种多余的部分储存起来,用以形成一笔资本;通过这种办法,一个人就可以获得收入或年利润的一个增加额,然后再把它储蓄起来,变成资本。因此,有许多人对积储资本发生兴趣,并致力于积储资本。

第八十四节　运用货币的各种不同方法之间的相互影响

显然,投入上述各种不同用途的资本所能取得的年产品,彼此间是相互限制着的,而且都受实际货币利率的影响。

第八十五节　投入土地的货币所带来的收入理应是最少的

用货币来买进一份田产,并把它租给一个完全有偿付能力的农业经营者的人,能够不费力地使自己获得一笔收入,并且可以随心所欲地花掉它。另外还有一种好处:在一切形态的财产中,土地的占有最为安全,不会发生任何意外事故。

第八十六节　用在贷款方面的货币所带来的收入，理应比用等量资本从田产上得到的收入多一些

一个贷出货币取息的人，要比一个土地所有者更能安闲而自由地享受货币的好处；不过他的债务人如果宣告破产，可能使他失去他的本金。所以，他不会满足于获得一笔数量只等于他可能用等量资本买进的那块土地的收入的利息。因此，贷款的利息必须大于用等量资本买进的那块土地的收入；因为，如果贷款人发现有一份可以提供一笔数量等于利息的收入的地产正在出卖，他就会选择这种运用资本的方法。

第八十七节　投入农业、制造业和商业的货币所带来的收入，理应比贷款利息多一些

基于同样的理由，运用在农业、工业或商业方面的货币所必须产生出来的一笔利润，大于用投入土地的等量资本所获得的收入，或大于贷放出去的等量货币所提供的利息；因为，这些运用资本的方法，除了垫支资本以外，还需要大量的照料和劳动，如果它们不能带来更多的利益，那就不如去取得一笔不必做任何事情便能获得的等量的收入了。因此，除了资本的利息以外，企业家还须每年赚得一笔利润来酬报他的照料、他的劳动、他的才智和他所承担的风险，此外还得为他提供一笔收入，使他能够弥补每年耗损的垫

支;因为从一开始,他便不得不把这种垫支变成种种容易发生变动、随时会遭遇各种意外事故的动产。

第八十八节　然而这种种不同的运用方法所产生的各种成果,彼此之间是互相限制的,而且,尽管它们彼此并不相等,它们却保持着某种平衡

由此可见,各种不同的运用资本的方法,产生着极不相等的成果;但是这种不相等性并不妨碍它们彼此之间发生相互影响,也不妨碍在它们之间建立一种平衡,正像一个倒置的虹吸瓶两端的水管里所盛着的、可以通过瓶的底部互相沟通的两管比重不相等的液体保持平衡一样;二者不会处于同一水平,可是,一个水管里的液体高度不会增加,除非另一水管里的液体高度同时增加。

假如突然之间有很多土地所有者都想出卖土地,显然土地的价格就会下跌,用较小数量的资本就可以获得较大的收入;如果货币的利息没有上涨,放贷是不会发生的,因为货币的所有者将宁可买进土地,而不愿把资金贷放出去,以取得不多于他能买到的土地的收入的利息。所以,如果借款人想要借得货币,那么,他们就不得不为这笔贷款偿付一笔较高的租金。假使货币的利息上涨,人们就将宁愿把货币贷放出去,而不愿既操心又冒险地把它用在农业、工业和商业企业里;只有那些能够在支付投资人的劳动工资以外还产生出一笔比贷款利息大得多的利润的企业,才会有人从事经营。总而言之,只要货币的某种运用方法——无论是哪种运用

方法——所产生的利润增加了或减少了，资本就会从利润减少的那一方面被抽调出来转到利润增加的这一方面；而这必然会在每种运用方法中改变资本和年产品二者之间的关系。一般地说，投入地产的货币所带来的收入要少于投于贷款的货币所带来的收入；投于贷款的货币所带来的收入又要少于投入那些需要劳动的企业的货币所带来的收入；但是，无论把货币运用在哪一方面，它所生产的成果不能增加或减少，除非所有其他运用方法所得的成果都相应地增加或减少。

第八十九节　货币的现行利息是一种寒暑表，我们可以借此判断各种资本的多寡；它是衡量一个国家能使它的农业、制造业和商业发展到什么程度的尺度

因此，我们可以把通行的贷款利息看作是一种衡量一个国家的资本的多寡和衡量那个国家所从事的各种企业规模大小的寒暑表。显然，货币的利息越低，地产的价值就越高。如果地产是按二十分之一的比数出售的话，一个能够收入5万利佛尔地租的人，他的地产只值100万利佛尔；如果地产是按四十分之一的比数出售的话，他的地产就值200万利佛尔。如果利息是5%，那么，所有那些其产物除了抵偿垫支和酬报土地耕种者的辛劳以外不能带来这5%的收入的荒地，就会没有人肯去耕种。任何制造业、任何商业，如果除了企业家的操劳和所担风险的报酬以外，不能再提供这5%的收入，就将无法维持。如果有一个邻国，它的货币的利息只

有2%，那么，这个国家不仅会经营那个利息为5%的国家所不能经营的一切商业部门，而且，由于它的制造业者和商人能够满足于较低的利润，他们必定会把自己的商品以低廉得多的价格投入所有的市场上去，同时还会把所有那些由于特殊情况或是运费过高因而其利息为5%的国家的商业所不能继续经营的商品的贸易，几乎全部独占起来。

第九十节　货币的利率对于一切有利可图的企业的影响

我们可以把利息率看作是一种水平，低于这一水平，一切劳动、一切农业、一切工业、一切商业都将陷于停顿。它像一片汪洋大海；山岭的高峰突出水面，形成了肥沃和已耕种的海岛。假使这一片汪洋大海一旦退潮，随着水位的下降而逐渐显露出来的，首先是山坡，其次是平原和溪谷，它们上面都长满了各种各样的产品。如果海水上涨一尺，就足以淹没大片土地；如果海水低落一尺，也就足以使它们适于耕种。使一切企业生气勃勃的是丰富的资本；而低廉的利息既是资本丰富的结果，同时也是资本丰富的标志。

第九十三节　在社会的三个阶级中，资本家性质的贷款人应当列入哪一个阶级？

现在让我们看一看这种关于运用资本的各种不同方法的解说，与我们前面所提出的关于把社会全体成员划分为三个阶级——生产阶级或农民阶级、工业或商业阶级和可以自由支配的阶级[①]或土地所有者阶级——的说法是怎样符合一致的。

第九十四节　资本家性质的贷款人，就他本身来说，属于可以自由支配的阶级

我们知道，每一个富裕的人必然或者是拥有可动的财富这种形式的资本的人，或者是拥有一份相当于一笔资本的田产的人。每份田产都是一笔资本的等值物；因此，每一个土地所有者都是资本家，可是并非每一个资本家都是土地所有者；拥有可动的资本的人可以自由选择运用其资本的方法，或者用以买进土地，或者把它投入农业或工业阶级所经营的有利可图的企业中去。一个已经成为农业方面或工业方面的企业家的资本家——无论是就他本人来说，或是就他所获得的利润来说——并不比这两个阶级中的单纯的工人有更多的自由支配的能力；两者都是被留下来以经营他们的企业的。把自己局限于贷款人的地位的资本家，或者把资本贷给土地所有者，或者把它贷给企业家。如果是贷给土地所有者，他就似乎是属于土地所有者阶级；他成为这份田产的局部所有者；土地的收入就承担着偿付他的贷款利息的责任；田产的价值就保证

① 在本文比较前面的一节里（这一节未选入本书。——译者），描述了这个阶级的特征，称这个阶级是“唯一的这样一个阶级，它不必为了生活的需要而被束缚于某种劳动上，而是可以从事于一般性的社会所需的工作，……这类工作可以由这个阶级的成员亲自担任，也可以由他们拿出他们收入的一部分交由国家或社会雇用一些人来执行”。——编者

着这笔资本的充分安全。如果贷款人把资本贷给一个企业家，那他本人肯定属于可以自由支配的阶级，不过他的资本却被投入企业的垫支中，除非有另外一笔价值相等的资本来递补，就不能从这一企业抽调出来而不危害这一企业。

第九十五节　贷款人提走的利息，就他能加以运用的方法来说，是可以自由支配的

诚然，贷款人从资本中提走的利息似乎是可以自由支配的，因为企业家及其企业可以不需要它；而且我们似乎还可以从此得出这样一个结论：在这两个劳动阶级——不论它们是从事农业或工业的——的利润中，有一部分是可以自由支配的，那就是说相当于各种垫支的按贷款的现行利率计算的利息的那一部分。再者，这一结论看来好像是与我们前此说过的那一论点互相矛盾的，那一论点是：只有土地所有者阶级才有一种真正所谓的收入，可以自由支配的收入，而其他两个阶级的全部成员都只有工资或利润。这一点值得说明一下。当我们注意到一个把6万法郎贷给商人的人每年所获得的那1 000克朗，并考虑他可以加以运用的方法的时候，我们不会怀疑这1 000克朗是绝对可以自由支配的，因为那个借款人的企业可以不需要这笔钱。

第九十六节　就国家可以无害地拿走一部分利息来满足它的需要这一意义来说，货币的利息不是可以自由支配的

但是，并不能由此得出结论，认为就国家可以为着公共的需要泰然占用一部分利息这一点来说，利息也是可以自由支配的。这1 000克朗并不是农业或商业无故地给予那个提供垫支的人的一种报酬；它是那种垫支的价格和条件，没有这种垫支，企业便无法继续经营。如果减少这种报酬，资本家就会抽回他的货币，企业就会停顿。因此，这种报酬应当是不可侵犯的，并享受完全免税的权利，因为它是垫给企业的一笔垫支的价格，没有这笔垫支，企业便无法继续经营。如果侵犯它，那就会提高一切企业的垫支的价格，从而削弱企业本身，也就是说，削弱农业、工业和商业。

这就使我们得出这样一个结论：当我们说贷款给土地所有者的那个资本家表面看来*似乎*是属于土地所有者阶级的时候，这种*表面现象*是有些暧昧而需要加以阐明的。

实际上，事情的真相是：贷款人从贷给（土地所有者）的货币上所获得的利息，并不比从贷给农业和商业企业家的货币上所获得的利息更可以自由支配，也就是说，并不更能够被侵犯。这种利息同样是一种自由协定的价格，同样地不应被侵犯，否则就会使货币出借的价格发生变动；因为这与把贷款借给谁并没有什么关系；如果贷给土地所有者的贷款的价格发生变动或是上涨了，就会使贷给农人、制造业主和商人的贷款的价格发生变动或上涨。总之，我

们应当把具有资本家性质的贷款人看作一个经营某种商品的人，这种商品对于财富生产是绝对必要的，它的价格不能太低。把一种租税负担压在他的行业上面，如同把一种租税负担压在用来肥田的粪堆上面，是同样不合情理的。让我们根据这一点来作出结论：虽然就贷款人本人来说，他确实是属于可以自由支配的阶级的，因为他本人并不从事任何事业，然而就他的财产的性质来说，他却不属于那个阶级；不论他所获得的贷款利息是由土地所有者用其收入中的一部分支付的，还是由企业家用其利润中作为对垫支的利息的保证的那一部分支付的。

十六　约翰·冯·尤斯蒂

财　政　学

尤斯蒂生平简介

约翰·海因里希·戈特洛布·冯·尤斯蒂(Johann Heinrich Gottlob von Justi,1720—1771年),是德国最著名的重商主义经济学家之一,出生于图林根①,在德国好几个大学研读法理学。1750年,他在维也纳高等学院担任财政学教授,在那里待了三年。离开奥地利后,他在格丁根②待了两年,任警察局长、采矿顾问委员会委员。1757年到柏林,在那里他成为采矿局局长、玻璃和钢铁厂监督。由于他在账务上的违法行为被撤职,结果死于监狱。他勤勉好学,是位多产作家,述作繁多,其尤著者有《国家经济——经济学与财政学系统研究》(1755)、《警务学通论》(1760)和《财政学》(1766)。他的写作取自他前辈的地方很多,但他自己也有许多独到见解,在如何以理服人方面,表现了他的卓越才能。在《财政学》这一著作中,我们在重商主义经济学最重要的部分,看到了极其精辟的陈述。

---

① 图林根(Thuringia),德国中部一地区。——译者

② 格丁根(Göttingen),德国西部一城市。——译者

财　政　学

卷四　捐税的一般原则

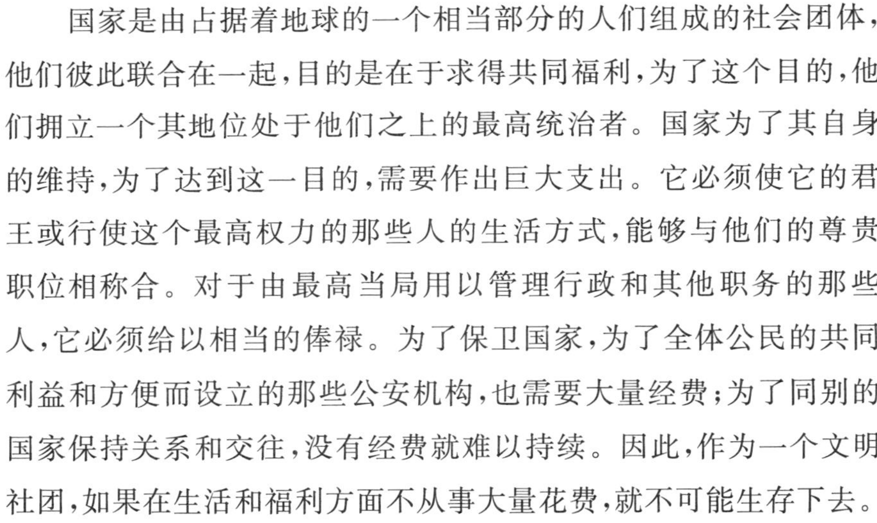

国家是由占据着地球的一个相当部分的人们组成的社会团体，他们彼此联合在一起，目的是在于求得共同福利，为了这个目的，他们拥立一个其地位处于他们之上的最高统治者。国家为了其自身的维持，为了达到这一目的，需要作出巨大支出。它必须使它的君王或行使这个最高权力的那些人的生活方式，能够与他们的尊贵职位相称合。对于由最高当局用以管理行政和其他职务的那些人，它必须给以相当的俸禄。为了保卫国家，为了全体公民的共同利益和方便而设立的那些公安机构，也需要大量经费；为了同别的国家保持关系和交往，没有经费就难以持续。因此，作为一个文明社团，如果在生活和福利方面不从事大量花费，就不可能生存下去。

这就表明，没有经费国家就不能生存这一说法，是无可否认的真理。一个血肉之躯，如果没有生活资料就不能生存，正同这个情形一样，一个文明社团构成了道义上的实体之后，如果没有物质上的供应，就不能保持它的地位。个人如果有大量资财供他花费，他就过得比较愉快，同样情况，一个国家如果有力量作大量支出，与资力比较薄弱的别的国家相比，就居于有利地位。有些人处境顺利，衣食丰足，但是由于被某些习惯势力所束缚或由于种种其他情况，仍然会感到非常痛苦，郁郁不乐。在这一点上，国家的处境也同个人一样。由于虚荣和奢望，使它们在想象中觉得有无数的需要，这些需要即使一一满足，也仍然不会称心适意。就国家和个人来说，出于实际或真正需要的那个范围并不大；如果一个文明社团的基本原则获得了真正的认可，则上一节所说的国家的需要，在适度的支出下即可完全满足。诚然，国家必须照顾到它自己以及个人的福利，对于当时流行的在道义上、风俗上和生活方式上有必要作出的支出是难以避免的，除非它愿意过一种离群索居的生活，停止与其他国家往来。但是，在纵欲奢侈的时代风尚中，即使不忽视福利，用适度的支出，即可以供应国家的需要。就瑞士的现状说，我们可以清楚地看到，那个国家用适度的支出即足以应其所需。然而，必须看到，这些支出在很大程度上取决于政治结构的性质。作为一个共和国，如果它懂得，在国防上最可靠和最自然的方式是，让国民自己去踊跃参军，保卫祖国，懂得怎样使他们热爱祖国和关怀共同福利的热烈心情历久不衰，懂得怎样使他们深切体会到，除了为祖国和公共利益服务之外，再没有什么真正的荣誉和利益可言，那么我敢说，这样一个共和国，只需做出适度的支出即足以支持。这时建立国家的国防事业，并无须花费巨大款项，促使政府官员和公务员一心为公的将不是俸禄，而是由促进公共福利得来的大好名声。这样的政治结构并不只是理想中的、以前既未曾真正有过、将来也绝不会发生的乌托邦。罗马和希腊的许多城邦——在那里人们为国家服务时，没有人会要求支取薪水，在那古道犹存的时代，人们从来不懂得滥用职权，假公济私——足以充分

证明，这样的政治结构并不只是出于想象中的形象；如果认为在今天看来，这样的安排似乎是不可能的，这就只足以表明世风日下，今不如昔。无可否认，君主政体所需要的支出必然较大，这不仅是由于必须供养国王及其家属，供养的规格得与其高贵的身份相称，而且由国民自己担任国家防务，是与君主政体的性质不大称合的。这部分是由于作为一位国王，他所偏爱的必然是把他自身的安全和国家的安全付托给应募入伍和支饷的兵士，而主要的是由于国王所注意的主要是他自身的利益，在这种情况下，热爱祖国和关怀大众福利的热烈心情，是绝不会得到真正的发扬的。结果是，没有人会愿意在无报酬的情况下为国家完成任务。然而，国王的责任是，为了使国家得到应有的供应而作出仅仅是属于必要的那些支出，聪明而正直的国王是永远把这一原则铭记在心的。所有这些方面的考虑的目的是要使我们相信，这里的一个基本原则是，为供应国家需要的支出，不应该为仅仅是属于想象中的需要而增加，凡是不属于真正必要和有益的支出，概应省免。

讨论这个问题的作家们，在证明国家必须作出的那些支出的必要性之后，就根据我们在上面使用的同样的论据，立即得出结论，认为人民因此必须缴纳捐税。但是，这在逻辑上是一次飞跃。国家没有经费即不能自给这一事实，并不证明人民必须从私囊中支付这些经费。很明显，这里还得考虑另外两个条件。首先是为了供应国家的需要，别无可以利用的手段；还有一点是，如果有的话，这些手段并不适合于所需要作出的支出。一切稳健的看法都认为，应当把出自于私有财产的捐助看作最后手段。当人们组成一个文明社团时，把一切个人的力量联合起来，关于个人的财产也是这样。毫无疑问，国家为了公共的福利可以利用公共的财产。但是除了这种公有财产外，还有它自己特有的财产，包括专属于它的房地产以及它所拥有的某些特权，但看其性质就可以知道这些事物不能成为私产，必须由全体居民共同使用。这种归国家特有的财产也可以叫作直接财产，一般的财产则可以叫作间接财产。合情合理的办法是，国家因应付其需要而作出支付时，在乞助于间接性的财产之前，应从其直接或特有财产中支付。因此，当国家应付其需要时，不应基于其需要的不可避免，即直接由此断定，其人民必须从私有财产中拨出必要之数，进行缴纳；只有当国家不存在直接财产或特有财产，或者是，认为不宜用它来应付国家的必要支出时，才能这样做。

国家的直接或特有财产，主要是国有地、王室领地和一些特权。我们无法设想一个没有民族的国家，或者是，没有相当面积的土地专供其居住和使用的这样一个民族。这是作为一个国家的存在所需要的主要基础之一。没有它，人们也未尝不可为这一或那一目的组成各种团体，但是，这不是专致力于大众福利的那种文明社团，不是一个国家。当一个国家诞生时，或者是平地楼台，突然正式地建立起来的，或者是逐渐演变而成为这个形式的。当一群人通过征服占领了一块土地，或者是选择一块未被占领的土地作为家园，然后经过一番筹划，推举一个首领来领导他们，以便建成一个国家，这时他们就会看到，既已建成一个国家，就有义务为人民做好种种准备，就有种种必要的支出。最高当局的地位所以能获得巩固，是由于得到社团中各个成员的同意，既是这样，这就可以揣知，这些成员的态度是愿意以他们的私有财产为依据负担国家的经费的。因此,他们置备了一份财产之后,将为国家特地留出一份财产,以备应付国家的需要。这项为国家特地留出的财产叫作国有地或王室领地。原来是各门各户在某一地域处于漫无约束的自由状态,当他们逐渐结合成为一个文明社团,举出一个最高当局作为领导时,事物如故而情况不同了。这时,原先由各户拥有的土地,即正式归它所有。但是,原先不属于个人的那部分土地,现在则归已经结合成国家形式的那些家族所共有,并且,从承认有一个最高领导之时起,这位领导即代表整个国家,并以国家的名义行事,此时不属于个人财产的任何事物即归他支配。作为一个最高领导,对于不属于个人的任何事物是不应置之不顾的,应用以适应自己和国家的需要。这就表明,王室领地还有另一个起源。关于国家制度的最初形成,就我们所能看到的一些记录和资料说,这种双重起源在历史上确曾发生。

在每个国家的地面上或地面下,总有些事物是不宜于作为私有财产的,这或者是由于应留归全体国民共同使用,没有一个人应除外,这是这类事物的主要特征;或者是由于其范围过大,不能由个人独享或单独保管。属于这一类的是江、河、湖、海、公路、大森林和地下的金属,它们的脉络延伸得过远,不能包括在个人财产这一范围之内,而且在经营时与邻近的所有人易起争端,需要由一大批人构成一个单位来经营管理,最好是把这类事物列入国家的直接或特有财产项下。况且,国家为了供应其需要得作出巨大支出,而这里所说,是一项极其适当的收入来源,对全体人民来说,这样来使用也是再公平没有的。在这样的安排下,根据具体情况和法令,使用这些事物的人必须支付一定的费用。这样,既可以适应国家的需要，也解决了对公民之间的使用如何进行分配的困难。

可以肯定，上述两项资金的主要来源，在古老的国家已经足够开支，后来随着时间的推移，风气逐渐颓败，政府支出越来越多，于是就取人民的私有财产，以应需要。在罗马帝国后期，由于行政腐败，官吏贪黩成风，关于捐税的滥用，竟发展到那样的程度，以致享有公民权的自由民，都处于水深火热之中，因此有些人宁愿舍身为奴，只要有人愿意接受，有些人则想逃到外省地区。这也是造成罗马帝国崩溃的主要原因之一，因为那些地区对他们都热烈欢迎，没有使他们失望。在摧毁罗马帝国的日耳曼诸邦中，捐税很轻，在其境内的一些诸侯的支出，完全以王室领地和其特权范围内的收入为限，甚至认为没有合法的理由可以向其人民的私有财产征收特种捐税。当他们在处境极其不利和紧急情况下，原来的一点收入无法维持时，才作为一种特殊捐献乞助于人民。所以，"租税"在德国的最初名称是 Bät，其涵义无异于"请求"。如果统治者的收入能始终以两个来源——王室领地和一些特权的享有为限，而不开辟第三个来源——捐税，那就真是件大好事。就这第三个来源而论，它最容易被滥用，最容易使国家受损害，而出于人的本性，又最容易滥用捐税。当个人处理其自己的财产时，也很少能奢俭适得其平，往往不是个败家子，就是个守财奴，其间的差别不过是个程度上或大或小的问题。他们既不善于经营自己的财产，我们怎么会有把握认为他们是国家财产的好管家呢？他们对自己的财产，尚且不能遵守稳健的支付原则，怎能指望他们在管理一个陌生人的财产时，会抑制原已存在的铺张浪费和贪得无厌的不良倾向，尽管他们未尝不明白，这样做对他们自己必然会带来种种困难和不

良后果。他们一度乞助于捐税，尝到了甜头之后，关于对它漫无节制的滥用，就不会存有一丁点儿的内疚或惭恨心情。他们一无所费，借此方式，别人袋里的钱可以轻易地取出，对方的情况如何，也无须有所了解，当向别人有所需索时，也无须以自己所需之数为限，要谈需要，他们的需要是必然会日增月盛，漫无止境的。当人们有了这样方便的一个生财之道以应所需，就自然会凭其聪明才智想出新的需要。因此，这种借助于捐税的方式一经开始以后，征收数额必然会稳步增加，最后成为人民难以忍受的负担，使人民和国家两败俱伤。这样对人民不断地敲骨吸髓，最后必然使国家沦为虚弱无力的一个空架子。这种自取其祸的结果，是与历史的整个过程相一致的。捐税这种东西从来没能使国家本身逃脱受到高度损害的命运，直到最后引起全面革命，把彻底腐败的国家，变成完全不同的另一形式。我们应当注意到，统治者所全神贯注的几乎总是在于捐税的增加。在上者由于爱好排场，会浪费人民许多财产，由于聚敛心切，对人民造成的危害更大。为争取声名和勋业，会把资财消耗于不必要的战争；对臣下仁慈过度，会使他们因受宠而巧取豪夺，无所忌惮。因此，就任何时代、任何国家来说，如果从来没有接触过这一岁入来源，对人民来说是何等幸运。假使人们采取的始终是，人民的私有财产不是供作国家经费的一个来源这样一个原则，那么国家财政就自然会与这一原则相适应，上述两项岁收来源也就足够开支。

我相信，上面所说足以充分证明，只有当王室领地和特权收益不足以应付国家的必要支出时，才应乞助于人民的捐献这一手段。然而，我完全知道，这个说法并不切实际，因为在一些国家的目前情况下，单靠这两个来源事实上是不够的，如果要探究一下这种情况能否改变，也是枉费心机。我们不妨把问题转个向，研究一下，关于出自人民私有财产的捐税，对国家和人民双方来说，比较方便和比较可取的，是采取用现金、用实物，还是用服务和劳役的方式来缴纳。这里的一个牢不可破的准则必然是，不管什么方式，只要是对人民说来负累最少的。在国家方面，它要照料的有那么多公务员和兵士，对它来说，用实物和用现金必然同样方便。这里主要是个国内货币流通量的问题。如果供使用的货币不多，农产品价格很低，甚至农民也不一定能随时脱售其产品，在这种情况下，用现金征收捐税，会使农民遇到很大困难。因此，在几个世纪以前，德意志征收租税时，即惯于将其中的一部分用谷物和其他农产品代替现金，政府即以该项农产品付给公务员作为补助费，以供其家庭的需要。近一个世纪以来，在德意志资金丰富得多，农民出售其产品时已无困难，在多数地区，对政府和农民来说，都是用现金缴纳的方式比较方便。甚至到今天，这种实物与现金兼用的方式，有时还在流行。在丹麦，大部分捐税用谷物缴纳。在一些大国，有时在离首都较远的地区，人口稀少，商业也不发达，农民出售其产品往往有困难，因此直到今天还在广泛使用这一纳税方式，因为在这种情况下用现金缴税反多周折。就我所知，至少在卡林西亚、卡尼奥拉和奥地利其他几个地区，情况就是这样。

有人认为，在产品、劳动和收益中抽取其中的一份，是一切税收措施中最好的方式。沃邦[①]提出的关于什一税的计划，其意旨

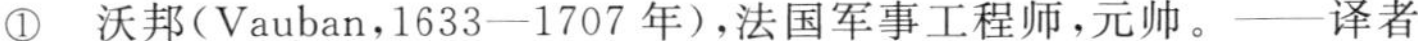

① 沃邦（Vauban，1633—1707 年），法国军事工程师，元帅。——译者

即在于此，他认为什一税是捐税中最合理的方式，为人民提供了绝对均等的待遇，他的想法在当时很受人注意。但是很容易证明，所谓绝对均等，在许多情况下是绝对办不到的，这一点且不谈，这个计划还有个缺点，对人们工作的勤奋全然不能起鼓励作用，因为耕作越是努力，与工作懒散者相比，所缴之税越多。总之，以什一税作为一种纳税方式，在今日说来，无论如何是不足以应付国家巨大的开支的。多数政府对其人民的收益和利润抽税四分之一，有的甚至占收益的三分之一。这时要它们在一切产品和收益中抽取十分之一，叫它们如何应付开支？在不精通财政学的那些人看来，于课税时抽取收益的四分之一这样大的一个比率，似乎有些骇人听闻。比勒费尔德男爵在他写的《政治学大纲》（第一卷，第十二章）里说，征收捐税时，就每项收入抽取 25％是符合政治学的稳健原则的。戈特舍德教授在德文译本第 401 页里说，“这似乎是高得可怕的比率，假如我向人借一笔资金，我负担的利息只有 5％。假如国家从我的全部收入中课税 5％，这就好像是我从国家借入我的全部收入，然后向国家照付利息的情况一样。任何人如果要求付息 10％，那他肯定是个最残酷的犹太人，或者还要差。这么说，国家难道就可以要求 25％吗？这算是一种什么利息？”尽管戈特舍德教授显得如此激动，如果比勒费尔德男爵说多数国家是从全部收入中征税 25％的，他的话也完全没有说错。不幸的是，这是多数国家所规定的税率，没有一个财政学家会否认，也没有一个财政学家能够否认。税率在继续增高，确已上升到了这样的高度。但是，比勒费尔德男爵的错误在于，他说征收那么重的税是符合政治学稳健原则的。不过对这位男爵必须加以原谅，因为他的文章的

主要目的是要赞扬他所看到的现代国家所倡导的一切措施。

作了这一些初步的考虑以后，现在要探讨的是，在捐税问题上我们究竟应采取什么原则。为此，我们首先必须对捐税有一个正确的概念。根据上面的叙述，我们已经可以清楚地看到，所谓捐税，是当王室领地和特权项下的收入不足以应付国家的必要支出时，人民不得不就其私有财产和收益按一定的比率作出的支付。至于征收捐税的方式、方法，那是在财政学中，在某种意义上也是在政治学中至关重要的研究题材之一，关于这方面的一些活动和作出的一些部署，叫作国家的捐税制度。

在捐税问题上片刻不能忘怀的一个首要的基本原则是，必须让人民有能力缴纳捐税。只是当他们纳税时不至于影响到必需品的享用，不至于损及他们的资本时，才能说他们是有能力纳税的。超过了这个限度，就不配使用“捐税”这个名称，只能说是对人民财产的残酷勒索和凶暴的劫掠。任何国家，如果由于应付它的支出需要而征收的捐税超过了这些限度，那就绝不是必要的支出。凡是足以破坏使人们得以生活在文明社团这一目的的支出，就不可能是必要的支出。他们所以要生活在那里，是为了在最高领导的保护下得以享有生活必需品，是得以按照他们的地位享受生活上的舒适，并使他们的财产得以保持安全。因此，作为一个最高领导，而用征税手段剥夺人民的生活必需品，迫使他们削弱其资本，其行动就直接从根本上否定了文明社团的作用，他已不再是个最高领导，而成为一个暴君。很明显，没有一个国家的支出会必要到足以证明这样的行动是有道理的。绝不容许假“必要”之名而行说不过去之事，使税收的增加变本加厉到这样的程度，按照文明社团

的宗旨，按照处事须公平正直、通情达理这一准则，是说不过去的，就是说，是在道义上说不过去的。我们甚至可以大胆说，其间绝没有真正的“必要”。这种必要实际上总是出于虚构的，如果把这样一个国家的支出检查一下，就必然会发现，其间有许多支出，不是完全不必要的，就是不需要这样大的数额。在把捐税提升到这样的高度以前，应当将国家的制度彻底改革。举个例子，假使不将捐税增加到合理限度以上，一个现役部队就难以维持，那就应当对这个部队彻底予以改编，保卫国家的任务应由国民自己来担任。我们甚至可以断言，在一个组织得很好的、贤明的政府下，即使发生紧急情况，也不会有必要把捐税增加到这样的高度。因为，这样一个政府为处于逆境而需要资金时，它尽可以乞助于借贷，此时需要用捐税支付的只是债款的利息。两个筹款方式，孰优孰劣，是没有怀疑余地的。诚然，有些政府在危急之际不可能用借贷方式来筹集所需之数，因为它缺乏信用。但是，不能用此说来驳倒我的论点。没有信用的政府就不是个组织得很好的贤明政府，而我所指的只是这样的一个政府。

由此可见，除非有把握人民在缴纳捐税时不至于影响到对必需品的购置，不至于影响到他们的资本，否则绝不可任意提高税率，或增加捐税。还有一点，应当作为一个永恒的准则铭记在心，就是在打算增加捐税之前，必须提高工人阶级的处境。作为一个贤明的政府，要使人民不受到损害，这是使增加捐税能够公平合理的唯一方法。但是，不用说，世上能遵守这个准则的政府是很少见的。

捐税制度的第二个基本原则是，应该完全按公平合理的比例向人民征收。由于全体人民对文明社团的收获或效果来说，也就是对大众福利来说，享有同等的一份，因此他们在国家的巨大开支中所捐献的也必须彼此均等。但是，按照上面所说，由于必须让人民在其力之所及的范围内进行捐助，并且由于拥有财产较多者也享受了较多的保护，因此，这里的所谓公平合理的比例，实际就是，每个人应按其所拥有的财产的比例负担国家的支出。这就是说，一个人的财产愈多，其捐税的负担就愈大，这个办法比较公允，因为财产既多，其收益也必然较多。这一点可以用下面的例子来阐明。商人马丁拥有资产 2 万元，每年获利 3 000 元。另一商人克里斯托费尔有资产 6 万元，按照同样比率获利 9 000 元。假定这两个商人为了赡养其家族和仆人，每年各需 2 000 元，结果是，马丁一年的净收益只有 1 000 元，而克里斯托费尔则有 7 000 元。这时，如果按资产的同一比率征税，马丁一年纳税 200 元，克里斯托费尔的资产多出三倍，应纳税 600 元，这就很明显，克里斯托费尔事实上所缴纳的，比马丁的轻得多。因为后者一年间在资产上的增益只有 800 元，而前者的增益达 6 400 元，那就是八倍于后者，而他所纳的税只是三倍于后者。有些国家确曾考虑到这种情况，当资产超过某一数额时将税率相应提高。但是现在很少考虑到随着资产的增加而提高税率这一点，结果是，按照国家规定的税制，最富的人对国家支出的贡献却最少。由于对穷人是无可搜刮的，于是一切负担都落在中产阶级肩上。然而，要使税收与财产成精确的比例，一无偏颇，绝非易事，在处理中不免要发生几乎难以克服的困难。

在说明这些困难之前，必须考虑一下可以征收捐税的对象。对象不外是物，或者是人。对物之所以可以征税，有两个理由。第

一，因为对物可以施加劳动，可以由此获取利润，或者是，它具有广泛的用途，对它征税，则人人都成为纳税者。第二，物之所以成为捐税的根据，是因为物是包括在财产之内的。这些包括在财产之内的事物，还可以分成动产和不动产两种。资金即属于动产项下，因为现今在多数国家都有所谓可转让票据，其形式为银行纸币、公司股票、政府发行的有价证券等等，是用以代表货币的，就像货币是象征财富的情况一样。那么，我们还得将可移转的财富再分成实际的可移转财富和代表性的可移转财富两种。至于人，在确定税款的金额时，可以人数为依据，或以其人的阶级、身份和成就为依据。现在让我们看一看，在各种不同的观点下，关于对财产的课税，就一切公民来说，能否做到公平合理。

当我们试图按照公民各自所拥有的财产公平地征收捐税时，我们会看到，在征收过程中，所征收的对象，没有一件是例外，处处会遇到不可克服的困难。如果对制造品进行课税，所课的税实际上是不会落到经营制造业的那些人的肩上的。如果他们的产品是有销路的，他们必然会按照所纳税额提高其货物的价格，这样，纳税的义务就由买主承担，这就表明，负担跟财产是绝对不成比例的；如果他们的产品没有销路，他们无论如何总得在亏本的情形下忍痛处理，这时还要加上捐税，受到的打击就更加严重，这种情况肯定对劳动阶级不利。很明显，捐税的负担既不会与买方，也不会与卖方的财产或收益成比例。

如果征税的对象是大家都要使用、不能缺少的事物，因此对全体人民按照其财产的多寡为比例，普遍征收，这样做也同样是不适当的。某人拥有价值 2 000 元的财产，他所吃的面包和盐，跟一个只是靠艰苦工作，拿工资为生的劳动者相比，并不会多些，事实上这个有产者所消耗的面包会少得多，因为他的餐桌上罗列珍羞，并不主要靠面包果腹。如果有人反驳，认为这个有产者还要供养很多仆役和雇工，因此会消费较多的面包、盐和其他必需品，这个说法也许是对的，但是仅仅说了情况的一半。一个工资劳动者也许有较多的子女，由于他无力大量购备任何别的食物，他及其家族就只能多食面包。如果我们专就不从事于经商的富贵人士来考虑这里的问题，就会看到，捐税同财产丝毫谈不上其间的比例性。在我看来，就人们能够设计出来的课税制度而论，再没有比此更加不公平、不合理的。

就包括在财产项下的各种事物而论，其中在征税时最宜于以财产的多寡为征税依据的，是不动产。假定的是，对不动产征税时，概不计及所有人的身份，概不给予任何免税优待，这些跟文明社团的性质和目的都是格格不入的。但是归根结底，这里达到的均等，所依据的主要是土地的价值和产量，而不是人民的财产。因为某人可以拥有价值 1 万元的土地，而他拥有财产所值还不到 1 000元，所以他所欠的达 9 000 元。况且，每个国家必然有许多人根本没有任何不动产，因此要强使全体人民根据其财产来纳税以求得合理的均等是办不到的，这里所说，是绝不能供作纳税的共有基础的。

至于动产，在课税时要做到公平合理，希望就更小。这类财产容易隐蔽，课税特别困难。并且，即使能够想出办法来对付，贤良的当局也不会同意这样做，因为要迫使商人和制造商透露他们的财产会引起反感，结果会碍及劳动阶级本身的发展。诚然，对放债生利的资本征税，有种种方式可用，这并不会碍及劳动阶级。但是，构成那些银行家和大商家的财产的主要是纸币、股票之类，对这类财物要进行课税而求其公平合理，却非常困难。这些人长袖善舞，获利最丰，却往往不费气力，对大众福利也无所裨益，只是依靠同胞的勤劳来养肥自己。对负担捐税这一重荷的那部分人说来，这是个令人难以忍受的问题，对他们会起很大的不利作用。在英国、荷兰等许多国家发行公债数量很大，因此有很多人拥有这种债券，他们靠公债的利息过着舒适的生活，越来越富裕，而捐税则由从事劳动的那部分人民来负担，这是极大的、真正的不公平。然而，就这些国家说，情况尽管是这样，却看不到有任何补救办法。

有些读者也许要问，是否有可能使文明社团组织中一切人民所拥有的财产完全均等，使得在纳税上均等化的实现也就不会发生任何困难。有些人会存有这样的想法是可以理解的，他们襟怀高尚，对同胞富有同情心，看到大多数人生活艰难，处境悲惨，不免有所触动，这种议论，在古时和现代都数见不鲜，在过去，很多国家就曾发生过由穷苦人民起而向有产阶级提出要求，将不动产在全体人民中重新进行均等分配，曾因此引起很大的动乱和不安。对这个问题不抱偏见的任何人看来，穷人的这个要求是完全情真理当的。为什么出于同一血统的人，其中的大多数就应该过着缺衣少食、奄奄无生气的日子，而其中极小的一个部分，并没有什么得天独厚之处，却可以榨取穷人的血汗以自肥，竭尽人间的享受，这凭的到底是自然规律的哪一条？根据蒙田先生[①]的叙述，美洲人

① 蒙田（Montaigne，1533—1592年），法国散文家。——译者

初次到法国，最使他们感到惊异的是欧洲文明社团的不平等情况。他们所不解的是，社会中的大多数人对他们自己的厄运，怎么会这样俯首帖耳，甘心忍受，对他们富裕的同胞，为什么不起来反抗，把他们的高楼大厦付之一炬。但是，就一个文明社团全体成员自身来说，在财产的分配上不管怎样公平合理，在所有的国家里，通行的既然是货币的使用和对财产的充分保护，在财产的分配上要做到这样是不可能的。即使一个国家，对全体公民和居民的不动产，愿意作一次完全均等的分配，要晓得，在货币制度下，人人可以自由处理其财产，这种完全均等也不会持续多久。因为就各家各户说，它们在工作勤奋程度和技术熟练程度上既不会彼此完全相同，也不会作出同等的支出，结果有些必然会广积资金，而有些则迫于需要，不得不变卖财产。货币的发明以及以金银作为一切事物的一个尺度这件事，是不是对人类造福还是个莫大的问题，我对此问题绝不敢贸然肯定。我觉得倒可以把这一发明看成是世上一切罪恶和一切灾殃的根源，这实际上是摩尼教徒所宣扬的、为其真神作辩护的、把痛苦摆在第一位的原则。假定有这样一个国家，在那里绝对不用货币这件东西，一切人各有其彼此均等的一份土地以供生活之需，土地是不能互相转让的，这时，由货币造成的灾害，由此染上的瘟疫，就不会发生，对天道无知这一怀疑的态度，也就无由发生，否则，人们总是于心耿耿，不能完全释然的。但是，对这一问题再详细讨论下去将离题过远，就说到这里。

现在讨论在组织税收制度时必须时刻铭记在心的第三个基本原则。这就是，在募集捐税时所使用的方式方法，不得损及国家和人民的福利，不得损及公民自由权。这一条的重要性和必要性，是一目了然的。国家和人民的福利是一切文明社团的主要目的。因此，国家一切重要的制度和组织必须从这一主要目的出发，与这一目的相抵触的任何制度或组织，在其形式或结构上总是与人民的需要格格不入的。这就很明显，任何税务制度绝不能有损于国家和人民的福利。然而，税制有许多特征不利于商业和制造业，甚至不利于整个工人阶级和全体人民，从而阻碍了他们的发展和人口的增加。因此，在征税和建立税制时，对这一基本原则应随时给以认真考虑，对于法律规定的公民自由权，应给以同样认真的考虑。这一自由权当然是包括在人民的福利和幸福之内的，没有它就无从想象，人民怎么会得到幸福。忽视了自由权这一条，是同样有损于国家的福利的。一个国家如果用捐税制度来损害这一自由权，对工人阶级或全体人民来说，就很难使他们获得发展机会。这时不仅外国人不会愿意在这里安家落户，即使是本地人也会千方百计寻求机会离开他们的祖国，去定居在比较注意公民自由权的某一别的国家。最明智的捐税制度，不但不会损及人民的自由权和福利，而且可以使人民满怀热忱、心甘情愿地进行缴纳，就好像纳税是完全出于他们的自愿。但是，像现在这样组成的国家，要做到这样简直是不可能的，虽然在另一方式下组成的国家要做到这样，似乎是轻而易举的事。

第四个基本原则是，应按照国家的性质和政府的体制来组织税务制度，这样就容易显示税制的公正无私。为什么某一国家只能用某一方式而不能用其他方式来行使其职责，其间的重要原因是与政府的性质分不开的。因此，如果一国的财政制度与它的政治体制不相投合，那么，不仅由于它所导向的方针不会与国家的处境相协调而使其效能减弱，而且使整个国家合而为一的、使其各部门得以向一个共同目标奋斗的那些各部门之间的必要的联系与协调，将受到阻碍。即使出于传统原因，对农业实行在一般情况下所不容许的横征暴敛，也未尝不在一定程度上适合于某一形式的政体，如君主专制政体。但是，这对贵族政体和民主政体是完全不合适的。这就难怪约于十六年前，荷兰的农民对这样的捐税要群起反抗，奇怪的是，这样的事却没有在更久以前发生。这就可以看出，在许多情况下，不同形式的政体需要不同的财政组织，但是在作总的考虑的这一章里，对这一点无法加以深入讨论。关于捐税的一切问题还得加以考虑的是，对于国家的性质、形势、生产力、生活水平和其他特征，对于人民的才能、情操、爱好及其精神面貌，也应予以适当的关心。在某一捐税方式下由某一民族缴纳时也许不会引起反感，但施之于另一民族也许会激起深切的憎恶。

要记在心上的关于组织税务制度的第五个基本原则是，一切捐税必须建立在明确的和光明正大的基础上，数额必须确切规定，使大家都有个清楚的了解。这一点的重要性，在不止从一个方面看来都是明显的。从国家的立场说，必须使它确信，通过所征捐税，会使它所需要之数流入国库，因为国家的支出是刻不容缓的，否则会把一切都搅乱。因此，对任何收入数额不可靠的事物都不宜征税，如果在工作人员方面容易通风作弊，或者是在人民方面容易进行蒙蔽，就会使预计可以获得的税收数额大大减少。从人民的立场说，也同样需要捐税数额的明确和固定。每个人都必须知道征税的理由及其数额，才不会受到经办人员的欺压。这里所说的是法国财政制度上的一大缺点，在这个不幸的国家的纳税农民，所以会听任收税人员的蹂躏，这是主要原因之一。

第六个，即最后一个基本原则是，捐税应当用最简便的方式进行征收，对国家和人民双方来说，所涉及的费用应减至最低。这一原则的必要性是显而易见、无需解释的。这是国家和人民双方的利益所在，无疑应从双方的观点来考虑，因为根据真正的和明智的观念，两者是分不开的。如果税款可以分期缴纳，例如按月分摊，并且可以在适当的地点缴纳，以免人们为了纳税而长途跋涉，耗费精力与时间，这样，国家在征税方式上就照顾了人民。从政府的立场说，收税方式上的简便，取决于适当地建立税收机构，使它们在工作中可以互相协调，总之在组织财政制度时要加以仔细考虑。在收集税款时所必须支出的费用要尽可能地予以压缩，这对政府和人民双方都有利，是不言而喻的。收税时的费用愈大，国家所能享有的税收愈少，人民在税款方面不必要的负担愈重。就这一点说，收税员和其他办事员应力求避免重叠，每一地区只应设立税务办事处一所。

这是在处理捐税问题时必须时刻铭记在心的六条基本原则。每一条都具有同样的必要性，都是不可省略的，没有一条的含义与别条雷同，有许多作家想把这些原则缩减成两条或三条，这样就漏去了捐税的基本特征。

中译本后记

本书第一、四、五、六、七、十、十一、十二、十六篇，系蔡受百所译。第三篇是潘学德译的。第二、八、九、十三、十四、十五篇都包括在我们已出版的早期经济文献的中译本中，我们从这些中译本中，把门罗节选的部分收入本书。书中的“编者注”都是原编者门罗加的。

图书在版编目(CIP)数据

早期经济思想：亚当·斯密以前的经济文献选集/(美)A. E. 门罗编；蔡受百等译. —北京：商务印书馆，2017
(汉译世界学术名著丛书：120 年纪念版：珍藏本)
ISBN 978-7-100-14141-3

Ⅰ. ①早… Ⅱ. ①A… ②蔡… Ⅲ. ①古典资产阶级政治经济学—文集 Ⅳ. ①F091.33-53

中国版本图书馆 CIP 数据核字(2017)第 139032 号

汉译世界学术名著丛书
(120 年纪念版·珍藏本)
早期经济思想
——亚当·斯密以前的经济文献选集
〔美〕A. E. 门罗 编
蔡受百 等译

商 务 印 书 馆 出 版
(北京王府井大街 36 号 邮政编码 100710)
商 务 印 书 馆 发 行
南京爱德印刷有限公司印刷
ISBN 978-7-100-14141-3

2017 年 12 月第 1 版 开本 710×1000 1/16
2017 年 12 月第 1 次印刷 印张 25
定价：120.00 元